풀밭 속의 개똥참외

풀밭 속의 개똥참외

1쇄 찍음 / 2007년 8월 1일
1쇄 펴냄 / 2007년 8월 5일

지은이 / 한문석
펴낸이 / 김태봉
편 집 / 황은진, 김주영, 정종해, 김미란
마케팅 / 박상필, 이준혁
등 록 / 제4-414호
펴낸곳 / 도서출판 띠앗
(143-200)주소 / 서울시 광진구 구의동 243-22
전화 / (02)454-0492, 팩시밀리 (02)454-0493
HomePage http://ddiat.co.kr
E-mail ddiat@ddiat.co.kr

값 10,000원

ISBN 978-89-5854-048-9 03810

풀밭 속의 개똥참외

한문석 지음

도서출판 띠앗

❦ 먼저 읽을 글

"성공한 자는 몸을 바치고 실패한 자는 혀를 바친다"라고 어느 여류 작가가 쓴 글귀가 생각난다.

39년 6개월이라는 결코 짧지 않은 세월을, 나에게는 과분하기만 한 교직에 머물면서 '과연 나는 세 치 혀끝으로만이 아닌 온몸으로 실천하고 솔선했던가?'를 자문해 보면 부끄럽기 짝이 없다.

그러면서도 물러나야 하는 시점이 다가옴에는 '그래도 좀 더 있을 수도 있었는데…'라는 아쉬움이 남는다는 것이 솔직한 지금의 심정이고 보면, 나도 어쩔 수 없는 속물인간(俗物人間)일 뿐이다.

뜻밖의 정치물결에 떠밀려 예상치 못한 정년 단축과 그로 인한 조기(早期)승진으로 그나마 짧아진 정년(停年)도 되기 전에 임기를 마쳤다. 그러니 어쩔 수 없이 '명예퇴임'이라는 미명으로 물러남에 아쉬움이 남는다. 하지만 '후배를 위하여…'라고 자위하며 마음을 다잡고 과거사를, 또는 그때그때의 마음을 별생각 없이 그냥 횡설수설 그려 보았다.

마치 전문 수석(壽石) 수집가가 수집한 수석을 감상하고 나서 강가의 조약돌을 열심히 주워 모았지만 훗날에 보면 모두가 쓸모없었듯이 보잘것없는 글들을….

때로는 조그만 일에도 기쁨과 즐거움에 도취되기도 했고, 별것도 아닌 일에 속상해 하며 한숨을 짓기도 했던 지난날들의 이 내 마음들을 내 필력(筆力)으로는 또렷이 그려낼 수 없었음이 아쉬움으로 남는다.

거듭되는 말이지만, 문학에의 접근이라고는 중・고등학교 시절에 졸면서 비몽사몽간에 들었던 국어 수업이 고작이리라. 그러니 수필이 무엇이고 소설이 어떤 것인지, 초등학생들 말처럼 '짧은 글이면 시(詩)이고 긴 글이면 줄글'이라고 이야기할 정도인 내가 또 이렇게 실없는 짓을 하는 것은 단 한 가지 이유뿐이다.

먼 훗날 내 후손 중 한두 녀석이라도 혹시 이 책을 읽게 된다면, 그래서 '우리 조상 중에는 이러이러하게 살다가 죽은 사람도 있더라' 하는 저희들끼리의 이야깃거리라도 되어주고 싶을 뿐이다.

남들처럼 명예도 없고 재주도 없으니 사라지고 난 다음 이름 석자조차 길게 남겨질 리 없고, 그렇다고 물려줄 유산도 없으니 말이다.

그러나 기왕에 못다 한 내 신변의 이야기와 회한(悔恨)들을 2선으로 물러나는 기회에 마저 풀어야겠다고 결심을 했을 뿐이다.

나 살아온 그간, 나에게 힘이 되어 주었던 가족들과 친지, 그리고 많은 동료, 선후배님들 모두에게 감사드린다.

본 졸저(拙著)를 작품이라는 개념을 지워 버리고, 단지 저 한문석이라는 한 인간의 내면을 들여다본다는 관점으로만 읽어주시기 바란다.

한가하고 심심할 때에 만화책 보는 셈 치고….

한문석

Contents

3. 마음을 다스리며

4. 횡설수설 잡기

1

아물지 않는 상처

대학 동기생 부인들이 부부동반 해외여행을 추진하여 겨울방학 중에 베트남과 캄보디아로 며칠간 여행을 했다.

연간 국민소득이 200불도 안 된다는 베트남 사람들의 생활상을 보면서 '참 가난하게들 사는구나' 하고 나 어릴 때인 1960년대쯤의 우리나라를 생각했는데 베트남을 거쳐 캄보디아를 가보니 베트남의 생활수준은 그나마 캄보디아보다는 아주 천국이었다.

물론 기후 때문이기도 하겠지만 옛날에 우리 집 참외밭의 원두막보다도 엉성하게 지은 갈대집에 살림도구라고는 찌그러진 양재기 몇 개가 전부이고, 깨끗한 마실 물도 없어서 아이들은 관광객을 졸졸 따라다니며 한국어로 '물, 물' 하는 모습은 차마 눈 뜨고는 못 볼 광경이었다.

너무나 비참한 생활모습을 보면서 문득 우리의 6·25전쟁 당시 난민생활을 떠올리지 않을 수 없었다. 그래서 나와 우리 가족이 참혹하게 겪은 난민시절을 이제 늦게나마 정리해 보고자 한다. 하지만 내 표현력이 부족하여 생생하게 그려내지 못하는 것이 안타깝다.

6·25전쟁이 1950년에 일어났으니 내가 출생한 지 48개월 만이다.

전쟁 통에 호적이 모두 불타버리고 다시 신고를 받아서 작성한 호적이라는데, 그래서 1946년 6월 8일이라는 내 생년월일은 부모님께서 일러 주셨던 5월 8일과의 차이를 음력을 양력으로 기재했을 것으로 생각했었지만, 그것도 근래에 옛날의 달력을 인터넷을 통해 알아보니 하루의 오차가 있어서 나이가 줄어들거나 늘어난 것은 아닌가 하는 의문을 지울 수 없다. 아무튼 부모님께서 말씀 하시기를 내가 여섯 살 때 피난을 갔었다고 하셨으니 기억력이 나빠서 그런지 생생하게 머릿속에 남아있는 것은 그리 많지 않다.

그래서 형님들께서 이야기해 주시고 부모님께서 타계하시기 전에 간간이 들려 주셨던 것들과 내 뇌리 속에 아직까지 자리 잡고 있는 내용들을 연결짓고 유추해서 적어보지만, 시간적 연속성과 앞뒤의 순서가 맞을지는 솔직히 잘 모르겠다.

국방경비대

1945년 일제로부터 해방이 된 뒤, 우익과 좌익의 대립은 극에 달하여 공산주의가 무엇인지 민주주의가 무엇인지 전혀 알지도 못하는 무지렁이들에게도 세뇌공작은 어김없이 파고들었기에 내 고향 춘천시 신북읍에서도 늘 혼란이 일었다. 그리하여 1947년 7월 7일에는 이른바 7.7폭동이라는 사건이 일어났다.

신북읍 산천리에서 좌익분자들이 쇠스랑, 괭이, 낫 등을 들고 우익세력들의 집에 난입하여 닥치는 대로 부수고 사람을 처참하게 찍고 하였다.

그때 나의 큰형님(규석)은 농업중학교(지금의 춘천농공업고등학교) 학생으로서 17세의 왕성한 혈기 하나로 아무것도 모른 채 좌익분자들의 앞에 나섰다가, 뒤주 속에 숨어있던 우익 사람을 다른 사람이 낫으로 찍은 사건에 누명을 쓰고 4개월간의 옥고를 치르기도 했다. 그랬던 형님이 어떤 계기로 다시 우익으로 돌아섰는지 모르지만 열렬한 애국청년으로 돌변하였다.

1948년 여름, 한낮의 뙤약볕에서 어머님과 아버님 그리고 여름방학을 맞이한 큰형님은 텃밭에서 김을 매고 계셨다.

7월의 햇살은 대지를 사정없이 태워 시들시들해진 콩 포기를 다칠세라 북을 주고 풀을 뽑으며 애지중지 김을 매던 중이었다. 그런데 형님이 갑자기 벌떡 일어나 집으로 들어가셨다. 그리고는 옹기 자배기에 물을 떠다가 세수를 하고 있으니 어머니께서는 일하다 말고 들어가 뭐하는 짓이냐고 고래고래 욕을 해 대셨다.

가만히 앉아 있어도 땀이 비 오듯 하는 무더위에 콩밭 고랑에 앉아 김을 매자면 그야말로 숨이 콱콱 막힐 판이니 어머니께서는 형님이 꾀병을 부리는 것으로 오인하시고 욕을 해 대셨다. 그러나 못들은 척 세수를 해대던 형님은 빨아 놓은 중의적삼을 갈아입고 밭으로 성큼성큼 다시 걸어 나오셨다. 영문을 모르시던 아버지와 어머니께서는 "뭐 하는 짓이냐"고 또 야단을 치셨다.

그런데 평소와는 달리 부모님께 꾸벅 인사를 하면서 "오늘 국방경비대에 입대합니다"라고 하시니, 도대체 무슨 소리인지? 국방경비대라는 건 뭔지? 어안이 벙벙하셨지만 그저 그렇게 한마디 불쑥 남기시고는 성큼성큼 뒤도 안 돌아보고 형님은 걸어 가셨다.

나중에야 국방경비대라는 것은 1946년 1월 14일에 1개 연대 2만5천 명으로 창설되어 같은 해 6월 15일 8개 도청소재지에 1개 연대씩 증설된 우리나라의 최초 군대라는 사실을 알게 되었다. 그 부대는 우리 집에서 7~8Km 떨어진 춘천시 사농동에 자리하고 있다는 것도 알았다. 하지만 왜, 어떤 계기로 형님이 자진 입대를 하셨는지는 아무도 모른다.

다만 미군정하의 시국이 불안하여 늘 동족간의 분쟁이 잦았던 그때 학생의 신분으로서 어지러운 나라의 장래가 걱정스럽다고 생각되어 자원한 것이 아닐까 추측할 뿐이다.

형님은 8연대 화기소대에 배속되어 근무를 하면서 그 당시 전국에서 날뛰던 빨치산 토벌 작전에도 많이 참전하였다. 그리고 오대산 작전, 팔공산 작전 등 공산군 토벌 작전에 많은 공을 세웠다. 그러나 그 부대의 고위급 장교가 부하들을 대동하고 월북하는 아주 큰 사건이 일어나고 말았다.

사건의 전말은 이렇다.

형님이 근무하던 8연대 내에 1946년 5월 1일 창설된 국방경비 사관학교(지금의 육군사관학교) 출신의 동기생인 표○○ 소령과 강○○ 소령이 각각 대대장직을 맡고 있었다.

두 지휘관은 사전에 적군과 내통하고 1949년 4월경 어느 날 밤, 야간행군훈련 명령을 내렸다. 춘천시 사북면 방향과 홍천군 방향으로 각각 부대원을 인솔하여 나갔다가 미리 매복시켜 놓았던 북한 인민군의 공격으로 전 부대원이 포로로 잡혀 북송되고 말았다.

표 소령의 휘하에 소속되었던 형님은 중화기소대원으로서 사북면 인남리 방향으로 행군했는데 3.8선이 가까워지자 갑자기 중화기소대원들에게 앞으로 나아가라는 명령이 떨어졌다. 그러나 군 전술상 중화기소대는 뒤쪽에 위치하는 것이 상식이다. 그런데 앞으로 나아가라는 명령을 하달함에 수상히 여긴 소대장이 손전등으로 소대원들에게 신호를 보내서 뒤로 처지게 했다.

그런 상태로 얼마쯤 더 나아가자 미리 매복시켜 놓았던 북한 인민군들이 갑자기 공격해 왔고 그렇게도 하늘같이 믿었던 부대 지휘관 표 소령은 적으로 돌변하여 꼼짝없이 전 장병들은 북으로 납치되고 말았다. 그러나 형님 소속의 중화기소대는 소대장의 신호에 따라 슬금슬금 뒤로 처졌던 덕에 몇 명은 납치를 모면했다.

부대는 풍비박산이 되고 깜깜한 밤에 방향을 잃어 산속에서 일주일을 굶고 헤매다가 탈진이 된 상태로 용산리 주민들의 눈에 띄어서 형님은 구사일생으로 살아나셨다.

우리 식구는 그 소식을 듣고 달려가니 들것에 실려 부대로 돌아가는 형님의 모습을 신동삼거리에서 먼발치로만 언뜻 보았을 뿐 말 한마디 건네 보지도 못했다. 그러니 그때 어머니의 심정이 어떠했으랴?

그날 밤 홍천방향으로 행군 나갔던 강 소령의 휘하 장병들도 전원 포로로 잡혀 북송되고 말았으니 지금으로서는 상상도 못할 엄청난 사건이었다.

전쟁의 발발

6 · 25전쟁이 일어나기 전까지 북한은 남로당 빨치산은 물론이려니와 북한에서 직접 공비들을 투입시켜 우리를 교란시켰다. 당시 형님은 오대산, 팔공산 등지로 공비 토벌작전에 참전하였다. 그 공로인지는 알 수 없지만 서울(지금의 태릉) 부대로 전근되면서 이등중사?(∨자 3개) 계급장을 달고 처음 휴가를 나오셨다.

입대하신 지 2년 만인 1950년 6월 24일 토요일이었는데 군복에는 빨간 계급장을 달고 머리에는 화이바모를 쓰고 오신 모습이 제복 입은 사람은 구경도 못했던 우리 눈에는 얼마나 멋진 모습이었는지 모른다.

저녁에 온 식구들은 그간 공비 토벌작전에서의 무용담과 표 소령 사건 당시의 처절했던 경험담을 듣느라고 밤잠을 설치고 6월 25일 아침을 맞았다.

모처럼의 휴가를 나와 겨우 하룻밤을 지내고….

형님은 우리 집 재산목록 1호인 소를 뒷산 밑 풀밭에 끌고 가서 조금이라도 풀을 더 뜯어 먹게 하려고 고삐를 길게 매어놓고 오셨고, 어머니께서는 형님을 위해 전날 저녁에 누에고치 판 돈을 들고 급히 장에 가서 꽁치를 사다 두었다가 굽고 계셨다.

고기나 생선은 일년 내내 한두 번도 먹어 볼 수 없었던 우리네 살림살이에 꽁치를 굽는 그 냄새는 가히 짐작이나 갈까?

뒷산 너머 고성리에서 포성과 총성이 간간히 들렸지만 시국이 불안정했던 당시에는 늘 있어왔던 소리이기에 관심도 없었고, 오직 꽁치가 빨리 익어서 먹게 되기만을 기다리는 참인데 갑자기 난민들이 들이닥쳤다.

무슨 일이냐고 물으니 북한 인민군이 쳐들어온다고 했다.

그 귀한 꽁치는 한 도막 맛도 못 본 채 버려두고, 형님은 정혼이 되어 있었기에 미리 장만해 두었던 각종 혼수와 이불, 쌀, 밀가루, 솥과 수저 등을 대충 싸서 식구대로 이고 지고 내달았다.

한참을 내달리다가 소 생각이 나신 형님은 다시 되돌아 뛰어가서 소를 끌고 와 소 등에도 실을 수 있는 만큼 싣고 소양강 다리에 다달았다. 그러나 "국군이 반격하고 있으니 염려 말라"며 다리를 못 건너게 하였다.

조금 안심이 된 난민들이 길바닥에 앉아 웅성거리고 있는데 갑자기 박격포탄이 우리가 보이는 인근에 마구 떨어지는 것이 아닌가? 이에 혼비백산한 난민들이 아우성치니 그제야 다리를 열어주며 피난을 가라고 했다.

우리는 뒤뚜루(지금의 춘천시 후평동)를 거쳐 신동면 혈동리 황골이라는 산골 마을까지 갔다. 가는 동안 정신없이 뛰다가 숨이 차고 기진맥진하여 어느 한적한 길가에 앉아 쉬고 있는데 갑자기 귀가 찢어질 듯한 포성이 또 울리면서 먼발치의 논 가운데에서 흙과 파편이 튀는 것이 보였다.

그 소리와 장면에 놀란 나는 어디서 났는지 알 수 없는 군용 판초우의를 뒤집어쓰고 길옆의 감자밭고랑에 납작 엎드렸다. 내 느낌으로는 그 우의가 모든 것을 다 막아줄 것만 같이 무척이나 안정이 되고 편안하여 얼마동안을 그렇게 엎드려 있었다. 그리고 얼마나 시간이 흘렀을까. 더 이상 포성이 안 들리기에 일어났는데, 그런 와중에서도 나의 그 천진스런 행동을 보며 부모님들을 비롯한 많은 피난민들이 웃고 있었던 기억이 아직도 잊혀지지 않는다.

황골 마을에서 며칠간 피난생활을 하는 동안 큰형님은 부대를 찾아가야 한다며 나섰다.

전쟁터를 찾아 나서는 아들에게 어머니께서는 밀가루 반죽을 밥솥에 쪄서 쓰고 오신 화이바모에 넣어 주셨다.

밀가루 반대기가 담긴 화이바모를 들고 보무도 당당하게 걸어가던 그 뒷모습이 우리 식구들에게 보여준 마지막 모습이었다.

군번 1803××, 이등중사 한규석 병사와 우리 가족 간의 마지막 고별식은 그렇게 간단하게 끝마쳐졌다.

좌·우익 사이에서의 갈등

황골에서 며칠간의 피난생활을 접고 남들을 따라 이미 인민군의 치하에 들어간 고향으로 돌아와 그럭저럭 농사일을 계속하고 있었다.

한마을 다정한 이웃이었던 박 아무개 등 좌익분자들에게 어머니는 끌려가셔서 국군에 입대한 큰형님의 소재를 대라며 며칠씩 닦달을 받기도 하셨고, 과거 우익 편에 적극적으로 가담했던 사람들은 모진 고문을 당하거나 사살되기도 하면서….

전쟁 발발 이전에도 좌익계의 간첩이 다니면서 동네 사람들이 공동으로 먹는 우물에 독약을 풀어 넣기까지 했다. 그때 동네의 치안유지에 나섰던 젊은이들 가운데 우리 동네에서 가장 체격이 크고 힘이 세었던 내 친구(폭격으로 사망한 유○○ 군)의 아버지와 또 다른 유○○ 씨께서는 이웃마을 용산리에 간첩이 있다는 첩보를 입수하고 달려가서 잠자고 있던 간첩을 생포해서 관계기관에 넘긴 일이 있었다.

그러니 우리 고향이 공산군 치하에 들어가자마자 간첩을 생포

한 그분들이 누군가의 고자질로 제일 먼저 잡혀가서 처형되었으나 가족들만은 다행히 화를 면했다. 그러나 처참한 학살은 계속되었다. 아랫마을의 어떤 집은 우익에 적극 협조했다는 죄(?)로 인민군이 총알을 아낀다며 전 가족을 갓난아기까지 등에 업혀서 일렬로 세우고 한꺼번에 총살하기도 했다.

지금 생각하면 그분들이야말로 반공애국자로 우대 받아야 했건만 누구하나 알아주는 이 없어 유족들은 통한의 세월로 일생을 살아야만했다.

그렇게 서슬이 시퍼런 인공(인민공산군) 치하에서 "나는 우익이다"라고 외칠 사람이 누가 있겠는가?

목숨을 부지하기 위해서 인공 치하에서는 공산주의자인 척, 국군 치하에서는 반공애국자인 척 하면서 요령껏 살아야 했다. 하지만 어느 한쪽으로 도가 지나치게 기울었거나 또는 평소에 밉게 보였던 이에게 "저 사람…" 하고 손가락질만 당하면 변명이나 해명의 기회도 없이 총살되고 말았다.

그들 중 공산주의가 무엇이고 민주주의가 무엇인지 알고 날뛰었던 사람이 과연 몇이나 되었을 것이며, 그들은 누구를 위한 사상대립을 하다가 희생 되었단 말인가?

단순한 감정에 치우친 이들이, 또는 무식과 가난에 찌든 이들이 달콤한 감언이설에 현혹된 죄밖에는….

지리적으로 전선이 가까운 곳에 살았던 우리 고장에 특히 더 많았던 그 비극들은 생생한 증인들이 행여 또 닥쳐올지도 모를 후환 때문에 입 밖에 내기를 꺼리다가 한두 분씩 세상을 떠나고 있으니 역사의 뒤안길로 영원히 사라지고 말 것이다.

요즈음 정치권에서 소위 '과거사 진상 규명위원회'라는 것을 만들어 일본 통치시대에 친일행각을 했느니 또는 좌익 활동을 했느니 하고 야단들인데 참으로 웃기는 일이다. 정적을 죽이기 위한 수단 치고는 정말 유치하니 말이다. 그 '과거사 진상 규명위원회'의 위원들 중에는 과연 총부리 앞에서도 굴하지 않고 버틸 만한 용기를 가진 자가 있을까?

가만히 숨죽이고 하루하루를 살면서 아버지께서는 집 뒤 언덕 밑에 간간히 방공호(땅굴)를 파 놓으셨다. 그래서 폭격이 있으면 그곳에서 피난을 하면서 지내던 10월의 어느 날 간단한 쪽지 편지가 인편으로 왔다.

큰형님께서 "무사히 부대에 합류하여 인민군의 뒤를 쫓아 북진 중이니 안심하시라"고 하는 편지였다. 그것으로 형님은 가족과의 영원한 이별을 고한 것이었다.

미군의 인천과 원산 상륙작전(1950년 9월 28일 서울 수복의 계기) 성공으로 인민군들은 급히 도주하면서 갖은 만행을 저질렀다. 평소 공산주의 맹신자들과 그들의 꾐에 빠진 사람들, 또는 어쩔 수 없이 그들에게 협조했던 사람들은 도주하는 인민군들을 따라 월북한 사람들도 많았다.

우리 가족 중 사촌 일가도 그때에 월북을 했다. 우리 가족들도 함께 가자는 회유와 강요에 못 이겨서 어두워진 밤길에 얼마쯤을 따라가다가 뒤처져서 조밭고랑으로 숨어 들어가 그들을 따돌리고는 다시 돌아왔기에 오늘날 이렇게 살고 있다.

당시에 우리 동네에서는 몇 안 되는 중학교 학력의 소유자로 월북한 그 사촌도 인공 치하에서 살아남기 위해 "동네에서 제일 똑똑한 자네가 동네일을 맡아 줘야 동네사람 모두가 편안하지 않겠는가? 국군이 돌아오면 우리 모두가 철저한 반공주의자인데 어쩔 수 없어서 부역을 했노라고 증언해 줄 것이니 염려 말고 동네 대표직을 맡아 주게!" 하는 간청에 못 이겨 인민공산군 치하에서 동네일을 했다. 그러나 국군은 자의, 타의 가리지 않고 부역자는 무조건 총살시켰다. 그러니 월북에 선택의 여지가 없었다.

그때 사촌의 월북 사건으로 인하여 내 작은형님은 공직생활 중 늘 정보기관원의 감시를 받아야만 했고, 승진은 물론 모든 인사상의 불이익을 받다가 반평생의 공직을 마감해야 했다. 나 또한 공휴일에 버스만 타도 예외 없이 즉각 '동향보고(動向報告)'가 올라가는 등의 감시를 받으며 살아야 했다. 소위 연좌제라는 족쇄에 얽매여서….

인민군 치하에 들어갔을 때, 우익에 적극 가담한 사람의 일가족 모두를 처형했듯이 국군의 입성으로 진짜 좌익의 극렬분자였던 박○○는 미처 도주하지 못하고 붙잡혀서 온 동네 사람들의 공개재판을 받고 처형되기도 했다.

그렇게 혼미한 일상 속에서도 어김없이 계절은 바뀌어 가을을 맞았고 먹고 살아야겠기에 열심히 농사지은 덕에 몇 알 안 되는 곡식을 거둬들여서 하루 두 끼씩은 죽이라도 굶지 않고 먹을 수 있었다.

낮이면 도토리나 밤을 줍거나 칡뿌리, 둥굴레를 캐러 들로 산으로 다녀야 했고, 밤이면 기름이 아까워서 불을 밝힐 수 없으니 일찍 잠자리에 들어야 했다. 하지만 그런대로 불안한 생활이나마 고향을 지키며 살 수 있었다.

낮에 들로 산으로 나다니려면 부모님들께 "미군에게 붙잡히면 큰일 난다"고 두 번 세 번 주의를 들어야 했다. 그때 유엔군(주로 미군)들은 전세가 불안한 격전지이니까 어린이들을 만나면 무조건 고아로 인정하고 붙잡아서 후방의 고아원으로 보냈다. 그렇기에 그들을 만나면 숨느라고 정신이 없었다.

실제로 어느 날, 작은형님과 나는 마을 뒷산 밑으로 밤을 주우러 갔다가 밤 줍는 데 정신이 팔려서 자동차 소리를 못 듣고 있다가 가까운 거리에 3/4톤 차량의 적재함에 미군이 총을 들고 서서 다가오는 것을 보고 얼마나 놀랐는지 모른다.

재빨리 나무 뒤로 몸을 숨기는 바람에 그들이 우리를 발견하지는 못했지만, 만약 그날 그들에게 발각되었더라면 나와 형님의 운명은 달라졌을 것이다.

혹독한 추위 속 피난길

그렇게나마 전쟁이 끝나기만을 고대하며 살고 있었는데 뜻하지 않은 중공군의 개입으로 이른바 1·4후퇴를 맞게 되었다. 그야말로 피난생활 중에서 최악의 고난이 시작되었다.

1951년 1월, 음력 동짓달 추위에 또 다시 온 가족이 짐을 꾸려 피난길에 올랐으니 아버지, 어머니, 누님(순석, 스무 살), 큰형님(명석, 열일곱 살), 작은형님(태석, 열세 살), 나(여섯 살), 동생(연석, 세 살)까지 일곱 식구는 커다란 자루에 콩과 쌀을 담아서 소 등에 싣고, 이불과 간단한 생활 도구를 챙겨 머리에 이고, 또는 등에 지고 한없이 걸어서 남쪽으로 향했다.

어디였는지 모르지만 응달쪽 산비탈길에 눈이 내 허벅지까지 빠지는데 피난민들이 앞선 사람의 발자국을 따라 일렬로 늘어서서 걷고 있었다.

그때 우리 옆에서 내 또래의 사내아이가 엄마를 놓쳐서 악을 쓰며 울고 있었다. 그런데 까마득하게 산중턱쯤에 앞장선 그 애 엄마는 빨리 오라며 고래고래 욕을 하고 있었다.

발 시리다고 칭얼대는 나에게 어머니께서는 "너도 빨리 안 걸으면 저 애처럼 버리고 간다"라고 하시는 으름장에 겁을 먹은 나는 이를 악물고 따라 걸었다.

아마도 그때 그 아이는 혼잡한 피난민 대열에서 자기 엄마를 영영 따라가지 못하고 고아가 되었거나 굶주림과 추위로 죽지 않았을까 하는 생각이 든다.

정처 없이 걷다가 날이 저물어 아무 집에나 들어가서 재워주기를 간청하면 빈방이 있어도 없다고 거절당했다. 그러다가 부엌이나 헛간이라도 얻게 되면 그날은 운이 좋은 날이었다. 볏짚가리, 추녀 밑 가리지 않고 찬 서리만이라도 피할 수만 있는 곳이면 아무 곳에서나 이불 하나에 일곱 식구가 의지하여 밤을 지새우고 볏짚이나 낙엽 등 불에 탈 수 있는 것이면 닥치는 대로 주워다가 소등에 싣고 간 콩을 삶아서 소를 먹이고 사람은 그 뒤에 쌀을 한 움큼 넣어 죽을 쑤어 먹었다.

동짓달 모진 추위에 그나마 나와 내 동생은 어리다고 가운데로 몰아넣고 누님이나 부모님들이 가장자리에서 이불 한 조각으로 밤을 지새우고 나면 오금이 얼어붙어 잘 일어서지 못해서 한참 주무르고 나서야 겨우 일어서곤 하였다.

하루는 날이 저물어서 어느 빈집에서 자고 가기로 하여 마당에 솥을 걸고 저녁을 지었다. 울타리도 뜯어서 때고 지푸라기도 주워서 불을 지피며 많은 사람들이 저녁을 짓고 또는 앉아서 쉬기도 하는데 갑자기 총소리가 콩 볶듯 하면서 총탄의 불빛이 어둠을 뚫고 빛발치는 것이 아닌가?

우리는 막 끓어오르는 죽솥을 엎어 쏟아 버리고 내려놓았던 짐을 챙겨 내뛰는데 급하니까 소 먹이로 등에 싣고 가던 콩 자루 하나도 버리고 모두들 내뛰었다.

우리뿐만 아니라 주변의 모든 피난민들이 같은 형국이었다. 심지어 누군가 업고 가다가 내려놓았던 애기까지도 잊었는지 아니면 일부러 버렸는지는 모르지만 그대로 두고 도망가는 사람도 보았다.

그러나 어머니께서는 콩 자루 속에 넣어 가지고 가던 갱엿이 아까워 목숨을 걸고 뒤에 처져서 기어코 그 엿은 꺼내들고 뛰어 오셨다. 후에 그 엿을 한 조각씩 입에 깨 넣고 우물대니 쇠잔한 몸에 당분이 섭취되어 금방 힘이 솟았다. 그때의 엿 한 조각이 요즈음의 어느 영양제 보약에 비할 수 있었겠는가?

그렇게 살아야겠다는 일념 하에 남쪽을 향해 며칠 동안 걸어간 곳이 충남 신탄진이었다.

"강을 건너야 안전하다"는 피난민들끼리의 입소문에 따라 너도 나도 강(신탄진강)을 건너자니 까마득한 하류 쪽에 나룻배가 한 척 보이긴 했다. 하지만 워낙 건너려는 사람이 많아서 아버지만 소 때문에 배로 건너기로 했다. 사람이 머리에 이고 등에 졌던 짐은 소 등에 옮겨 실을 수 있는 대로 실었다.

그리고 수심이 얕은 여울을 택해 나는 누님 등에, 동생은 어머니 등에 업히고, 형님 두 분은 발가벗고 어머니와 누님은 속곳만 입은 채, 한 손은 벗은 옷을 머리 위로, 한 손은 서로 손을 맞잡고 건너는데, 세찬 물살에 발밑 강돌은 미끄러워서 아차하면 넘어질 판이고, 그러다가 넘어지면 떠내려가 익사할 판이었다.

어른의 배꼽 밑까지 차오르는 물에, 등에 업힌 나와 동생의 발도 잠기니 발 시리다고 아우성치고 열세 살 어린소년이었던 작은 형님도 살이 찢어지는 듯한 통증에 악을 쓰고 우니 그야말로 '아비규환' 바로 그 자체였다.

나룻배를 찾아 내려가셨던 아버지께서는 다행히 우리보다 먼저 배로 건너서 기다리고 계셨다.

강을 건너니 속옷이 금방 얼어서 뻣뻣하고 발바닥에는 자갈이 잔뜩 얼어붙어서 걸음을 옮길 때마다 함께 붙어 다녔다. '이가 마주치도록 떨린다'는 의미가 바로 그런 것이었다. 아무리 이를 악물어도 아래턱이 떨리면서 이가 마주쳐 소리가 났다.

다행히 읍사무소 직원들과 마을 치안대원들이 난민들을 위해 볏짚을 몇 단씩 나누어주고 있어서 아버지께서는 그것을 받아 불을 놓고, 강변에 나온 피난민 상대의 노점상에게서 시래기 장국을 한 그릇 사서 식구들 입에 교대로 들이대서 한 모금씩 마시게 하니 추위가 조금은 가라앉는 듯했다.

어머니와 누님은 치마를 두르고 젖은 속곳을 벗기는 했지만 꽁꽁 언 옷을 헹굴 수도 짤 수도 없어 그냥 꿍쳐들고 어디로 가야할지 몰라 떨고만 있었다.

막막하기 그지없던 터에 누님께서 지나가는 치안대원을 보고 사정을 했다. 성숙한 처녀의 청을 받은 치안대원 청년이 기사도 정신을 발휘하여 따라오라며 앞장을 섰다. 몇 집을 전전한 끝에 어느 집 부엌바닥에서 하룻밤을 지내도록 허락을 받아 주었다.

하룻밤을 문짝도 없는 부엌바닥에서 지새우고 이튿날 아버지께서 다시 온 동네를 전전한 끝에 하룻밤만 신세 지자며 얻어 든 방은 겹집으로 지어진 뒤쪽의 윗방인데 주인집 아랫방의 불길이 윗방에도 영향을 주어서 따로 군불을 안 때도 바닥은 따듯했다.

비록 가마니 두 장을 깐 흙벽의 비좁은 방이었지만 집 떠난 후 처음 자 보는 따듯한 방이었으니 요즈음의 특급호텔인들 그것에 비할 수 있을까?

어쩌다 보니 사촌 형수님의 식구들과 고향의 아는 사람도 방을 얻으러 왔다가 우리를 만나서 며칠 밤을 그 비좁은 방에서 함께 지냈다. 그때 식구 수가 이십 명 가까이 되었던 것 같다.

그런데 초저녁에는 좁아서 눕지를 못하고 빽빽이 끼어서 겨우 앉아만 있었는데 새벽에 깨어보면 사람 위에 사람이 포개어져서라도 다 쓰러져서 잠을 자고 있었다. 사람은 선천적으로 누워서 자게 되어 있는 것 같았다.

한 많은 윗방살이

달리 갈 곳이 없던 우리는 염치 불구하고 하룻밤만이라는 약속을 깨고 두 달여를 넘게 그 집에서 지냈다.

그 집에 들어가 며칠 안 되어서 끌고 간 재산목록 1호인 소를 팔 수밖에 없었다. 먹여 키울 외양간도 사료도 없으니 동네 사람들의 강요에 의하여 시세의 반값에도 훨씬 못 미치는 가격에 빼앗기듯 양도하여 그들이 잡아먹고 말았다.

농사에 없어서는 안 될 소를, 그것도 몇 년 동안 애지중지 키워 왔던 아버지의 분신 같았던 그 소를 동네 사람들은 우리가 보는 앞에서 잡아먹었으니 기가 막혔다. 그렇다고 정작 그 소의 고기는 고사하고 피 한 방울도 얻어먹지 못했다. 쌀도 못 사 먹을 형편에 고기를 사 먹을 수는 더욱 없었다.

꽤 여러 날의 시일이 지난 후 주인집에서 자기네 몫으로 꿍쳐 두었던 가죽을 그을려서 삶아 먹으면서 손바닥만한 접시에 두어 조각 문틈으로 들여보내 주었다. 그때 그 고기, 아니 가죽의 맛은 평생을 두고 잊을 수가 없었다.

두 달여를 그 집에서 지내며 하루 두 끼를 먹는데 한결같이 흰죽이었다.

주인집 부엌을 함께 쓰면서 누님께서 죽을 쑤어 뜸이 들 때를 기다리노라면 어머니께서는 슬그머니 부엌으로 나갔다 오셨다. 그러면 누님은 "엄마, 또 물 붓고 오시지?" 하고 앙칼지게 쏘아붙였다.

국물이라도 좀 배불리 먹자고 물을 붓고 들어오신 어머니는 배분된 죽을 그나마 다 안 잡수시고 불어 터진 밥알 몇 알이라도 남겨서 슬그머니 돌려 놓으셨다. 두었다가 점심으로 어린 나의 입에 넣어 주시려고….

멀건 흰죽을 숟가락으로 뜰 것도 없이 훌훌 마시고 반찬으로는 굵은 소금을 몇 알 입에 넣는 것으로 식사가 끝났다. 그러면 잠시 후에는 속이 뒤집히면서 구역질을 하게 되었다. 헛구역질로 끝나면 그나마 다행이지만 모두 토하고 나면 굶는 꼴이니 장기간 그렇게 하여 어머니께서는 영양실조로 쓰러지시기도 하였다.

먹는 것이 부실하니 온 식구가 변비에 걸려 일주일에 한 번쯤 화장실에 가서는 항문이 찢어져 피를 흘리는 고통을 겪어야만 했다.

이상한 일은 죽을 마시고 나서 구역질이 날 때 부엌으로 달려나가 주인집이 김치를 썰고 놓아 둔 도마를 막 핥으면 구토가 가라앉기도 했다.

어느 날 어머니께서는 작은형님과 나를 데리고 동네의 양지쪽을 산책하시다가 우연히 무 배추를 심었던 남의 채소밭에 김장 쓰레기가 많이 버려져 있는 것을 발견했다.

어머니께서는 반은 썩고 반은 말라서 하얗게 된 그 김장채소 쓰레기를 주워서 치마폭에 담아 강가로 가서 물에 담그고 한없이 주물렀다. 그러면 썩은 것은 다 풀어져 나가서 녹색은 거의 없고 하얀 섬유질만 남았다. 집으로 그것을 가져와서 썰어 넣고 소금을 넣어 죽을 쑤었더니 한결 맛이 나았고 구역질도 안 났다.

그 다음 날부터는 식구들이 나서서 밭에 버려진 김장 쓰레기 수거에 나섰다. 그런데 그 지방에서는 겨울에 화장실 분뇨를 모두 채소밭에 뿌렸으므로 인분이 묻은 김장쓰레기를 수거해다가 물에 씻어 먹었다.

또 인근에 엿 공장이 있어서 엿물을 짜고 난 찌게미를 사다가 먹기도 했다. 피난민으로서 돈벌이는 없었고 소 판돈을 아껴 쓸 수밖에 없었으니 값싼 엿 찌게미를 사 왔는데 온갖 티가 다 들어가서 키를 빌려다가 까불어서 먹어야만 했다.

불 땔 연료도 사 쓸 수 없으니 형님들은 이십여 리를 걸어서 남의 야산에 가서 솔 검불을 긁어다가 땠다. 그나마 동네 사람들에게 들키면 모두 빼앗기고 뺨만 맞고 오기 일쑤였다.

굶주리고 헐벗으니 잔병에도 견디기가 어려웠다.

세 살 난 동생은 어머니 등에 업혀서 강을 건널 때 발이 물에 젖어서 동상에 걸렸고 거기에 홍역까지 겹쳐서 너무 심하게 앓다가 죽을 뻔하기도 했다. 초저녁에 병세를 보니 그 밤을 못 넘길 것 같아서 아버지께서는 곡괭이와 삽을 빌리고 가마니를 구해서 파묻을 준비까지 해 놓으셨으나 다행히 밤새 병마를 이기고 다시 살아났다.

하룻밤만 신세 지자고 했던 그 집에서 그렇게 모진 겨울 추위를 지내고 봄기운이 감도는 어느 날, 우리 고향도 어느 정도의 평온을 되찾았다는 소문을 듣게 된 가족들은 귀향하기로 의견을 모았다.

그래서 짐을 꾸리고 내일 아침 출발하기로 한 그날, 마침 5일장이 섰기에 아버지께서는 장을 둘러보고 오시겠다며 나서셨다.

그런데 이 무슨 얄궂은 운명이란 말인가? 장에서 돌아와 보니 그렇게도 아껴서 귀향길 여비로 쓰려던 소 판 돈을 몽땅 소매치기 당하신 것이 아닌가?

온 식구가 낙담하여 정신을 놓고 있던 중, 누님께서 싸 놓은 보따리를 다시 풀어헤치더니 군에 가신 큰형님의 혼수를 꺼내 놓았다. 이미 정혼이 되어 있었기에 장만해 두었던 혼수였다.

혼수라야 몇 벌의 옷감이었지만 그것을 내다 팔았더니 잃어버린 만큼의 돈이 되었다.

귀 향

소 판 돈을 몽땅 잃어버리고 형님의 혼수를 처분하여 만든 돈을 여비로 귀향길에 나섰다.

정월달 하순이라 한낮에는 제법 따사로운 햇볕이 내리쬐어 나른하기까지도 했다. 하지만 밤이면 한데 잠을 자기에는 너무나 추워서 정처 없이 걷다가도 날이 저물면 남의 집에 들어가 재워주기를 간청했다. 그것이 여의치 않으면 빈집이나 헛간 등에서 자고 걷기를 반복하였다.

배고프고 지치면 걷기를 중단하고 불 지필 나뭇가지를 주워서 솥을 걸고 죽을 쑤어 먹었다. 당시 여섯 살배기의 어린 나는 다리 아프면 "엄마, 낭구(나무의 사투리) 하자"를 되풀이하며 칭얼댔다. 그러면 어머니께서는 "어서 가서 성(형) 잔치 때 먹으려고 파묻은 배 꺼내 먹자"며 기운을 북돋아 주셨다.

당시 외가댁에는 아름드리 배나무가 여러 그루 있었는데 껍질이 푸르고 달며 물이 많은 청실리(靑實梨)라는 배가 많았다. 외할머니께서 외손자(규석 형님) 결혼에 쓰라고 많이 주셨기에 구덩이를 파고 솔검불을 사이사이 넣어서 묻어 두고 피난길에 올랐던 그 배를 꺼내 먹으러 가자는 것이었다.

그렇게 가면서 어디에서인가는 환자 치료를 목적으로 귀신 먹고 물러가라며 길에다가 젯밥으로 내다버린 백설기와 흰밥, 그리고 허연 무생채를 주워 먹기도 했다.

병원이 귀하고 무지했던 그때에는 병에서 오래도록 회복되지 못하면 귀신의 장난으로 여겨서 굿을 하거나 무속인을 불러 주문을 외고 밥, 떡 등의 음식을 내다버리면서 귀신에게 그것을 먹고 물러가라고 했었다. 그것을 귀신을 대신하여 우리가 먹었는데도 병은 안 걸렸다.

신탄진을 출발한 지 며칠 만에 청주의 모 중학교에 설치된 피난민 수용소에 다다르니 큰댁 식구들이 먼저 와 있었다. 우리는 너무나 반가웠지만 너나없이 굶주림에 찌들었으니 큰댁이라고 반길 리 없었다.

이삼 일간 큰댁의 반갑지 않은 눈총을 받다가 다시 고향을 향해 걷기를 반복하여 보름 만에야 춘천 고향에 도착할 수 있었다. 피난을 갈 때에는 쫓기는 형국이라 일주일 만에 갔던 길을 귀향길에는 보름이나 걸렸던 것이다.

고향에 돌아와 이미 피난길에서 먼저 귀향했거나 아예 피난을 못 가고 인공 치하에서 견뎌냈던 이웃들을 만나니 반가움과 그간의 고생했던 한이 치밀어 마을 곳곳이 온통 통곡 소리로 뒤덮였다.

누구누구는 인민군에게 총살당했고, 누구누구는 폭격을 맞아 죽었고, 누구누구는 지뢰를 밟아 죽었고, 누구누구는 인민군에게 의용군으로 끌려갔고….

주고받는 말끝마다 다정했던 이웃의 불행한 소식이 눈물을 짓게 할 뿐이었다.

천신만고 끝에 그렇게 고향을 찾아오기는 했으나 땅 속에 묻어두고 간 식량은 대부분 피난을 못 갔던 동네 이웃들이 차마 굶어 죽을 수는 없었기에 다 찾아내서 먹었으니 그들을 원망만 할 수도 없었다. 칡뿌리, 둥굴레, 메, 송기, 무릇 등등 먹어서 죽지만 않을 것이면 닥치는 대로 캐고 뜯어다가 먹었다. 그러니 말 그대로 초근목피로 연명할 수밖에 없었다.

그런 생활 속에서도 수시로 자행되는 미군의 폭격을 피하기 위해서는 집 뒷산 너머의 절개지에 방공호를 파고 거기서 살면서 집에는 가끔 넘어가서 필요한 물건들을 가져다 쓰곤 했다.

남북 양측의 공방이 치열했던 중부전선 인근이니 공군의 우세를 보이는 미군의 폭격은 실로 가공할 만했다.

자그마한 정찰기가 천천히 돌고나면 어디선가 뒤이어 나타난 쌕쌔기(제트기를 그 당시에 어린 우리가 부르던 이름)에서 쏘아대는 기관총 사격, 그리고 우렁찬 굉음을 내면서 천천히(우리 눈에 그렇게 보임) 다가온 사닥다리 비행기(B-29 폭격기)에서 무언가 까만 것이 오물오물 내려오는가 싶다가 땅에 떨어지자 아비규환의 지옥을 만들어 버리던 그 무서운 폭격장면은 지금 가까스로 살아남은 나의 뇌리에 전쟁영화의 한 장면들처럼 아스라이 하다. 하지만 그때 그로 인해 시신도 못 찾고 사라져간 사람은 얼마나 많았던가?

아마도 미군은 민간인도 중공군이나 인민군으로 인식했거나 아니면 그 속에 섞여 있을 것으로 판단했을 것이기에 비행기만 떴다

하면 무차별 폭격을 해댄 것이 아닌가 싶다.

폭격이 무서워 방공호에서 주로 먹고 자며 살았던 우리는 중공군이 타고 왔다가 폭격 맞아 죽은 말 사체를 베어다가 포식을 하기도 했다. 고기 맛을 못 보던 우리는 참 맛있게 먹었던 기억이 난다.

어머니께서는 그 말고기를 삶기 위해 장작을 패시다가 튀어 오른 장작개비에 눈자위를 많이 다치셨는데 천만다행으로 눈은 괜찮았지만 그때의 상흔은 돌아가실 때까지도 눈두덩에 남았었다.

그리고 또 어느 날, 어머니께서 집에 무엇인가를 가지러 가셨다가 비행기 소리를 들으시고는 바로 집 뒤에 있는 별도의 방공호로 뛰어 들어가셨는데 이를 내려다 본 비행기에서 폭격을 가해서 방공호 입구가 폭삭 무너졌지만 다행히 어머니는 손가락 끝에 약간의 상처만 입으시고 간발의 차로 무사하셨다.

방공호 속에 갇히셨던 어머니께서 손으로 무너진 입구를 헤집고 나와 보니 우리 집도 소이탄(燒夷彈)의 공격을 당해서 용마루에서는 연기가 모락모락 피어오르고 있었다. 그러나 이미 서쪽 너머의 박 씨네 집이 불타고 있어서 사람들은 모두 그곳에 몰려갔으니 우리 집 불을 꺼 줄 사람은 아무도 없었다.

물은 백여 미터 떨어진 곳에 두레박 우물 하나가 전부였다. 사람이라고는 성경과 찬송에만 몰두하시는 큰아버지 한 분만이 외양간 처마 밑에서 중얼중얼 기도만 하고 계실 뿐이었다. 그러니 어머니 혼자 발만 구르며 집이 모두 타버리는 것을 바라보실 수밖에 도리가 없었다.

그때 우리 집에 와 계시던 큰아버지는 아버지와 아주 사이가 안 좋으셨다. 큰아버지께서는 식구들만 피난을 내보내시고 혼자 지내시다가 우리가 귀향하니까 우리 집으로 오셨다.

아버지께서는 막내로 태어나셨는데 손이 기형이라 갖은 구박과 천대만 받고 자랐다. 결혼을 했어도 먹고 살 만했던 큰댁에서 재산이라고는 숟가락도 한 개 못 받으셨기에 형님(큰아버지)에게 불만이 많으셨다. 게다가 글줄이나 읽을 줄 아시는 큰아버지는 기독교에 푹 빠져서 옆에서는 먹고 살기 위해 손톱 밑에서 피가 나도록 바쁘게 일을 해도 찬송가와 성경 읽기에만 몰두하고 계셨다. 그런 분이 더부살이를 살겠다고 찾아오셨으니 아버지의 감정이 좋으실 리 없었다.

집이 폭격 맞던 그날도 어머니는 비행기 소리에 놀라 방공호로 피하시며 빨리 피하시라고 고함을 치셨건만 묵묵히 외양간 추녀 밑에서 기도만 하고 서 계셨다. 집에 불이 붙어서 제수(어머니)는 발을 동동 구르는데도 우두커니 서서 찬송가만 웅얼웅얼 부르고 계셨으니 다른 사람의 입장에서 보면 얼마나 복장 터질 일이었겠는가?

그때 이웃집에 볼일 보러 갔다 오시던 아버지도 기관총을 쏘아대는 비행기를 만났다. 그러나 재빨리 길옆 도랑에 엎드려서 간신히 총탄을 피하실 수 있었다.

그렇게 해서 애써 지었던 집을 기둥 한 개 안 남기고 모두 태워 잃어버렸다.

우리 고장의 민간인은 전선 가까이 살았다는 이유로 미군을 비롯한 우리 아군에게 더 많이 희생되지 않았나 싶다. 오히려 폭격을 피해 다급하게 우리가 사는 방공호로 뛰어든 중공군은 전대(가늘고 긴 자루로 비상식량을 넣어서 어깨에 두르고 다녔음)에서 미숫가루를 덜어내어 물에 풀어서 우리에게 먹으라고 권하기나 했지 위해를 가하지는 않았다.

그러나 국군과 미군은 부녀자를 겁탈하고 소를 빼앗아서 잡아먹는 등의 만행을 자주 저질러서 그 지긋지긋하던 피난길에서 돌아온 지 몇 달 되지도 않아 장성한 누님은 남장(男裝)을 하고 둘째 형님(명석)과 함께 또 후방인 남쪽으로 피난갈 수밖에 없었다.

그리하여 두 남매는 충청북도 진천의 어느 농가에 가서 누님은 베틀에 앉아 베를 짜 주고 형님은 꼴을 베어 주는 등 머슴살이로 입에 풀칠을 하다가 일 잘하는 누님더러 시집가라는 권고도, 형님더러 꼴이나 베어주면서 같이 살자는 권고도 다 뿌리치고 그 해 여름에 되돌아오셨다.

두 남매의 귀향길에는 형님에게 짓궂은 운명의 여신이 기다리고 있었다. 소양강변에 다다랐을 때였다. 호기심 많던 청소년의 눈에 만년필같이 생긴 이상한 물건이 보였다.

미제수류탄의 뇌관인 것을 모르고 친구와 함께 이리저리 살피고 비틀어 보다가 폭발하여 형님은 오른쪽 손을 새끼손가락과 장지, 무명지의 한마디씩만을 남기고 모두 잃는 중상을 입었다. 그때 어머니께서 "차라리 죽지 무엇 하러 살아 왔느냐?"며 넋두리와 함께 통곡하시던 모습이 지금도 눈에 선하다.

큰형님의 전사로 인하여 차남에서 장남으로 위치가 바뀐 명석 형님은 그 장남이라는 죄 아닌 죄로 그때 입은 장애의 몸으로 아버지와 함께 우리 식구들을 부양하고자 몸부림치던 그 모습을 어찌 말로 다 표현할 수 있겠는가?

낫질을 하기 위해서는 남은 한 개의 새끼손가락으로 낫자루를 감아쥐고 한쪽 끝은 팔뚝에 끈으로 졸라매야 했고, 호미질은 왼손으로 해야 했다. 그런 몸으로 남의 집 품앗이라도 하러 가게 되면 남들에게 뒤지지 않으려고 안간힘을 쓰시던 모습이며, 겨울에는 집에서 땔 나무는 물론, 장작을 패서 십리 길이 넘는 신동리에 지고 나가 팔아다가 돈을 써야 했으므로 춥고 메마른 날씨에 낫질 도끼질을 쉬지 않고 해대니 다쳤던 손이 터져 피가 나오면 헝겊 조각에 밥알을 으깨 발라서 반창고 대용으로 처맸던 모습은 지금도 생각하면 눈물이 앞선다.

나 역시 겨울에 나무를 하다가 손마디가 터져서 무척 아팠던 경험이 있으니 큰형님의 다친 손은 얼마나 시리고 아팠을 것인가?

그러나 오로지 거느린 식솔들의 생계만을 위해서 당신은 엄벙덤벙 다닌 초등학교 학력과 동네 사랑방에서 야학으로 배운 천자문(千字文)이 학력의 전부였다. 하지만 육신의 괴로움도 배움의 욕망도 모두 속으로 삭이면서 살아오신 큰형님, 명석형님이시다.

어린 두 형제의 피난생활

그렇게 1950년부터 52년까지의 기간에는 늘 우리 고향의 정세는 불안했다. 그리고 51년 가을에 또 나와 작은형님만의 외롭고 고달픈 피난살이가 시작되었다.

그 해 11월 초순 어느 날, 문화 유씨 가문의 딸로 태어나신 어머니께서는 이웃집 유씨네 시제(時祭) 차림을 친정 일가의 일이라고 내 일처럼 도와주고 계셨다. 우리 어린 형제들도 산소에 따라가서 시제 음식을 얻어먹고 있었는데 갑자기 또 피난민들이 북쪽에서 밀려오고 있었다.

뒤에 들은 이야기에 의하면, 일진일퇴의 공방전에서 퇴로를 차단당한 인민군의 고위급 지휘관이었던 김남일이 패잔병들을 규합하여 국군의 후방에서 봉기하자 민간인들은 또 피난길에 오른 것이었다.

어머니께서는 급한 참에 당시 13살 된 작은형님(태석)과 나에게 먼저 피난길에서 돌아와 다시 평정을 찾고 계신 큰댁으로 가라고 하셨다.

열세 살의 형님은 여섯 살배기 내 손을 잡고 무작정 내달려 이십 리 밖의 춘천시내 큰댁을 찾아갔으나 이미 모두 피난을 또다시 가버려서 집이 비어 있었다. 어찌할 바를 몰라 넋을 잃고 문 앞에 앉아 있으니 치안대원으로 보이는 어른이 "너희들, 왜 이렇게 있느냐, 빨리 피난 가라"고 호통을 치는 바람에 또 한없이 남쪽을 향해 걸었다.

어린 형제는 놓칠세라 두 손을 꼭 잡고 정처 없이 걸어서 신영강 다리(의암 대교) 부근에 다다르자 갑자기 양쪽 산에서 인민군의 집중사격이 가해졌다. 어린 마음에도 살아야겠다는 생각 하나로 남들을 따라 정신없이 뛰었다.

어둡기 전이라 총탄은 안 보이지만 옆에서 앞에서 총에 맞아 마구 쓰러지는 피난민들을 보니 무작정 앞으로 뛸 수밖에 없었다. 한참을 뛰다가 보니 형님은 신발이 벗겨져 맨발이었다. 맨발로 걷자니 발이 아파서 속도는 점점 더 느려졌다.

얼마나 걸었는지 날은 저물고 배가 고파 사방을 둘러보다가 불이 훤하게 켜진 집을 찾아가니 초상집이었다. 난리 통이었지만 돌아가신 분의 장례는 정중하게 치르고 있었기에 그곳에서 음식을 얻어 허기를 때우고 형님은 고무신도 한 켤레 훔쳐 신었다. 그리고 뱃심 좋게 그 상가 앞에 피워놓은 모닥불 옆에서 밤을 새우고 보니 춘천시 남면 서천리, 속칭 문외골이라고 하는 강변의 농가였다.

아침이 되어 또다시 남쪽을 향하자니 강을 건너야 했다.

나루터에 뗏목이 한 척 있기에 형님은 사공에게 다가가서 알든 모르든 군에 가신 큰형님 이름을 대며 "국군 가족인데 가족을 잃었으니 태워 달라"고 사정을 했다. 사공은 국군의 가족이라는 사실 때문인지 아니면 어린애들이 불쌍해서였는지 모르지만 순순히 태워주어서 강을 건널 수 있었다.

무사히 강을 건넌 우리 형제는 구걸도 하고 남의 밭의 무, 배추도 뽑아먹으며 걷기와 쉬기를 반복해서 도착한 곳이 지금 내가 이사해서 살고 있는 남양주시 화도읍 마석우리에 개설된 피난민 수용소였다. 난민들의 수에 비하여 수용소 시설은 턱없이 모자라니 노천에서 냄비 또는 솥을 걸고 밥을 해 먹으며 볏짚가리, 남의 집 추녀 밑, 외양간 등 가리지 않고 등을 기댈 수 있는 곳이면 잠을 자고 있었다.

우리 형제는 구걸을 해도 밥 주는 사람이 없었다. 그러니 어쩔 수 없이 먼발치에서 남이 밥하는 것을 지켜보다가 잽싸게 달려들어 뚜껑을 열고 그 뜨거운 밥을 맨손으로 움켜쥐고는 도망가며 먹을 수밖에 없었다. 그러나 그 짓도 몇 번 반복하니 나중에는 우리 형제의 그림자만 봐도 사람들은 작대기를 휘두르며 "밥 도둑놈의 새끼들 온다"며 경계를 강화하여 더 이상 거기 있을 수가 없었다.

다시 걸어서 간 곳이 남양주시 금곡동 수용소였다.

금곡에도 수많은 피난민들이 모여 있었으니 그곳에서도 구걸과 날치기를 일삼고 틈틈이 홍·유능에서 솔방울을 주워다가 밤에는 그것을 태워 몸을 녹이며 며칠을 지냈다.

그런데 어느 날 저녁 어두워질 무렵, 트럭이 한 대 와서 "전매청 직원 가족은 타라"고 외치기에 큰댁 조카가 전매청에 근무하는 것을 알고 다가갔다. 그러나 일일이 신원을 조사하는데 5촌간이라고는 하나 신분을 증명할 길도 없으니 태워줄 리 없었다. 그러나 꾀 많은 형님은 내 손목을 끌고 트럭 반대편으로 가서 나부터 밀어 올려 태우고 당신도 올라와서는 바닥에 납작 엎드렸다. 다행히 들키지 않고 차는 출발하였다.

얼마나 갔을까? 도착한 곳은 청량리에 있는 전매청이었다.

자동차가 멈추고 내리라는 명령에 따라 우리도 엉거주춤하면서 내리니 먼저 피난하신 큰아버지께서 계시지 않은가? 정부에서 전매청 직원들과 그 가족을 한데 모아 보살펴주고 있었던 것이다. 우리 형제를 보신 큰아버지께서는 어떻게 너희들끼리 피난을 왔느냐면서 어이없어 하시며 반갑고 대견해 하셨다.

우리들의 이야기를 들어보니 집 떠난 지 여러 날 되었고 강원도 시골구석에서 대여섯 살배기가 이렇게 먼 서울까지 살아서 왔다는 것이 믿기지 않는다는 반응이셨으리라. 그리하여 산골 촌뜨기들의 서울에서의 겨울나기 생활이 시작되었다.

비좁은 방이었지만 큰댁 식구들 틈에서 때로는 눈총도 받고 또는 비슷한 나이 또래의 조카들과 씨름하면서 그렇게 하루하루를 보냈다.

어른, 아이 구분 없이 하루 세 끼씩, 2홉 밥에 단무지 서너 쪽과 콩자반, 그리고 콩나물국이 전부였지만 그야말로 다른 난민들에 비하면 천국의 생활이었다.

큰댁 식구들과 둘러앉아 밥을 먹다가 큰아버지께서 내 밥을 크게 한 숟가락 덜어내어 다른 식구들 그릇에 얹어주시며 "너는 작으니까 조금만 먹어도 된다"고 하셨다. 그러면 나는 "내 밥 퍼가는 사람 눈깔이 쏙 빠져라"라고 독설을 퍼부었다고 훗날 나이 많은 조카들이 나에게 이야기해주며 웃었다.

그렇게 서울에서 겨울을 지내고 1952년 봄에 춘천으로 다시 귀향을 하였다.

귀향길에는 청량리역에서 기차를 탔다. 비록 객차가 모자라서 지붕위에 탔지만 걷는 사람들에 비하면 이 또한 얼마나 행운인가?

증기기관차의 석탄연기가 시커멓게 내뿜어지면서 휘날리는 모습, 그리고 엄청나게 큰 소리로 울리던 기적소리가 기차를 처음 타보는 우리에게는 무척이나 멋있다고 느껴졌다. 그러나 그것도 가평역에 다다르자 철교가 끊어져 더 이상 갈 수가 없어서 가평에서부터는 걸을 수밖에 없었다.

혼신의 힘을 다하여 걸어서 춘천시내의 큰댁 문 앞에 다다르니 큰아버지께서는 "여기서 너희들끼리 집으로 가거라" 하시는 것이 아닌가? 할 수 없이 형제는 서로의 손을 꼭 잡고 이십 리 길을 걸어서 우리 집으로 향할 수밖에 없었다.

나른한 봄날 햇살에 냇물로 허기를 달래며 집에 당도했을 때는 한낮이 훨씬 지난 후였다.

씨앗으로 남겨 두었던 낱알 몇 됫박을 디딜방아로 찧고 계시던 어머니께서 당신의 판단 잘못으로 사지로 내몰아서 죽은 줄만 알았던 아들 형제를 먼발치에서 보시고는 맨발로 뛰어오셔서 얼싸안고 빈가슴의 통곡을 하셨다.

형체만 사람이지 눈 뜨고는 못 봐줄 만큼 야위고 꼬질꼬질한 모습은 예전에 여행지에서 보았던 캄보디아의 굶주린 어린이들 모습과 다르지 않았을 것이다.

집에서 나갈 때 내가 입은 옷은 빨강물감을 들인 솜저고리에 옷고름을 길게 하여 가슴을 둘러매게 하였고 바지는 검정물감을 들인

솜바지였다. 몇 달 만에 갈아입기 위해 옷을 벗으니 물감은 탈색되고 때가 묻어서 빨간색과 검은색은 거의 구별이 안 되었으나 옷고름 맸던 자리는 유독 하얗게 되어 있었다. 원색은 빨간색인데 옷고름 밑이 하얗던 것은 이가 서캐를 쓸어서 그렇게 보였던 것이다.

난민수용소에서 생활하는 동안 가끔 미군이 와서 목덜미와 허리춤을 벌리고 바람으로 DDT를 불어 넣어주고 간 뒤 잠시 후 옷깃을 벌리고 몸을 흔들면 깨알 같은 이가 허옇게 떨어질 정도였으니 서캐가 빈틈없이 슬어서 하얗게 보이는 것은 당연했다.

그렇게 어린 두 형제끼리의 피난생활을 마치고 귀향했으나 휴전협정이 조인되던 1953년 초까지 중부지방은 늘 불안하였다.

부녀자들 특히 처녀들은 먼발치에서라도 군인만 보면 급히 숨어야 했고, '인민군이 또 쳐 들어온다', '누구누구는 빨갱이 앞잡이였다' 등등의 유언비어에 늘 불안해했다. 어린이들도 미군에게 붙잡히면 어딘지도 모를 곳으로 실려 간다는 말 때문에 마음 놓고 나다니지를 못했다.

형님의 소식

그럭저럭 지내다가 휴전협정이 조인되고 나서야 차차 평온을 되찾기 시작하였다. 그래서 휴전협정이 조인되기 전이었지만 그 해 4월에 나는 초등학교 입학을, 작은형님은 5학년에 복학하였다. 그렇게 전쟁이 끝나고서야 큰형님의 소식을 들을 수 있었다.

형님과 함께 참전했다가 구사일생으로 살아오신 이웃마을 분에게서 들은 이야기는 이러했다.

인천상륙작전으로 반전이 되어 거침없이 북진하게 된 국군은 형님이 소속된 부대가 최일선의 선발대로 나섰는데 형님은 1중대, 그분은 2중대였다.

함경북도 회령의 어느 농촌에 도착하니 날이 저물었는데 꽤 큰 기와집이 두 채 있었다. 2중대는 앞집에, 그리고 1중대인 형님은 뒷집에 들어 잠시 쉬고 있는데 총성이 들렸다.

선임하사였던 형님은 부하를 시켜서 상황을 알아보라고 내보냈더니 잠시 후 아무 이상이 없다는 보고를 해왔다. 그래도 안심이 안 된 형님은 당신이 직접 살펴보려고 대문 밖으로 나오는 순간 적군이 기습을 해 와서 꼼짝 못하고 잡혀가셨다. 그리고 다른 대원들도 풍비박산 되어 많은 희생자를 내었다.

형님은 그 때 사살 되셨을 것이라는 얘기였다. 물론 시신을 확인한 것도 아니요 사살장면이 목격된 것도 아니지만 그들이 살려두었을 리 없다는 얘기였다.

그 소식에 넋을 잃으셨던 어머니께서는 믿을 수 없었기에, 아니 살아 돌아올 것이라는 믿음 때문에 늘 장독대에 정화수를 떠다놓고 빌었고, 부뚜막에는 형님 몫의 요식이 한 사발씩 놓여 있었다.

흰쌀이 조금이라도 섞인 밥이면 그 중 그래도 흰쌀이 많이 섞인 쪽에서 퍼 담은 그 요식은 형님께서 언제라도 살아 돌아오시면 즉시 먹을 수 있게 하기 위한 것이었으니 아무리 배고프다고 칭얼대도 다음 끼니까지는 손댈 수 없었던 신성불가침의 밥그릇이었다.

그러나 끝내 형님의 생존 소식은 없었기에 몇 년이 지난 후 전사자 신고를 함으로써 아버지는 전몰장병 유가족으로 등록되어 국가로부터 약간의 연금을 지급받으시다가 타계하셨다. 영원히 아물지 않는 상처를 간직하신 채….

"군번 180×××, 계급 이등중사, 성명 한규석, 1950년 11월 ×일 함북 회령 전투에서 전사…"라고 등록이 됨으로써 형님은 이 지구상에 존재하지 않는 인물이 되고 말았다.

그런데 위에 적은 내용은 형님들이나 부모님들께서 생존해 계실 때에 들려주셨던 내용이요, 최근 들어서 내가 전쟁 기념관에 확인한 내용으로는 '한규석'이란 이름의 6·25전사자는 총 5명인데 출생지가 우리 집과 일치하는 한 분의 군번은 335966번, 계급은 일병, 전사 일자는 1950년 12월 1일로 등록되어 있어서 이제껏 전해들은 내용과는 다소 차이가 있으니 이 또한 어느 것이 맞는 것인지 모르겠다.

이렇게 50년 세월동안 남·북한의 극한적 대치 상황에서 이제는 화해의 분위기로 바뀌어 많은 이산가족들이 만나거나 또는 생사를 확인하고들 있지만 우리는 형님의 확실한 기록조차도 확인하지 못하고 있어 안타까울 뿐이다.

2

되돌아본 흔적

비자금

한동안 정치인들이 기업체에서 받은 불법 정치자금으로 온 나라가 떠들썩했다. 하지만 예상대로 변죽만 울리고는 수사가 종결되었다고 한다.

기업체들은 정치권에 줄을 대기 위해서 늘 비자금을 마련해 둬야 했고, 이런 비자금들은 기업의 연구개발이나 시설투자 또는 종업원들의 복리증진에 쓰여져야 하는데 자금이 엉뚱한 곳으로 새나가니 국민들은 분노할 수밖에 없지 않은가?

비자금이란 말 그대로 남모르는 '비밀 자금'이니 우리나라 사람들은 성인들이라면 누구나 단 돈 얼마라도 비밀자금을 가지고 있지 않을까 생각 된다.

부부지간이라도 매일 지갑을 검사해 보기 전에는 돈을 얼마나 가지고 있는지 알 수 없을 것이다. 그러니 엄밀하게 말해서 남편(아내)의 지갑 속에 있는 돈은 늘 비자금이 아닐까?

그러나 통상적으로 일컫는 비자금이란 '아무도 돈이 있다는 사실 자체도 모르게 지닌 돈'이라고 볼 때, 나 또한 아내 모르게 비자금을 좀 관리하다가 발각되어 아내에게 노여움을 샀던 일이 있다.

1985년쯤, 정부에서 생각지도 않던 '급양비'라는 명목의 인건비가 매월 3만원씩 월급과는 무관한 날짜(매월 1일)에 현금으로 지급되었던 때가 있었다. 서민들 한 달 치의 점심값은 될 액수였다.

언론에 보도된 바도 없이 갑자기 지급되었기에 아무 생각 없이 아내에게는 말도 안 하고 받아 썼다.

아내를 속이자는 의도는 아니었고, 이전까지는 산골 벽지에 근무하면서 비교적 용돈이 많이 필요치 않았으나 도시로 근무처가 옮겨지면서 용돈 쓸 일이 더 많아졌기에 말을 안 하고 썼을 뿐이다. 엄밀하게 말하자면 비자금이라고 할 수도 없을지 모른다. 어찌 되었든 그렇게 아무 말 없이 급양비 받아쓰기를 약 2~3년여 세월이 지난 후에야 동기생 부인들 모임에서 그런 급료가 있다는 사실을 알게 된 아내는 몹시 서운해 했다.

크게 화를 내면서 닦달하는 아내에게서 위기를 모면할 묘책을 생각하다가, 마침 주머니에 잔액도 없는 빈 통장이 하나 있기에 꺼내들고 눈앞에 바싹 들이밀어 흔들면서, "야, 봐라. 봐! 내 딴에는 이제까지 자기에게 선물 하나 못 사준 게 한이 돼서 모았다가 조그마한 선물이라도 하나 사 주려고 했더니…" 하면서 오히려 역정내며 큰소리 쳤더니 순진한 아내는 통장은 확인도 안 하고 바로 수그러들면서 미안해했다.

그 후 큰 소리를 쳐 놨으니, 정말로 선물을 사주기는 해야겠기에 용돈을 무척 아껴서 반지와 목걸이를 하나 사줬다.

평생 보석 근처에도 못 가봤으니 아내도 나도 볼 줄 몰라서 동료 여선생님의 조언을 들으면서 싼 것을 하나 사줬지만 아내는 너무나 감격스러워했다. 흔한 얘기로 “여자는 보석에 약하다”는 말이 내 아내도 예외는 아님을 확인했다.

퇴직하신 선배 교장선생님들은 하나같이 “아내 모르는 비자금을 조금이라도 꼭 마련해 가지고 퇴직하라”고들 조언해 주시는데, 결혼 후 지금까지 단 한 푼도 남김없이 아내에게 가져다주고 필요할 때마다 타서 써왔던 내가 무슨 재주로 비자금을 만든단 말인가?

퇴임하신 선배님들의 말씀에 의하면, 퇴직 후 2~3년은 각종 사회활동으로 지출액이 현직에 있을 때나 마찬가지인데 수입은 없어졌으니 그때마다 아내에게 손 벌리기는 정말 곤혹스럽더라고 한다. 그래서 퇴직금도 절대로 일시금으로 수령하지 말고 연금으로 신청하라는 조언까지 곁들인다.

교장으로 승진하고부터 품위유지를 위한 ‘직급보조비’가 40만원 더 나오긴 하는데, 그래서 이건 내가 품위유지비로 써야 한다며 별도로 떼어내고 약간의 용돈을 더 타내기는 하지만 그렇다고 빈틈없이 짜여진 아내의 살림계획을 뻔히 알면서 용돈을 무한정 더 달라고 할 수도 없지 않은가?

물려받았거나 운 좋게 부동산 투기라도 해서 기본 재산을 많이 가진 사람 아니면 봉급생활자들 누구도 용돈을 펑펑 쓸 수 없는 것이 우리나라 현실이니 돈에 대한 더 이상의 욕심은 금물이요, 맡은 직분에 충실하여 나라가 부강하길 바랄 뿐이다.

나라가 부강해지면 월급도 많이 올려주고 월급 많이 오르면 아내가 주는 용돈도 많이 오를 테니까….

철부지의 더부살이

나는 1971년도 4월에 군에서 전역하여 6월 1일자로 교직에 복직을 했다.

홍천군 읍내에서 멀지 않은 학교로 복직을 하자 거의 같은 시기에 우연히 같은 읍내로 전보 발령되신 작은형님은 동생을 위해 아래 윗방으로 된 두 칸짜리 사글셋방을 얻어 이사를 하셨다.

형님댁 윗방을 하나 차지한 나는 형수님께서 싸 주시는 도시락을 들고 시내버스로 출퇴근을 했는데, 얼마나 철부지였던지 딱 내가 먹은 쌀값(세 말 값 정도였던 것으로 기억됨)만 드리고 시치미를 떼었다.

내가 추측하건대, 당시의 형님 봉급은 나보다도 적으면 적었지 많지는 않았을 터인데, 형님은 직장 특성상 도시락을 안 싸가지고 다녔으니 나만을 위해 매일 도시락 반찬을 걱정해야 했던 형수님의 사정은 전혀 짐작도 못하고, 네 식구나 되는 형님의 덕만 보려고 했으니 얼마나 야속했을 것인가?

생활비 중 식비의 비중이 대부분을 차지했던 그 시절, 지금은 학부형이 된 조카딸이 어렸을 그때에 삼촌의 도시락 반찬으로 만든 계란말이 안 준다고 울며 보채는데도 끝내 한 조각 안 주고 시동생의 도시락에 몽땅 싸 주셨던 형수님의 심정을 왜 백분의 일이라도 헤아리지를 못했는지?

어느 날 어머니께서 형님댁에 오셔서 며칠 계시다가 가셨다. 그 뒤에 어머니를 뵈러 고향엘 갔더니 "너 형한테 뭐 잘못한 거 없냐?"고 하셨다.

영문을 몰라 고개를 갸우뚱하니까 "어느 날, 네 형이 술이 만취되어 들어와서는 동생이 너무한다. 그럴 줄 몰랐다며 울더라."

그제야 그 의미를 어렴풋이 알만 했지만 "취중진담이라는데 뭐 집히는 게 없느냐?"고 하시는 어머니께 끝까지 난 시치미를 떼고 말았다.

당연히 보탰어야 할 방세도 한 푼 안 내놓고, 어린 조카들에게 과자 한 봉지 사줄 줄도 모르는 이 동생이 너무나 야속하고 미웠기에 술기운을 빌려 어머니께 하소연한 것을 알면서도….

방세의 부담을 못 견딘 형님은 철없고 얄미운 동생을 깨우치기 위해 결국 몇 달 후 사전 예고도 없이 단칸방으로 또다시 이사를 하셨다. 할 수 없이 나는 학교 숙직실로 옮겨와 잠자며 이웃집에서의 매식(買食)을 감내해야만 했다.

그런데 사실은 나도 너무나 지독한 구두쇠 생활을 했기에 여유가 너무 없었다. 그 당시에 1년 만기의 십만 원짜리 정기적금을 하나 들고, 12개월 할부로 양복 한 벌 해 입고 나니까 매달 출퇴근 시내버스 요금과 담배 스무 갑 살 돈(맨 끝에서 두 번째로 싼 담배(탑이라는)를 피웠음)밖에 남지 않았다.

이듬해 1월 20일로 결혼 날짜를 정해 놓았고, 결혼 비용을 내 손으로 어느 정도 충당해야 했기에 무리를 했던 것이다.

복직 7개월 만에 결혼을 하기 위해서 적금을 해약하여 45,000원짜리 초가집 한 채 사고 예식장비용 보태 쓰기는 했지만, 그렇게 지독한 짓 안 하고도 어차피 결혼은 할 수 있었을 터인데 공연한 구두쇠 노릇으로 형님 내외분을 서운하게 해 드리고, 그로 인해 잠시나마 보이지 않는 선이 그려질 수밖에 없었던 나의 어리석음에 대한 회상은 쓴웃음을 짓게 한다.

내가 싸구려 담배 피우는 것을 보고 어느 가까운 친구가 "너무 지독하다"고 꼬집는 소리에 모욕감을 느꼈다. 그러나 무조건의 절약만이 미덕인 줄 알고 값있게 쓸 줄을 몰랐던 삶을 후회해 보면서도, 박봉에 이만큼이나마 살 수 있었던 것은 그동안 아내의 알뜰한 절약정신에 나 또한 나름대로 동조한 덕이라는 것은 부인할 수가 없다.

인생연습

기성세대들에게는 도저히 용납될 수도, 이해할 수도 없는 결혼생활 연습이 대학가의 젊은이들에게서 흔하게 행해지고 있다는데, 바로 얼마동안 동거를 해 본 후에 결혼을 할 것인지 말 것인지 결정한다는 것이다.

어찌 보면 지극히 합리적이고 당연한 것이기도 할 것 같다. 그러나 인간으로서의 윤리적 측면을 생각한다면 있을 수 없는 일이라 생각된다.

만약 원치 않는 임신이라도 하게 된다면 미련 없이 낙태수술을 해버리겠다는 전제 하에 동거를 시작할 것이다. 그러니 지하에 묻힌 조상이 놀라 벌떡 일어날 지경이 아닌가?

인생이란 모든 것이 연습으로 이어지는 것만은 아닌데….

직업이 마음에 안 든다고 자꾸 바꾸다보면 어느새 나이가 들어 이러지도 저러지도 못해 불행을 자초하고, 배우자가 마음에 안 든다고 이혼을 자꾸 하다보면 단란한 가정을 가져보지도 못한 채 비참한 황혼을 맞게 되지 않는가?

그래서 대다수의 사람들이 이것저것 연습을 거친 후에 직업을 갖고, 이사람 저사람 살아본 후에 가정을 갖는 것이 아니라, 현실에서 만족을 찾으려 애쓰고 현실을 바탕으로 앞날을 개척하려는 것이리라.

그런데 그 현실 속에서 좀 더 나은 미래를 위하여, 그리고 남에게 뒤지지 않기 위하여 밤낮으로 피나는 연습이 필요한 직업이 있는가 하면 계속적으로 반복하면서 꾸준히 연구해야하는 직업으로 나눌 수 있지 않을까 한다.

가령 가수나 기악, 성악을 하는 음악가는 청중을 감동시켜야 하고, 운동선수는 상대방을 이겨 관중을 즐겁게 하는 동시에 자기 존재의 주가를 올려야 한다. 미술가는 혼이 담긴 작품을 그리거나 조각해야 관객을 감동시킬 것이니 피나는 연습밖에 다른 도리가 없을 것이요, 우수한 농산물을 생산하기 위해서, 또는 매출 실적을 올리기 위해서 농사꾼이나 장사꾼은 중단 없는 연구와 계속적인 반복 학습에서 자연히 익혀져야할 비법과 기능을 가져야할 것이다.

그런데 평생을 교직에 몸담았던 나는 내 직업에 연구와 연습(?)을 얼마나 했던가?

숙련된 솜씨로 시범을 보이고 능숙하게 지도, 지휘를 하기 위해 얼마나 체육, 음악, 미술 등의 예체능 교과의 사전 연습을 했는지, 그리고 정선된 내용으로 완전학습이 되도록 얼마나 사전에 교재연구를 했는지 묻는다면 솔직히 '나는 이만큼 노력했노라'고 떳떳하게 얘기할 수가 없다.

표준악기라고 하던 풍금이나 피아노로 반주를 하면서 음악수업을 해야 했건만 연주기능이 부족하여 엉터리 반주 또는 좋지도 않은 육성으로 노래를 지도했고, 미술지도 능력이 부족하여 늘 '그려라'는 한마디로 미술과 수업을 대신했으며, 체육과 기능 부족으로 공이나 주고 '축구' 또는 '피구'로 체육수업을 대신했던 일이 얼마나 많았던가?

그저 이제까지 몸에 익혔던 알량한 기능과 지식으로, 신분보장이라는 공무원법의 울타리 안에 안주하면서 '교직은 전문직이다'라고 으스대며 평생 직업으로 삼아왔던 내가 한심하고 양심의 가책이 든다. 최근에 '부적격자 퇴출을 위한 교원평가제'를 도입하겠다는 장관의 발표를 접하면서 솔직히 가슴이 철렁함도 느낀다.

"연극에는 연습이 있어도 인생에는 연습이 없다"라고 하던 어느 광고가 생각난다.

지나간 인생을 후회해도 소용없으니 앞으로라도 충실한 삶을 살아야하지 않겠는가? 과거를 속죄하기 위해서라도….

개똥참외

점심을 먹고 교장실에 앉아 있으니까 후식이라며 행정실에서 참외를 한쪽 가져 왔다. 내가 원래 좋아하는 과일(채소)이라 맛나게 먹다보니 문득 옛날 생각이 난다.

내가 초등학교 3~4학년 때쯤부터 십여 년간 우리 집에서는 참외를 심어서 장에 내다 팔기도 하고 인근 부대의 군인들과 동네 주민들에게도 팔아서 살림에 보탰었다.

마치 수박의 색깔처럼 초록의 농담(濃淡)으로 얼룩진 껍질을 벗기면 속살은 붉은빛을 띠며 향기를 뿜던 개구리참외, 색깔은 볼품없이 껍질도 속살도 연녹색을 띠지만 당도는 그 어느 품종도 따라잡지 못하던 청참외, 박처럼 연녹색을 띠면서도 크고 씹히는 맛이 아삭아삭하던 박참외, 감처럼 둥글납작하게 생기고 속살이 붉은 감참외, 유난히 배꼽이 크고 노란색을 띠며 향이 짙던 노랑참외 등 모양이나 색깔에 따라 이름 지어진 재래종 참외들이었다.

농약도, 비료도 없었고 농사용 비닐은 더 더욱 없었기에 기술이 부족하고 재배 조건이 까다로웠던 참외가 잘 열리지 않거나 병들어 썩거나 하면 신(神)이 노하여 부정을 탔다고 믿어 첫 수확을 할 때에는 밭 가운데에다 볏짚으로 주저리를 만들어 세우고 절을 하며 고사를 지냈다. 참외를 따러 들어갈 때에는 반드시 신발을 벗어놓고 들어가는 등, 참외밭은 그야말로 성역(聖域)이었다.

그렇게 신성시(神聖視)하는 참외밭을 서리라도 당하고 나면 온 집안이 낙심천만일 수밖에 없었다. 몇 평 되지도 않고 수확량도 보잘것없지만 우리 집 경제에는 아주 큰 비중을 차지하는 참외밭이었으니 말이다.

그런데 우리 동네에 참외밭이 하나뿐이었기에 서리도 자주 당하여 밤에는 원두막에서 형님들이 주무시며 지켰고, 여름방학(주로 수확하는 시기가 방학 기간과 일치하므로)에는 낮에 내가 많이 지켰다.

언뜻 생각하기에 시원한 원두막에 앉아 노래하고, 그림도 그리고, 공부하는 모습은 아주 낭만적일 수도 있겠다. 하지만 한창 자라나는 어린 시절, 고삐 풀린 망아지같이 뛰놀고 싶은 나이에 날마다 꼼짝 못하고 갇혀 있어야 했고, 참외는 아무리 먹고 싶어도 팔아야 할 것이었기에 먹을 수도 없이 지키고만 있어야 했으니 고역의 원두막이었다.

간혹 나오는 기형(奇形)이나 쥐가 파먹다 남긴 상품가치가 없는 것이나 먹을 수 있었지만 그것도 식구가 많으니까 그리 실컷 먹을 수 있었던 것은 아니었다.

더구나 다 커서도 자다가 오줌을 쌌던 나는 참외의 성분이 대부분 수분이기에 오후에는 부모님들과 형님들의 구박이 무서워서 그나마도 마음 놓고 먹지를 못했다. '오줌싸개'라는 죄로….

수확한 참외를 광주리에 담아 머리에 이고 십여 리 밖 도회지에 나가 뙤약볕 길가에 놓고 행인들을 상대로 소매하시던 어머니, 지게에 한 짐 지고 더 멀리 읍내에 나가 팔아서는 야바위꾼들에게 걸려 돈을 다 털리고 오셔서 아버지께 꾸중 듣던 큰형님, 인근 교육부대의 피교육생 군인들에게 외상으로 주고는 돈을 못 받아 안타까워하시던 작은형님, 큰맘 먹고 식구들과 나눠먹을 참외를 사기 위해 보리쌀을 퍼 담아 들고 오셨던 동네 아주머니, 아저씨의 가난에 찌든 모습들….

그 모두 가난했던 시절의 가슴 아린 추억이면서도 그리운 향수이기도 하다.

그 참외의 수확이 다 끝나고 가을로 접어들면서 다른 밭에서 콩이나 조 등의 잡곡을 수확하다 보면, 또는 풀밭으로 싸다니다 보면 간혹 가녀린 참외 덩굴에 달걀만한 참외가 앙증맞게 열려서 익은 것이 있다. 바로 '개똥참외'다.

어렸을 때에는 개똥참외라는 것이 따로 있는 줄만 알았는데, 지금 생각해 보니 다른 품종이 아니라 사람이 참외를 먹고 밭에서 똥을 누었고, 그 똥에 섞여 나온 참외씨앗이 싹을 틔워서 저절로 자라난 것이다.

솎아주고 가지를 쳐주거나 가꾸지 않아서 제대로 크지 않았을 뿐이지 제철이 지난 후에 잘 익은 개똥참외는 정말로 맛있었다.

그러니 어린 내 생각에 '이렇게 맛있는 참외를 왜 개똥참외라고 하지?' 하며 의아해 했던 기억이 난다.

너무나 시고 써서 못 먹는 살구는 '개살구', 작고 맛없는 야생의 복숭아는 '개복숭아', 보리쌀겨로 만든 맛없는 떡은 '개떡'처럼 맛이 없는 것에나 '개'자를 붙이는 줄 알았는데….

그러나 분명 작지만 달고 향기 짙은 개똥참외는 크고 때깔 좋은 그 어느 과일 못지않게 맛있었다.

'비록 작고 볼품이 없고, 그래서 풀숲 속에서 사람들의 시선을 끌지도 못하지만 참외 본연의 향기와 맛을 잃지 않는 개똥참외와 같이 나 또한 퇴직 후 초야에 묻혀 늙을지라도 교육자 본연의 참모습은 잃지 말아야 할 텐데…' 하는 부질없는 생각에 잠시 빠져 봤다.

농번기 휴가

1980년대 중반까지도 농촌 학교에서는 농번기 휴가라는 것이 있었다.

5월에 모심기와 10월에 타작 일손을 도와드리라고 일 년에 두 차례씩 실시하는데, 내가 1974년도 강원도 홍천군 영신초등학교(지금은 폐교됨)에 전보되어 부임하니까 여름방학이 끝나고 얼마 지나지 않아서 또 '잣번기 휴가'를 한다고 해서 의아해 했었다. 도대체 이제껏 듣지도 보지도 못했던 '잣번기 휴가'라니?

그런데 전형적 산촌 마을인 그곳은 산림청 소유의 잣나무 숲이 크게 조성되어 있다. 주민들은 그 잣나무 숲을 가꾸고 주야간 도난을 막는 등, 반별로 구역을 나누어 관리하고 수확하여 일정량은 산림청에 반납하고 나머지는 자신들의 소득이 되었다.

잣에서 얻는 소득이 일 년 소득의 대부분을 차지하기에 잣 결실기에는 주야를 막론하고 부모들이 교대로 산에 가서 도난경비와 수확을 위해 살아야만 했다. 그러니 그 학교에서는 '농번기 휴가'보다도 '잣번기 휴가'가 더 절실했던 것이다 내가 초등학교에 다닐 때에도 있었던 '농번기 휴가'는 일부 학부모들의 부정적 의견도 있었지만 그렇다고 모든 학교들이 관행적으로 실시되어 오던 것을 적극적으로 '없애자'라는 의견은 아니었다. "그저 집에 있어야 방해만 될 뿐이니 학교에라도 가야 조용하다"라는 극히 일부 비농가 학부형의 조심스런 제안일 뿐….

정부에서도 농촌 일손 돕기를 적극 권장하였다. 그러므로 학생, 공무원, 군인들까지도 대민 지원을 많이 나갔었다. 모심는 일뿐 아니라 계속되는 가뭄으로 물이 모자라서 하천 바닥에 웅덩이를 파고 물을 퍼 나르는 일, 여름에는 논에 피 뽑는 일, 가을에 벼 수확 하는 일 등을 도왔다.

모내기 일손을 돕는다고 논에 들어가 장난치다가 흙탕물에 나자빠져도 깔깔대던 아이들, 종아리에 거머리가 붙어서 비명을 지르며 기겁하던 여자 아이들, 얼굴 그을릴까봐 양산을 쓰고 논두렁으로 학생들을 인솔하다가 교장선생님께 호된 꾸중을 듣던 여선생님, 새참으로 내온 술 한 잔에 얼굴이 벌개져서 목청껏 "어-얼-럴-럴 상사-뒤야" 하고 농요를 부르시며 모심기를 돕던 어느 시골 출신 선생님….

어떤 학교에서는 가을에 벼이삭 줍기도 한 일이 있다.

버려지는 낟알이 아까워 한 톨이라도 놓치지 말고 줍자는 것이었는데, 지금 생각하면 고작 벼이삭 몇 되 줍자고 전교생의 수업에 결손을 가져왔던 것이 어이없는 행위였던 것도 같다. 그러나 그때에는 식량 문제가 그만큼 큰 비중을 차지했었기에 누구도 그에 대한 반론이 없었다.

어느 집이나 엥겔법칙(소득이 낮을수록 식비의 비중이 큼)에

뻐저리던 그때였지만 인정만은 훈훈했었다.

어느 집이건 모심는 날, 또는 타작하는 날에는 이웃 아낙네까지 자기 집 바쁜 일 제쳐두고 와서 점심 준비를 도왔고, 일꾼들이 논두렁에, 들판 미루나무 그늘에, 또는 마당에 앉아 점심을 먹을 때에는 지나가던 나그네도 그냥 지나쳐 보내지 않았던 것이 우리네 인심이었다.

그러니 우리 교원들이야 모내기철과 타작할 시기에는 늘 점심 초대가 밀려들었다. 대낮에 막걸리 반주까지 곁들이면서….

이제, 이러한 모든 것들이 우리나라 어디를 가도 찾아볼 수 없는 까마득한 옛 향수일 뿐이다.

농번기에 일손을 도우라고 학교장 재량에 따라 실시하던 '농번기 휴가'가 지금은 '학교장 재량 휴업일'이라고 명명하여 주로 명절연휴의 전・훗날이나 법정공휴일 사이에 실시함으로써 고향방문길이나 연속휴무로 가족의 여가를 돕는 목적이 짙어졌다. 해마다 이맘때 야외로 나가면 문득문득 그때 그 시절이 그리워진다.

작년 이맘때, 모처럼 고향의 어릴 적 우리 논에 가서 그 개울가의 논두렁, 밥 먹던 그 자리를 찾아 봤다. 하지만 그 미루나무도, 옹기종기 헤엄치던 버들치들도, 훈훈하던 인심도 찾을 길 없어 허전했다.

2~30여 명의 일꾼들이 시끌벅적하며 모를 심던 그곳에 장조카 혼자 기계로 요란한 엔진소리를 내면서 몇 시간 내에 모를 다 심고 말았으니….

가설극장

내가 초등학교 5~6학년 때쯤부터 우리 학교 근처로 가설극장이 자주 들어왔었다.

구경거리라고는 아무것도 없던 그 시절, 극장에 가서 영화를 한 번 본다는 것은 도시사람 아니고서는 상상조차 하기 어려웠다. 그런데 간혹 확성기에서 유행가와 함께 "친애하는 주민 여러분, 금번 ○○영화사에서는 주민 여러분을 위하여 눈물 없이는 볼 수 없는 영화, ○○주연의 ○○를 상영하고자 하오니 빨리들 오셔서 감상하십시오!" 하고 요란을 떨면 젊은이 늙은이 할 것 없이 있는 돈 없는 돈 다 긁어가지고 달려가지 않을 수 없었다.

돈이라고는 먹고 죽으려 해도 없던 우리 집에서 나는 4Km쯤 되는 거리를 저녁밥도 안 먹고 친구들과 함께 혹 공짜로 들어갈 수 있지 않을까 하는 요행수를 바라고, 아니면 밖에서 소리만이라도 좀 들어볼까 하여 거친 숨을 몰아쉬며 달려가곤 했었다.

광장이나 수확이 끝난 논바닥에 흰 광목천으로 둘러막은 극장 안 바닥에는 가마니를 깔고 앉아 영화를 보면서 애절한 이별의 장면에 배우를 따라 눈물짓기도 하고, 정의로운 사도가 아슬아슬하게 나타나 적을 물리칠 때에는 손뼉을 치며 환호도 하고, 우스꽝스런 배우의 연기에 따라 때로는 배꼽잡고 웃기도 하였다. 옛날의 그 흑백 국산영화를 한번 보고 싶어 밖에서 아무리 기웃거려도 볼 수는 없고 혹 경비원의 눈을 피해 둘러막은 천을 들추고 밑으로 잽싸게 들어갔다가도 안에 있던 경비원에게 붙잡혀 따귀만 맞고 쫓겨 나오기도 하고, 그러다가 영화가 다 끝나고, 시계가 없어서 알 수는 없었지만 자정이 훨씬 지났을 무렵에야 집에 오곤하였다.

이튿날 학교에서는 어젯밤에 영화 구경을 한 친구들이 마치 자기가 그 영화의 주인공이나 된 듯이 신이 나서 배우들 흉내까지 내며 떠들어대면 부러운 눈으로 그들의 몸동작 하나, 말 한마디 놓칠세라 쳐다보며 듣는 것으로 만족해야 했던 부류는 '나를 포함해서 가난하기만 했던 우리 동네 친구들'이었다.

내가 정규 극장에서 처음으로 영화를 본 것은 중학교 3학년 때 학교에서 의무적으로 단체 인솔 하에 가야만 했던 '유관순'이라는 영화였다.

처음으로 극장엘 상영 도중에 들어갔으니 깜깜한데 좌석을 찾으려고 더듬거리다가 경사진 바닥에 넘어져서 한 번 놀랐고, 어느 여학생의 얼굴을 더듬어서 소리치는 바람에 또 한 번 놀랐던 기억이 난다.

요즈음에도 어수룩한 노인들이나 시골 사람들 상대로 엉터리 보조식품을 만병통치약인 양 바가지 씌우러 다니는 떠돌이들이 심심치 않게 보이지만 내가 초등학교 3~4학년 때쯤, 우리 동네에도 구경거리가 왔다고 떠들썩했던 일이 있었다.

어머니와 함께 구경을 갔더니 무대에서 온갖 음담패설로 관중을 웃기며 약(?)을 선전했는데, 그들이 주장하는 여러 가지 효과 중에는 역시 '정력이 좋아진다'는 말은 빠지지 않았다.

정력이 좋아진다는 말에 현혹되신 어머니께서는 다 크도록 자다가 오줌을 싸던 나를 가리키시며 "얘가 밤에 오줌을 싸는데…" 하시니 그들이 이 기회를 놓치겠는가? 온갖 감언이설과 허풍에 넘어가신 어머니께서는 결국 '경옥고'라는 이름의 시커먼 조청 같은 것을 한 병 사셨다. 이튿날 보리쌀을 듬뿍 퍼 주시고….

매일 한 숟가락씩 물에 타서 먹으라 하셔서 오줌싸개의 한을 씻기 위해 반병쯤은 억지로 먹었던 것 같다. 지금의 기억으로는 쌍화차의 맛과 비슷했던 것 같은데 약이라는 선입견 때문인지 먹기가 퍽 역겨웠다.

아무튼 그것으로 효과를 보았는지는 모르나 그해부터 오줌 싸는 빈도가 줄어들었던 것 같기도 하다. 어린 아이의 정력(?)이 좋아졌을 리는 없고, 거금을 주고 산 것이었으니 마음의 약이라도 되었겠지….

이렇듯 오락거리가 없던 시절의 시골에 입담 좋은 패거리가 오면 사람들은 모여들게 마련이었다. 내가 1973년도 홍천군 어느 학교에서 6학년을 담임했을 때 가슴 아픈 일이 있었다.

가을 어느 날, 운동장 고르는 작업을 하다가 여느 때보다 좀 늦게 아이들을 하교시키고 잠시 뒤에 나도 퇴근을 하는데, 학교 뒤 언덕 너머에 사는 하○○이라는 아이가 어느새 집에 가서 가방을 두고 자기 고모, 누나들과 함께 걸어오고 있었다.

어디 가느냐고 물으니 당시에 '만담'으로 전국에 이름을 떨치던 '장소팔과 고춘자'의 공연을 구경 간다고 했다. 우리 학교에서 3Km 정도 떨어진 인근 학교 운동장으로….

그런데 그것이 나와의 마지막 하직 인사였다.

헤어진 지 한 시간도 채 안돼서, 지나가던 화물 트럭을 얻어 타고 가다가 다리 위에서 차가 떨어져 현장에서 목숨을 잃었다는 기별이 왔다. 구경하러 가던 동네 사람들 스물댓 명이 트럭의 적재함에 탔다가….

병원에 달려가 확인해 보니 처참하기 짝이 없었다.

그 떠돌이 약장수의 '만담 쇼' 때문에 한 동네에 날벼락이 났다.

그로 인해 나는 한동안, 꽃사슴같이 커다랗고 착하기만 한 눈망울로 무엇을 애원하는 듯이 꿈속에 나타나 눈물을 흘리던 ○○이의 환상과 가끔 길에서 만나면 내 손을 잡고 하염없이 울던 그 아이의 부모님 때문에 괴로움을 당해야만 했었다.

보고 듣고 즐길 오락이 별로 없던 시절에 가설극장은 이렇듯 인기가 있었으니 시골에서 자란 5~60대 이상의 세대들에게는 이 또한 아련한 향수가 아닐까 싶다.

검정고무신

어제가 어린이날로서 공휴일이라 큰 딸네 집으로 작은 딸 사위까지 모여 외손자 손녀를 위해 하루를 보냈다.

이름 있는 날이라고 '고양시'에 있는 호수 공원엘 갔는데 사람이 너무나 많았다. 일부러 사람이 너무 많을 것 같아 놀이공원을 피해서 찾아갔는데…. 아이들을 위한다고 한 일이 오히려 교통정체로 인해 고생만 시키고 말았다.

백화점엘 가면서 큰딸이 아이들 선물은 무엇을 사 줄 거냐고 묻기에 "흰 고무신이나 한 켤레 사 줄까?" 하고 농담을 하면서도 과연 백화점에 흰 고무신이 있을까하는 의문이 들었다.

요즈음에는 시골에나 가야 간혹 어른들이 신은 고무신을 볼 수 있고, 사찰에 가야 스님들이 신은 흰 고무신을 볼 수 있을 뿐이니 백화점에서 고무신을 취급할 리 없겠지….

나 어릴 때의 생각이 문득 났다.

6·25전쟁 피난 때에는 무엇을 신었었는지 기억이 안 나고, 피난에서 돌아와 학교에 입학했을 때 아버님께서 사다주신 검정고무신이 얼마나 좋았던지 학교에서 돌아오면 물에 씻어서 댓돌위의 양지쪽 벽에 기대어 세워 두고 집에서는 짚신을 신었었다.

그런 귀중한 고무신을 언젠가는 하굣길에 불어난 냇물을 건너다가 한 짝을 떠내려 보내고 말았다. 누런 흙탕물에 신발 떠내려가는 걸 보면서 발을 동동 구르며 울부짖었지만 소용없었다.

목숨과 고무신을 바꿀 수는 없었기에 한 짝만 신고 집에 돌아왔을 때, 불어난 냇물에 휩쓸려 내려가지 않은 것만도 다행이라는 격려 말씀이 아닌 신발 잃어버린 꾸중만 모질게 들어야 했다. 하기야 그 검정고무신 한 켤레가 얼마나 큰 거금 들여 사다준 것인데 벗어 들지 않고 신은 채 그냥 건너다가 떠내려 보냈으니 꾸중을 하실 만도 했다. 그 신발 잃어버리고 한동안 짚신과 맨발로 학교를 다녀야 했었다.

어린이들의 검정고무신은 참 용도가 다양했다. 발을 보호하기 위한 용도뿐 아니라 육지에서는 자동차로, 물에서는 배로, 때로는 축구공 대용으로, 때로는 보물찾기 놀이의 보물로, 냇가에서 물고기 잡을 때에는 그릇으로…. 검정 고무신은 그렇게 훌륭한 장난감이요 생활도구였다. 그리고 낡아서 못쓰게 되면 엿장수에게 엿 바꿔먹는 화폐 대용으로도 쓰였으니 얼마나 귀중했던가?

양말이라는 것은 단순히 발의 보온용이라는 개념뿐이었기에 춥지 않을 때는 늘 맨발이었으니 냇물을 건널 때에는 신고 벗기에 편리했고, 달리기할 때에는 벗어야만 했다. 그리고 추울 때에 보온효과가 없으니 발이 시렸던 것은 여간한 불편사항이 아니었다.

그런 검정고무신의 존재를 내가 교사로 근무하면서 한동안 잊고 있다가 강원도 홍천군 내면 산골의 어느 학교로 전근을 가서 보니 의외로 그 검정고무신을 신은 아이들이 많았다. 문득 옛날에 내가 신던 고무신 생각이 나서 아이들 신발을 만져보니 그래도 내가 신었던 고무신보다는 탄력이 있고 부드러웠다.

내가 신던 검정고무신은 두껍고 자동차 타이어처럼 굳었었는데…. 그래서 잘 찢어지고 쉽게 닳았는데…. 고무신 제작과정은 모르겠는데 흰 고무신이 검정고무신보다 비쌌고 탄력도 좀 더 좋았었다.

요즈음 시골에 가서 보면 보라색이 나면서 약간 투명하고 예전의 것보다 훨씬 부드럽고 탄력성이 좋아진 고무신을 보게 된다. 물론 아이들이 상시 신는 일은 별로 없다. 하지만 그 고무신이 아주 없어지지 않는 것을 보면 고무신만의 편리함도 무시할 수 없는가보다.

지금은 용도와 재질에 따라 신발의 종류도 다양해져서 집집마다 신발장에는 갖가지 신발들이 넘쳐난다. 그래서 조금 신다가도 맵시가 없다, 발이 불편하다 등등 마음에 안 들면 서슴지 않고 내다버리는 세태를 보면서, 1967년도에 외출용 구두가 없어서 이웃집 선배의 구두를 빌려 신고 도시에 나들이를 갔다가 술집에 들어가 바가지 쓰고는 신발을 잡히고 슬리퍼를 끌고 귀가했던 고향 친구 생각을 하니 격세지감을 느낀다.

며칠 전 북한의 용천 역에서 큰 폭발사고가 났다며 텔레비전에 비춰주는 화면을 보니 주택들이나 차림새들이 마치 나 어렸을 때의 모습을 보는 것 같았다. 새로 산 검정고무신 신고 좋아하던 그때의 내 모습을….

세상에서 가장 맛있는 술

음식을 먹을 때 혼자 먹기보다는 여럿이 둘러앉아 먹어야 더 맛있고, 양이 많을 때보다 모자란 듯해야 더 맛있으며, 배부를 때보다 배고플 때가 더 맛있는 건 당연한 이치다.

또 똑같은 음식이라도 공짜보다는 비싸게 사 먹어야 더 맛있고, 아내가 해 주는 음식보다 남이 해 주는 음식이 더 맛있게 느껴지며, 찌그러지고 시커먼 양은그릇에 담은 것보다 정갈한 사기그릇에 담은 것이 더 맛있게 느껴진다.

반면에 옛날 학창시절의 양은 도시락에 김치와 고추장을 밑에 깔고 난로에 데워서 비벼먹던 밥, 투박한 뚝배기의 된장찌개, 찌그러진 양은냄비에 끓인 라면 등이 맛있다며 찾는 이들이 많다. 이것은 아마도 실제로 더 맛있을 수밖에 없는 과학적 이유가 있을지도 모르지만, 그 보다는 심리적 이유가 더 크지 않을까 생각된다.

미국의 어느 경제학 교수가 학생들을 상대로 '위스키 상표 알아맞히기' 게임을 했다고 한다.

예를 들어 '발렌타인' 12년산과 21년산을 똑같은 잔에 따라놓고 맛을 보게 했는데 정확하게 상표를 구별해 내는 학생이 별로 없었다고 한다. 즉 어떤 위스키가 비싼 것은 상표의 유명세 때문이며 더 맛있다고 느끼는 것도 상표에 의한 심리적 현상일 뿐이라는 것이다.

남자들 대부분이 겪었을 군복무 시절 야간 보초근무 도중에나 근무 마치고 들어와서 벽난로에 몰래 끓여서 소리 죽여가며 먹었던 라면 맛은 이 세상 어느 고급요리의 맛이라도 따라갈 수 없었을 것이다.

그런데 나에게는 그 라면 맛보다도 더 잊혀지지 않는 맛이 있으니 바로 맹물 같았던 막걸리 맛이다.

내가 훈련받았던 '신병훈련소'에는 훈련시설이 미비해서 그랬는지 몰라도 유격훈련의 경험을 하지 못한 채 경기도의 중부전선 최전방부대로 배치되어 갔다.

이등병으로 제일 졸병이니 사단 예하 부대마다 몇 명씩 순번제로 차출 되어 연합으로 받는 유격훈련을 우리 부대에서 제일 먼저 일주일간 가게 되었다. 험한 지형을 이용하여 만든 훈련장 근처의 한탄강변에 천막을 치고 야영하면서 훈련을 받았다. 가장 무더운 8월에 훈련을 받는데, 이제까지 신병훈련소에서 받아왔던 그 어떤 훈련보다도 강도가 높고 고되었다.

식사시간 외에는 잠시도 휴식시간을 안 주고, 잘했든 잘못했든 계속해서 고통스런 기합을 주며 4시간을 훈련시키다가 식사 시간이 되면 야영지로 대열지어 구령에 맞춰 구보로 갔다.

밥은 자기 부대에서 자동차로 운반해다가 배식을 했고, 부대매점(PX)에서는 약간의 간식거리와 막걸리도 야영지로 가져와서 팔았다. 그런데 막걸리와 간식용 과자나 빵도 인원수에 비해 턱없이 모자라게 가져오니 대열의 뒤쪽에서 차례를 기다리다보면 항상 차지가 안 왔다.

물론 공짜가 아니고 소속과 이름을 적고 먹으면 나중에 봉급에서 공제하는 것이다. 하지만 그나마 남보다 앞장서야만 한 모금이라도 먹을 수 있었다. 훈련지에서 처음 출발할 때에는 구령에 맞춰 군가도 부르고 발을 맞춰 뛰지만 야영지가 4~5백 미터 앞에 보이기 시작하면 제아무리 무서운 조교의 호령과 몽둥이세례가 쏟아져도 아랑곳하지 않고 대열이 흩어지고 백 미터 경주가 시작되었다.

천막에 가서 찌그러진 알루미늄 식기를 들고 매점사병 앞에 가서 소속과 이름 적고 술통 앞에 그릇을 들이대면 대충 한두 모금 따라 주고 '탁주 한 되'의 외상값이 매겨졌다.

물 타고, 양 줄이고, 폭리도 그런 폭리가 이 세상 어디에 있을까만, 양이 어떻고, 질이 어떻다 따질 겨를이 없다. 얼마나 많은 땀을 흘려 갈증이 극에 달했는데 술에 물을 탔으면 어떠랴?

입도 안 떼고 단숨에 막걸리 한 되를 쭈욱 마실 때, 그 달콤 쌉쓰름하고 톡 쏘던 감칠 맛, 그러고 나서 강물에 옷 입은 채로 뛰어들어 목욕 겸 빨래를 할 때 그 시원하던 기분…. 그 이후 지금까지 그만큼 맛있게 먹은 음식이 없고, 그만큼 시원한 만족감을 느껴 본 적이 없는 것 같다.

소득이 높아져 배부르니까 텔레비전 방송에서도 입맛을 돋우는 음식이나 소문난 음식점을 소개하는 프로가 자주 방송되고, 방송만 한번 나오면 사람들이 벌떼같이 몰려드는 요즈음의 세태를 보며 잠시 옛 추억에 젖어보았다.

우 산

오늘은 "태풍이 오고 있으니 주의하라"는 방송이 계속 나오고 있다.

작년에도 재작년에도 지역적으로 집중호우(集中豪雨)가 내려서 큰 피해를 입은 고장이 있기에, 더구나 그곳의 수해 복구가 아직 끝나지도 않았으니 더욱 주의를 요하고 있다. 그러고 보면 대기환경(大器環境)이 오염되어서 그런지 근래 들어서 기상의 이변(異變)이 잦은 것은 틀림없다.

나 어렸을 때에는 그다지 큰 비가 온 기억이 없다. 겨울에는 뚜렷한 삼한사온(三寒四溫)과 여름의 장마주기, 사계절의 뚜렷한 변화를 느낄 수 있었는다. 그런데 이제는 강원 내륙지방에서는 추위에 얼어 죽던 감나무, 배롱나무 등의 식물이 월동(越冬)하고, 봄여름의 구별이 거의 없으며 여름의 높은 기온과 집중호우 등 자연의 규칙이 무너지고 있으니 말이다.

내가 어렸을 때에 배우던 음악책에 '우산'이라는 노래가 있었던 기억이 난다.

이슬비 내리는 이른 아침에
우산 셋이 나란히 걸어갑니다.
파란 우산 깜장 우산 찢어진 우산
좁다란 학교 길에 우산 세 개가
이마를 마주대고 걸어갑니다.

이 얼마나 정겨운 풍경인가?

철없는 어린이들이 남의 통행에 지장을 주는 것에는 아랑곳하지 않고 좁은 오솔길에서 찢어진 우산을 쓰고도 동무들과 재잘대며 걸어가는 이슬비 오는 거리의 평화스런 모습이….

그런데 그때 이 노래를 부르면서 나는 이런 풍경을 머릿속에 그려보기는 했어도 먼 남의 나라 일로만 느낄 수밖에 없었다. 우산이라는 물건은 친구들 것을 보기는 했어도 나는 만져보지도 못했으니까….

우산이 없던 우리 집에서 어느 날 아버지 말씀에 따라 나는 갈대로 만든 삿갓을 쓰고 학교에 갔다가 실컷 놀림만 받았다. 거기다가 짓궂은 친구들의 장난에 삿갓이 부서져서 부모님의 꾸중까지 들었으니 계속 비가 오던 그 다음 날에는 아예 학교를 안 가겠다고 떼를 쓰다가 이번에는 시멘트포대 종이를 쓰고 갔다. 결국 몇 발짝 가지도 못해서 다 찢어져 흠뻑 비를 맞고 학교에 갔다.

지금은 그 흔한 비닐도 없어서 그렇게 비를 맞고 다녀야만 했던 나에게 우산이라는 물건이 그림의 떡으로만 남을 수밖에 없었던 것이다.

그런데 요즈음에는 우산이 얼마나 흔한가?

무슨 개업기념, 회갑기념, 동창회기념, 체육대회기념 등에서 주는 기념품도 우산 아니면 수건이라 집집마다 흔한 것이 우산이니 학교에서도 등교시간에 비가 오다가 하교시간에 날이 개면 어린이들이 안 가지고 간 우산이 무척 많다.

대부분 영영 안 찾아가므로 쓰레기로 버려지고 만다. 요즈음 경제불황이라고 야단들이면서도 부모들은 우산을 찾아오라고 채근하지도 않는 모양이다.

지루하게 비가 내리니 문득 생각나는 것이 있다.

1972년 무렵 강원도 홍천의 모 초등학교에 근무할 때이다. 강 건너 마을 굴운리 아이들은 비가 내려 물이 불어나면 등교를 못했다.

강이라기에는 좀 규모가 작고 개울이라기에는 큰 편인 홍천강 상류의 이곳에 가을이면 마을사람들이 합심하여 섶 다리를 놓고 다니다가 장마철에는 떠내려가고 다시 물이 줄면 놓고 다니기를 반복한다. 그러나 바빠서 미처 다리를 못 놓으면 그냥 신 벗고 건너다녀야 했으니 물이 불어나면 위험하여 어린이들이 등교를 못했다.

온 마을의 학생이 모두 결석을 하게 되니 교장선생님의 배려로 나를 포함한 젊은 남자교사 세 명을 파견하여 마을 사랑방에 학생들을 모아놓고 수업을 하도록 하였다.

말이 수업이지 두 개 학년씩 혼합된 복식학급(複式學級)을 편성하여 비좁은 방바닥에 책을 펴고 앉으니 수업다운 수업은 엄두도 못 내고 그저 동화책이나 읽어주고 옛날 얘기나 해 주다가 보내고 학부형들과 술타령이나 하다가 돌아오곤 했다. 그러다가 돌아오는 길에 물이 더 불어나서 익사할 뻔하기도 했다.

그런데 지금은 그 마을 앞으로 고속도로 못지않게 잘 닦인 길이 나고, 마을 집집마다 자동차가 들어갈 수 있도록 교통이 좋아졌건만 그 학교의 학생 수는 턱없이 줄어들었으니 이 무슨 아이러니컬한 일인가?

귀신과 도깨비

요즈음 생후 30개월 된 외손녀 민주가 나날이 향상되는 어휘력으로 예상치 못한 돌출행동을 해서 우리 내외의 폭소를 자아낸다.

옛날 애들보다 보고 듣는 것이 많아서 그런지 어휘력도 빠르게 향상되고 상상력도 자기 어미가 자랄 때에 비해서 무척 풍부한 것 같다.

며칠 전에는 날파리가 날아다니는 것을 보고 무슨 '무서운 모기'라며 이리저리 쫓겨 다니는 것을 보며 웃었다. 어느 만화 영상물을 보았던가보다.

어린이들의 공포감이란 어른의 입장에서 본다면 참으로 단순하고 어이없는 것들이다. 하지만 어린이들을 대상으로 꾸며진 이야기 속의 귀신, 도깨비 등은 특히 밤길을 혼자 걷게 될 때, 그 공포의 대상 1순위일 것이다. 화장실의 달걀귀신, 상여간 도깨비, 서낭당 귀신, 공동묘지 도깨비 등등….

그래서 혼자서는 화장실에도 못가고 누가 데리고 가서 밖에서 지켜줘도 깜깜한 화장실 뒤에서 무엇이 확 덮칠 것 같은 느낌에 볼 일도 다 못보고 나왔던 것이, 어수룩하고 순진했던 옛날 시골 어린이들의 정서였다.

또 마땅한 오락거리가 없어서 밤에도 친구네 집으로 자주 놀러 다녔다. 그리고 돌아오는 길에 무서운 얘기를 들었던 기억이 되살아나면 마치 뒤에서 무엇이 따라 오는 것만 같았다. 그래서 뛰면 너 빨리 쫓아와서 뒷덜미를 물어뜯을 것만 같아서 식은땀을 흘렸던 일을 시골에서 성장한 어른들은 어렸을 때에 한두 번쯤 다 경험했을 것이다.

어릴 때에 들었던 이야기 중에 이런 이야기도 생각난다.

동네 청년들이 부슬비가 내리는 어느 날 밤 사랑방에 모여앉아 이야기꽃을 피우다가 귀신 도깨비 이야기가 나왔다. 그래서 "우리 동네 뒷산 공동묘지에도 귀신이 있다더라"는 이야기까지 나왔는데, 그 중 담력이 강한 척하고 큰소리치는 친구가 있어서 "공동묘지에 갔다 오면 술을 사 주겠다"고 제의하니 그러마 하고 나섰다.

그러나 갔다 왔다는 증거가 있어야 하니까 말뚝을 박아놓고 오기로 하여 그 친구는 망치와 말뚝을 들고 나갔는데 돌아올 시간이 한참 지났는데도 오지 않아서 여럿이 횃불은 들고 찾아가 보니, 자기 옷깃을 말뚝과 함께 박아 놓고는 일어서려는데 무엇이 잡아당기니까 귀신의 소행으로 착각하고 "놓아 주십시오"를 연발하며 실성해 있더란다.

이렇듯 무서운 생각을 하면 할수록 더욱 무서운 공포감에 사로잡히기 마련이니 나도 어렸을 때에 극도의 공포감에 사로잡혀 무척 긴장했던 기억이 몇 번 있다.

그 중에 한 번은 중학교 입시를 앞두고 있던 겨울의 어느 날 밤의 일이다.

당시 6학년 담임은 중학교 진학률에 따라 학부형들 사이에서 선생님의 자질과 능력이 평가되었다. 그러므로 많은 학교들이 밤에도 과외(?)공부를 하게 되었다.

'밤공부'라는 이름 아래 담임선생님의 무료봉사로 이루어진 과외 수업에 희망자들만 참여하라고 했지만 진학 예정자들 중에 불참자는 거의 없었다.

교실에 전기도 안 들어왔던 시절이니 빨랫줄에 호롱불을 여러 개 걸어놓고 수업을 했지만 어두워서 뒷자리에서는 칠판의 글씨는 거의 안 보였다.

그런데 이상한 일은 낮에는 그렇게도 수업시간에 장난이나 치고 주의가 산만하던 애들이 '밤공부' 시간에는 모두 열심이었다. 희미한 불빛 아래서 눈동자들은 빛을 발했다. 선생님의 말 한마디, 글씨 한 자 놓칠세라….

그렇게 열심히 공부를 하다가 끝나서 집으로 돌아갈 때에는 그 흔한 손전등 하나 없이 캄캄한 밤길을 걸어서 가야만 했으니 참 난감하기 그지없었다.

여러 친구들과 재잘대며 걸을 때에는 무서움도 지루함도 없이 잘 갔지만, 우리 동네는 Y자로 난 큰 길을 중심으로 상·중·하리(里)로 나뉘어져 있으면서 집단부락이 아닌 띄엄띄엄 산재한 부락이었다. 귀가길 방향에서 오른쪽 위의 중리(中里)에는 나 혼자 뿐이었다. 그것도 우리 집은 맨 위쪽에 위치했으므로 친구들과 헤어져서 혼자 걸어야할 거리가 2Km가 넘었다.

Y자 갈림길에서 헤어지면 약 200여 미터 지점에 징검다리를 건너야 할 개울과 우거진 숲, 그리고 바로 옆 '돌봉산(경사가 가파르고 정상은 바위와 송림으로 우거져 있어서 사람들의 접근이 별로 없는 산)' 밑에는 상여(喪輿)간이 있어서 그곳을 지날 때 공포감이 최고조에 이른다.

평소 어른들끼리 누구누구는 '돌봉산'에서 도깨비를 만났다더라, 누구누구는 귀신을 봤다더라 등의 말씀을 귀동냥으로 자주 들어왔으니 인가(人家)도 없는 그곳을 통과할 때에는 낮에도 으스스한 기분이 드는데 하물며 캄캄한 밤에야 등골에 식은땀이 흐를 수밖에 없지 않은가?

그러던 어느 날 밤, 친구들과 헤어져서 공포의 그 지점에 이르러 바싹 긴장하며 캄캄한 징검다리를 더듬거려 건너는데 갑자기 산에서 무엇이 나를 향해서 빠른 속도로 뛰어내려오는 소리가 들렸다. 마른 갈잎이 버스럭거리고 쿵쿵거리는 발자국 소리가….

순간, 나는 친구들 이름을 소리쳐 부르며 아직 얼음이 다 얼지도 않은 냇물을 어떻게 건넜는지, 내 키보다도 높은 논두렁을 어떻게 뛰어넘었는지 모르게 순식간에 친구들에게로 달려갔다. 극도의 공포감에 덜덜 떨면서 자초지종을 말하는 나에게 자기 집으로 가자고 하는 친구가 있어서 그날 밤에는 그 친구를 따라가서 자고 이튿날 바로 학교로 갔다.

그리고 그날은 밤공부를 포기하고 집에 왔는데, 부모님께서는 "어제는 어디서 잤느냐"고 가볍게 물어보신 외에 외박을 한 이유도 묻지 않으셨고 오늘은 왜 밤공부 안 하고 왔느냐고도 묻지 않으셨다. 많은 식구들이 호구지책에 급급하다보니 나의 그런 사소한 일쯤은 신경 쓰실 여력이 없으셨을 테니까….

그 후 두고두고 그때의 일을 곰곰이 생각해 봤지만 명확한 해답은 나오지 않았으나 '서릿발'에 관한 공부를 하고 나서 '서릿발에 들떠 있던 돌덩이가 우연히 굴러 내려왔던 것'이라고 혼자 결론 내렸지만 그곳을 지나다니기에는 늘 으스스한 공포의 지점이었다.

그밖에도 어느 희미한 달밤에 친구 집에 놀러 갔다가 돌아오는 오솔길에서 도랑 옆의 죽은 뽕나무 그루터기가 짐승이 노려보며 달려들 듯한 자세로 보여서 꼼짝도 못하고 한참 서 있다가 용기를 내어 돌을 던졌는데도 움직이지 않는 것을 보고나서야 안심했던 일도 있다.

형님 친구들이 뽕나무밭에 숨어 있다가 손전등을 뽕잎으로 가리고 불을 켜서 마치 말로만 듣던 도깨비나 호랑이불인 줄 알고 기겁을 했던 일 등, 유치한 해프닝은 참으로 많았다.

지금은 산골 오지에도 가로등이 밝게 켜져 있어서 가로등 밑의 농작물은 결실에 지장을 주고 있다고 농민이 푸념할 정도이니 귀신, 도깨비가 무서워서 못 다니겠다는 어린이는 없겠지?

아니, 똑똑한 요즈음의 어린이들이라 귀신, 도깨비, 호랑이 등의 허무맹랑한 말에 무서워할 리는 없을 것이리라. 아마도 세상이 하도 험악하여 '낯선 사람이 제일 무섭지 않을까'라는 생각을 하니 무서운 밤길에서 사람을 만나면 반갑기 그지없던 내 어린 시절과 너무나 상반되는 세태가 서글퍼지기도 한다.

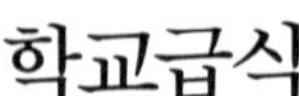

학교급식

내가 초등학교 다닐 때의 저학년 무렵까지는 학교에서 탈지분유를 물에 풀어서 보리쌀을 조금 넣고 끓여 주기도 했고 일주일 간격으로 분유를 그냥 퍼 주기도 했던 기억이 난다.

그러다가 4~5학년쯤 되니까 그나마도 없어졌는데 내가 교사가 되어서 1968년도에 첫 발령을 받고 부임해 보니 옥수수가루로 빵을 만들어서 매일 한 개씩 주고 있었다.

포장도 안 하고 커다란 바구니에 손도 씻지 않은 운전기사가 마구 세어 담아서 주고 가는 빵이지만 퍽 먹음직스럽게 보였다. 하도 맛있을 것 같아서 좀 떼어 먹어 보니 씁쓰름하고 별로 맛이 없었다.

내 모교는 자세히는 모르겠으나 아마도 도시 근처의 학교라서 급식을 안 했고, 내가 부임한 학교는 벽지(僻地)의 학교라서 정부 지원으로 급식을 했던 것 같았다.

선배들 말씀에 의하면 내가 부임하기 2년 전까지는 옥수수가루를 받아다가 학교에서 죽을 쑤어 먹이다가 군 교육청에서 학교의 편의를 위하여 제과업소에 의뢰하여 빵으로 구워준다는 것이었다.

그런데 어느 날 빵을 싣고 온 차에서 무언가 커다란 포대를 하나 내리더니 교무실로 가져왔다. 열어보니 단팥빵이 가득했는데 PX마크가 찍힌 상표가 포장지 안에 들어 있었다. 그 제과업소는 군부대에도 빵을 납품하는 업소였는데 한 달에 한 번쯤 선생님들에게 사례로 가져다주는 것이었다.

워낙 분량이 많아서 한 바구니씩 나누어 주기에 간식이라고는 구경도 못하고 자라는 어린 조카들에게 주려고 토요일 오후에 빨랫감이 든 큰 가방에 가득 넣어가지고 버스에 올랐다.

비포장길 완행버스는 집에 오는 동안 두세 번의 검문을 받아야 했다. 그런데 하필이면 그날 헌병이 내 가방을 열어 보라고 해서 열어 보였다가 군부대 매점에서나 살 수 있는 PX마크가 찍힌 빵이 잔뜩 들어 있으므로 차에서 끌려 내리는 망신을 당했던 적도 있었다. 전후 사정을 설명한 후에야 별 문제가 없는 것으로 판명되어 다음 차로 왔지만….

군에서 제대하여 복식을 한 후에도 벽지의 학교에는 무료급식을 하고 있었는데 내가 부임한 벽지학교(영신초교)에는 건빵을 주고 있었다.

교통이 불편하다는 이유로 두세 말들이 광목자루에 넣어서 한 달에 한 번씩만 배달되어 오는 건빵을 창고에 쌓아놓고 일주일에 한 번씩 주었다. 별로 맛이 없어서 좀 여유가 있는 집 애들은 기름과 설탕을 넣고 다시 볶아서 먹기도 했다.

그렇게 단순히 허기를 메워주기 위한 구호급식의 차원에서 인건비와 약간의 운영보조금만 정부에서 지원받고 식비는 전액 자기부담에 의한 영양급식으로 바뀐 요즈음에 전문 영양사까지 두고 있으나 그래도 개선되어야 할 문제는 상존한다.

우선 식재료(食材料)의 조달 과정을 보면, 학교장은 투명한 거래의 수단으로 2주일에 한 번씩 최저가격 입찰제로 납품을 받고 있다. 결국 납품업자의 입장에서 보면 다른 업자보다 낮게 제시한 가격에서도 이윤은 남겨야 할 것이니 값싼 저질의 식재료를 납품할 수밖에 없지 않겠는가?

일정기간 한 업체에게 수의계약(隨意契約)으로 납품을 받으면 차후의 계약을 위해서라도 좀 나은 것을 납품하지 않을까 하는 기대도 해보겠지만 외부의 의심받는 것이 싫어서 대부분 학교장들은 최저가격 입찰제로 납품 받고 있는 것이 문제다. 그래서 늘 학교급식은 맛이 없다는 소리를 듣는다.

최소한 교육청 단위의 학교급식 납품 부서를 운영하든지 아니면 철저한 교육청관리감독 아래 납품업체를 지정해서 운영하든지 해야 하지 않을까?

식당이 없는 것도 문제다.

시골의 소규모 학교는 식당문제 해결이 좀 쉽겠지만 재적수가 많은 큰 학교에서 식당을 별도로 짓는다는 것은 상상도 못할 일이니 매일 점심시간에는 배식문제로 전쟁을 치른다. 혹 뜨거운 국이라도 엎지르지 않을까 노심초사하고….

그리고 특히 하절기에는 식중독 사고가 염려되어 교장도 조리실에는 못 들어가 보면서 위생관리에 전념토록하고 있다. 오후에 보건실로 배 아프다고 찾아오는 아이만 보면 가슴이 철렁한다. 집단으로 배탈만 났다 하면, 그래서 언론에 보도되기만 하면 이유 불문하고 학교장은 문책을 받으니….

오늘도 어느 자모가 자기 자녀의 학급에 줄 것이라며 아이스크림을 한 보따리 들고 들어오는 것을 보았다. 되돌려 보낼까 말까 망설이다가 그만 두었지만, 만약 아이스크림 먹고 집단으로 배탈이라도 난다면 그 아이스크림보다도 앞서 1차적으로 학교급식을 의심하고, 그래서 시끄러워질 것이니 반갑지 않은 선물이다.

왜 교육자가 애들 먹이는 문제까지 책임을 지고 고민해야 하는지 참 답답하다.

가난과 무식함 때문에

초등학교 시절 한 고향의 죽마고우가 장남 혼인을 앞두고 주례를 부탁해 왔다.

가까운 거리도 아닌 타 지방에서 하는 결혼식이라 부담감도 없지 않았지만 어차피 주례가 아니더라도 결혼식을 축하해 주기 위해서는 가야할 곳이다. 더구나 생년월일이 나와 같은 날이라고 각별하게 나를 생각하는 친구이기에 흔쾌히 승낙한 후 눈길을 마다 않고 달려가서 주례를 섰다.

그 친구는 중학교를 졸업한 지 얼마 안 되어 해병대에 지원입대를 했고 월남전에 제일 먼저 차출되어 참전했던 친구이다.

미국으로부터 전쟁 수당이 주어져서 사병들도 웬만한 공무원의 월급만큼 되었기에 그 친구는 사지(死地)에서 목숨을 걸고 4년이란 긴 세월을 돈 모을 욕심으로 복무기간을 연장해 가면서까지 꼬박꼬박 월급을 타서 집으로 부쳤다. 하지만 전역 후 귀가해 보니 목숨을 담보로 보낸 돈은 한 푼도 남김없이 부친께서 탕진하시고 어머니는 암으로 사경을 헤매고 계셨기에 충격을 받고 가출하여 한동안 방황을 하다가 지금의 아내를 만나 가정을 꾸리고 안정을 찾았다고 하는 친구이다.

어릴 때 헤어져서 소식을 모르다가 우연히 몇 년 전에 소재를 알게 되어 서로 왕래를 하게 된 그 친구는 자신도 모르고 있다가 뒤늦게 미군이 살포한 고엽제 피해자 판정을 받고 약간의 보상이나마 받게 되었다고 한다.

'고엽제'란 열대밀림 속에 적군이 숨어드는 것을 막기 위해 식물이 말라 죽도록 살포하던 맹독성 백색가루농약으로 월남전 당시에 밀림지대에 무차별 살포한 그 농약피해 후유증으로 피부에 검은 반점과 종아리 부위에 감각을 상실한 증상이 있다고 한다.

그만 하기가 참으로 불행 중 다행이다. 자신뿐 아니라 2세에까지 기형아가 탄생하는 등의 무서운 후유증 장애에 비한다면 말이다.

월남전에서의 그 친구 이야기를 들으면서 참으로 무식이 한이라는 생각을 다시 한 번 절감했다.

식물을 말려 죽이는 그 무서운 농약을 비행기에서 살포할 때 그것의 독성을 모르고 쳐다보면서 손을 흔들었고, 심지어 그 하얀 가루약을 모기 등의 벌레를 쫓는다고 주변에다가 일부러 손으로 뿌리기도 했다니 얼마나 끔찍한 일이었는가?

그러고 보면 6·25전쟁 때, 우리는 얼마나 무식했고 그 무식 때문에 얼마나 많은 피해와 웃지 못할 에피소드가 많았던가?

뇌관이 그대로 붙어있는 불발 자주포탄을 주워다가 대장간 바닥에 거꾸로 박아놓고 거기에다가 대장질 하다가 폭발하여 인근 주민들까지 몰살했던 사건, 대전차 지뢰, 박격포탄, 로켓포탄, 곡

사포·직사포 등 각종 포탄, 이름도 종류도 모를 수많은 불발포탄들까지 닥치는 대로 주워다가 고철로 팔기 위해 두드리고 비틀고 분해하다가 얼마나 많은 민간인들이 희생되었던가?

그래서 1970년대 초까지도 강원도에서는 초등학생들에게 안전교육의 하나로 '폭발물 안전교육'이 꼭 한자리를 차지했었던 기억이 있다.

어느 초등학교에서는 특별히 군부대의 지원으로 폭발물 안전에 대한 교육을 하고 하교시켰는데 그날 오후 강가에 가서 놀던 어린이들 중 교장선생님 아들이 이상한 쇠붙이를 주워가지고는 다른 친구들에게 "위험하니까 저리 비켜~" 하고는 혼자 두들기다가 폭발하여 사망한 일도 있었다.

이렇듯 전쟁 유물이 호기심을 유발하고 또는 가난 때문에 고철이 탐나서 애꿎은 인명이 수없이 희생되었다.

1980년대 TV프로그램 중 '개화백경'이란 프로가 있었다. 우리나라가 처음 서양문물을 접할 때 겪었던 에피소드를 소개하는 것이었다.

그런데 내가 어렸을 때에도 유엔군(주로 미군)에 의해서 처음 접하는 문물 때문에 웃지 못할 일들이 많았다. 지금 생각하니 우스운 일이라고 하지만 그 당시에는 대부분의 사람들이 다 그러했으니 우스운 일도 아닐 것이다.

미군이 잠시 주둔했던 자리에 무슨 쓸 만한 쓰레기라도 있을까 하고 뒤지던 중 한 되들이 정도의 봉지가 뜯지도 않은 채 있으니 '이게 웬 봉인가' 하고 얼른 주워서 뜯어보니 소금도 아니요, 설탕도 아닌 알갱이가 들어 있었다.

맛을 보아도 아무 맛도 없고, 순간 '잘못 먹으면 죽을지도 모른다'는 생각이 들어 얼른 뱉어버리고 오줌을 누어 봤더니 톡톡 튀었다. '참 별것도 다 있다'하고 말았는데 아마도 무슨 물품의 방습제로 사용되었던 '실리카겔'이 아닌가 싶다.

쓰레기장에서 시레이션(C-ration, 통조림통에 든 미군 전투용 식량) 내용물을 주워 설탕인 줄 알고 입에 털어 넣었다가 지독하게도 짠 맛에 기겁을 했던 일도 있고, 독성이 얼마나 무서운지도 모르고 M1소총 탄환 중 납이 든 탄환을 주워다가 화롯불에 납을 녹여서 철사 고리를 박아 메달을 만들어 가지고 놀기도 했었다.

내가 초등학교 3학년 때쯤으로 기억하는데 크리스마스 무렵에 미국에서 보내준 선물이 있었는데 크레파스, 지우개, 연필 등의 학용품을 비롯하여 조그마한 고무공, 자동차 따위의 각종 장난감도 함께 넣어 포장한 것이었다. 그런데 학생 수에 비해 턱없이 부족하니까 내용물을 뜯어 분리해 놓고 제비뽑기로 나눠 주었다.

나는 물론 뽑기의 운이 없어서 연필 한 자루와 사탕 몇 개 받았지만 이웃집 친구는 크레파스와 지우개 그리고 달고 향기로운 젤리를 여러 개 받았다.

나와 그 친구는 집에 가져와서 부모님께 자랑을 했고 사탕을 동생들과 나눠 먹었는데 이튿날 친구를 만나니 잔뜩 불어 있었다. 이유를 물어보니 아버지께서 지우개를 먹는 것인 줄 아시고 반쪽을 잘라 씹어 버리셨단다.

지우개가 없어서 손가락 끝에 침 묻혀서 문지르거나 헌 고무신짝을 잘라서 석유에 담갔다가 써 보기도 했지만 잘 지워지지도 않고 공책만 찢어져서 애를 먹었는데, 향기가 있고 연필은 물론 크레파스까지 잘 지워지는 지우개가 생겼으니 얼마나 기뻤겠는가? 그런데 그 귀한 지우개를 아버지께서는 향기에 반해서 먹는 것으로 오인하시고 씹어 놓았으니 참 약이 오를만도 했다.

이 모든 해프닝이 가난하고 무식했던 탓이니 오죽하면 미군 것은 똥도 좋다는 속담 아닌 속담까지 유행했으랴?

요즈음 경제적으로 낙후된 외국을 다녀보면 우리의 옛날 생각이 절로 나면서 직접 내가 겪었던 가난이기에 더욱 뼈저린 연민의 정이 느껴짐을 어쩌랴?

가전제품 이야기

가족끼리 여행을 갔다가 강릉에 있는 '참 소리 박물관'을 견학하고 수집된 희귀 골동품의 수량과 그 많은 물품을 수집한 주인의 집념에 감탄했다.

전시품들은 음향기기들이 대부분이었지만 세계 최초의 ○○, 세계에 단 하나뿐인 ○○, 에디슨이 직접 만든 ○○ 등등 그 희소가치도 그렇고 소장한 물품의 1/3만 전시 되었다고 하는데도 엄청난 그 수량을 어떻게 다 수집하고 관리하는가를 생각하면 놀라지 않을 수 없었다.

그런데 그 중에는 내 눈에도 익은 것이 있었다. 그것은 바로 트랜지스터라디오였다.

내가 1959년도에 초등학교를 졸업할 때 우리 졸업생 일동의 졸업 기념품으로 트랜지스터라디오를 사 놓고 나왔으니 아마 그 무렵에 라디오의 가치는 그만큼 대단했었다.

그 후 우리 집에서는 1963년도 여름에야 처음으로 누에고치를 팔아서 '삼양'이라는 회사 제품의 라디오를 3,000원쯤 주고 샀으니 저녁이면 온 식구들의 유일한 벗이었다.

나의 1968년도에 첫 봉급 한 달 치가 9,300원이었으니 그보다 6년 전에 3,000원이라는 거금을 들여 라디오를 장만한다는 데 대한 아버지의 걱정도 대단했었다. 하지만 그 후 라디오는 우리 집의 유일한 문화생활 도구였으니 내색은 안 하셨지만 아버지께서도 잘 샀다는 반응이셨다. 그 증거로는 반쯤이나 맞을까 말까 하는 일기 예보를 못 들으신 날에는 "내일 비 온다 더냐?" 하고 물으시곤 했으니까….

우리 동네에는 70년대 초에 전기가 들어왔지만 조명 이외의 다른 용도로는 전기를 쓰지 못했다.

가전제품도 없었거니와 전기요금이 아까워서 백열전구를 30W 이상은 켤 생각을 못했고 화장실 같은 곳에는 아예 불을 밝힐 엄두도 내지 못했다.

내가 1972년 1월에 결혼을 하여 가정을 꾸리고 처음 가전제품을 장만한 것이 금성(LG의 전신) 제품의 선풍기였으니 첫딸 자랑이를 낳고 하도 더워서 애쓰는 아내를 위해 큰맘 먹고 들여놓았던 것이다.

그 후 1년쯤 뒤에 카셋트 라디오를 사면서 얼마나 마음이 뿌듯했었는지 모른다. 그리고 한참 뒤인 1977년도에 흑백텔레비전을, 1981년도에 120리터 용량의 냉장고를 샀다. 그리고 1984년도에 들어서서야 도시로 이사를 와서 전화를 놓고 무척 대견해 했었으니 짧은 기간 동안의 발전에 격세지감을 느끼지 않을 수 없다.

그렇게 갖고 싶은 것을 하나하나 장만하면서 느끼는 '바로 이런 게 살림의 재미로구나' 하는 생각을 했었다. 하지만 요즈음 부유

층의 젊은 부부들은 어떤 것에서 성취감을 느끼면서 사는지 궁금하기도 하다.

급속한 문명의 발달로 인하여 새로운 전기·전자제품들이 많이 생산되고 그 기능도 다양해지지만 나이가 들수록 제품이 가지고 있는 기능을 제대로 활용할 줄도 몰라서 못쓰고 있어 당혹스럽기도 하다.

3~4년 전까지만 해도 휴대전화의 필요성을 그리 절감하지 않았던 우리나라 사람들이었건만 이제는 초등학생들까지도 들고 다닐 정도가 되었다. 편리함이란 어찌 보면 중독성을 갖고 있는 것이 아닌가 싶다. 그러면서도 휴대전화의 그 많은 편리한 기능들을 거의 활용하지 못하고 있으니 늙는다는 것만큼 무서운 것도 없을 것 같다. 편리함이란 애당초부터 없었으면 모르는데 있다가 없으면 너무나 아쉬워서 견디기에 힘드니까….

그런데도 도시에서의 모든 편리함을 버리고 산골을 찾아 자연과 함께 옛날방식으로 되돌아가 사는 사람들을 가끔 TV에서 보면 참으로 대단한 사람들이란 생각이 든다.

나도 그런 사람들처럼 인적이 드문 산골에는 용기가 없어서 못 가더라도 퇴직 후에는 물 맑고 공기 좋은 도시근교에 황토와 통나무로 집을 짓고 노후의 여생을 보내고 싶지만 돈이 없으니 늘 공상만 할 뿐이다.

산에 가서 나무를 베어다가 아궁이에 불을 때거나 연탄불을 피워야 밥을 해 먹던 것이 몇 해 전이건만, 따뜻한 집 안에서 쌀 씻고, 손가락 하나로 스위치만 누르면 밥이 되고, 그것조차도 귀찮아서 아예 물만 부으면 밥이 되어서 먹을 수 있는 가공식품이 범

람하고 밖에서도 휴대전화 하나로 난방기 켜고 밥하고 도둑의 유무까지도 확인할 수 있는, 그야말로 전자제품의 만능세상이니 도대체 앞으로 얼마나 더 편리한 세상이 될지 상상이 안 된다.

청소부터 빨래, 취사 등 모든 가정 살림을 로봇이라는 기계가 다 해 주는 세상이 될 것이라는 생각을 하면 그때에 우리 인간들은 무엇으로 사는 재미를 느껴야 할지 궁금해진다.

지금도 아내가 눈만 뜨면 텔레비전 스위치부터 켜 놓고 일과시작을 하는 것을 보면서 텔레비전 중독증을 의심하게 된다.

앞으로 감정을 가진 로봇이 등장하고 인간의 원초적 본능이랄 수 있는 성생활조차도 사이버 세계에서 해소될 것이라는 예고를 접하다보면 가상의 영화에서처럼 인간은 자신들이 만들어 놓은 기계에 모든 것을 빼앗기고 기계에 예속된 존재가 되지나 않을까 하는 의구심마저 든다.

시시각각 새롭고 편리한 전기 · 전자제품의 출현에 대응하지 못하는 나의 무능함을 한탄하면서 잠시 공상에 빠져 보았다.

당직근무

내가 1968년도 3월 1일자로 처음 공직에 발을 들여놓던 때이다. 하숙을 구할 수 없어서 매일 고용원이 따뜻하게 불 때주는 숙직실(당직실)에서 숙식을 해결하며 지내던 어느 날, 교장선생님께서 숙직실의 연료비는 방을 쓰는 사람이 내야 하지 않느냐고 말씀하셨다.

아무것도 모르던 나는 '정말 그렇구나' 하고 생각하는데 함께 기거하시던 선배선생님께서 "그러면 숙직수당을 줘야 할 것 아니냐?"고 하시니까 그 후로 숙직실 연료비에 대해서는 아무 말씀이 없었다.

그 뒤 나는 "숙직수당이 뭐냐"고 물었더니 "숙직을 하려면 밥도 사 먹어야 하니까 숙직수당을 주게 돼있다"는 말을 듣고서야 "그렇구나!" 하고는 나의 어리석음에 쓴 미소를 지었다.

그러나 석 달 만에 군입대 관계로 휴직을 했으니 숙직수당이 얼마나 되는지 알지도 못했고 어차피 수당을 타먹을 생각도 없었으니 관심도 없었다.

흔히 공휴일 주간(晝間) 당직을 일직, 야간(夜間) 당직을 숙직이라 칭했는데 군에서 전역하여 1971년도 6월에 복직을 하니 며칠에 한 번씩 숙직(대개의 학교가 일직은 여교사들에게 명령)을 하라고 명령이 내려지는데 참으로 귀찮기 짝이 없었다.

더구나 도난이나 화재 등의 사고가 나면 책임을 면할 수 없으니 깊은 잠을 잘 수도 없어 이튿날의 수업에도 지장이 있음은 당연했다.

그때의 당직수당이 얼마였는지 기억은 없지만 늘 자장면 한 그릇 값 정도였으니 보잘것없는 액수였다. 그래서 어떤 이는 자기 당직수당의 2배 또는 3배를 줄 터이니 당직을 대신 해달라는 농담을 하는 이도 있었다. 그러나 산간 오지의 학교에서는 교직원 중의 누군가가 당직실에 살면서 따로 숙직을 안 하는 학교들도 많았다.

내가 강원도 홍천군 영신학교(지금은 폐교된)에 있을 때 일이다.

인근에 방을 얻을 수 없어서 창고에 붙어있으면서 밖으로 아궁이만 있는 숙직실에 살았다.

그러던 어느 여름날, 나는 아내와 첫돌이 갓 지난 딸만 남기고 며칠간의 출장을 갔는데 12시가 넘은 밤중에 그것도 천둥을 치며 비가 내리는데 누군가 찾더란다. 유리창을 통해 내다보니 시커먼 그림자가 우뚝 서서 사람을 찾으니 얼마나 무서웠겠는가?

조금 벌어진 창문 틈으로 연유를 물으니 훈련 나온 군인인데 비가 오니 교실에서 잘 수 있도록 도와달라고 하더란다.

당직실이니까 당연히 당직근무자가 있을 것으로 알고 찾는 사람에게 여자 혼자 있으니 모른다고 할 수도 없고, 그렇다고 나가서 문을 열어줄 수도 없고, 무서워서 벌벌 떨고만 있으니 그 쪽에서는 자꾸 조르고…. 너무나 무서워서 아주 혼났다고 출장에서 돌아온 나에게 아내가 푸념을 해댔다.

그도 그럴 것이 첩첩 산중에 인가는 띄엄띄엄 떨어진 학교건물 후미의 외딴 곳에서 젊은 여자 혼자 있다가 그런 경우를 당하니 얼마나 무서웠겠는가?

무서운 숙직을 했으니 당직수당이나 두둑이 달라는 아내의 농담을 웃어 넘겼지만 이렇듯 당직에 얽힌 사연은 무수히 많다.

대학동기 친구 중 하나는 남의 숙직을 대신해 주다가 구두를 도난당했는데 며칠 후 도둑이 경찰에 잡혀 그간의 여죄를 추적하여 이 친구의 구두 도난사실까지 밝혀지면서 '숙직 중의 도난 신고를 하지 않았음'을 징계토록 조치가 되어, 남의 숙직을 대신해 주다가 구두 잃고 징계 받은 어처구니없는 일까지 있었다.

또 학교와 경찰관서 사이가 안 좋으면 경찰관이 '학교 보안실태 점검'이라는 미명 아래 교무실에 잠입하여 공부(公簿)나 직인함(職印函)을 들고 가서 골탕을 먹이는 일도 종종 있었다.

공직자로서 있을 수도, 있어서도 안 될 숙직 중의 마작, 화투 등의 도박행위, 음주와 가무, 심지어 화류계 여성을 불러다가 혼숙하다 적발되어 문책당한 사람, 숙직 중 연탄가스에 중독되어 순직하거나 장애자가 된 사람 등 숙직에 얽힌 사연도 가지가지이다.

이렇듯 기업체나 관공서나 도난·화재 등의 사고방지와 비상시를 대비한 당직자의 상주(常住)는 직장인이라면 당연한 의무로 알았다. 그래서 우리 교원들도 당직근무는 당연한 것으로 여겼는데 이제는 인건비를 주고 당직자를 고용해서 쓰는 시대가 되었으니 참 많이도 변했다.

만약 직원들이 당직을 할 경우에는 당직수당도 작년까지는 10,000원씩 주도록 되어 있던 것이 금년부터는 35,000원으로 인상 되어 웬만한 직장인의 일당과 맞먹을 정도이다. 하지만 그럼에도 불구하고 직원들이 당직근무를 꺼려서 외부 용역회사에게 용역을 주었다.

이번에 나는 학교의 우범지역에 무인 감시카메라까지 설치하려고 한다. 그러면 순찰을 나가서 돌지 않아도 되니까 훨씬 편해 졌는데도 공휴일 낮 근무가 싫어서 모두 안 한단다. 옛날 같으면 당직수당이 탐나서라도 서로 하려고 했을 터인데….

좋아진 교육환경, 인색해진 예산집행

우리나라 교육환경이 열악하다고들 하지만 최근 몇 년 사이에 참 많이 좋아졌음은 누구도 부인하지 못할 사실이다.

학교라면 우선 떠올리던 것이 분필과 칠판이었지만 이제는 그것도 뒷전으로 밀리고 대신 각종 첨단 전자제품과 컴퓨터가 자리잡아 교사들의 일손을 덜고 교수·학습 방법을 바꿔 놓았으니 말이다.

냉난방 시설만 봐도 그렇다. 새로 짓는 학교는 으레 중앙집중식 냉난방 시설이 필수적으로 채택된다. 기존 학교의 낡은 건물에도 단열 처리를 보강하고 에어컨 시설과 가스온풍기 또는 오일 히터 등을 설치하여 예전의 나무나 석탄을 때던 난로는 박물관에서나 볼 수 있는 물건이 되었다.

난로에서 나오는 연기나 가스, 그리고 먼지가 없으니 교실 내 환경이 얼마나 쾌적해졌는가? 그런데도 어느 방송에서 교실의 공기가 탁해 학생들의 건강을 위협한다고 보도하여 나에게도 의혐

심이 강한 어느 노인이 찾아와 "보도를 봤느냐?", "대책이 있느냐?"며 으름장을 놓아 곤욕을 치른 일도 있었다.

그런데 예나 지금이나 달라지지 않은 것이 있다. 옛날에는 장작 한 개비라도 더 가져다 때려는 교사들과 아끼며 안 주려는 교장 사이에 갈등이 있었던 것처럼 이런 편리한 기기들을 설치해 놓고도 가동하느냐 마느냐 하는 문제로 관리자인 교장과 교사들 그리고 학생들 사이에서 벌어지는 갈등이 그것이다.

시설여건이 좋아진 만큼 예산 사정도 좋아지기는 했다. 그러나 예전에는 없던 인건비, 각종시설 관리용역비 등의 지출 항목이 늘었고 전기요금, 가스요금, 수도요금, 전화요금, 인터넷통신요금 등의 공공요금도 대폭 늘었다. 그 덕분에 연말에 가서 공공요금이 모자라는 사태가 오지 않을까 노심초사하며 에너지절약이라는 명분으로 냉난방기 가동을 억제하자니, 특히 맨 위층 교실의 학생들과 교사들은 더욱 고통스러워 교장의 눈치를 보는 것이다.

더구나 올 같은 해에는 정부 정책으로 배분 되었던 예산마저도 5%를 감액한다고 하니 교장의 입장에서는 더욱 불안할 수밖에 없지 않은가?

우리보다 훨씬 잘 사는 나라들도 에너지절약을 위해 갖가지 묘안을 짜낸다는 보도들을 접하면서 전 직원회의를 통해 전등 하나라도 아끼자고 호소하지만 교사들의 입장에서는 늘 남의 일같이 여기는 것 같아 서운하기도 하다.

하기야 내 자식들을 포함한 대부분의 젊은이들은 어려운 시절을 경험하지 못한 때문인지 절약의 필요성을 그다지 뼈저리게 느끼지 못하고 있는 것이 대세인데 나 혼자 속상해한다고 누가 눈이

나 깜짝할 것인가?

긴 가뭄과 일찍 찾아온 무더위가 기승을 부리니 냉방기를 가동해 달라는 요청이 들어오지나 않을까 조바심이 난다.

결식아동

1980년대까지는 학교급식이 전면적으로 실시되지 않았고 그래서 점심을 도시락으로 해결해야 했지만 도시락을 싸 오지 못하여 점심을 거르는 아이들이 많았다.

강원도 산골 학교에서 근무할 때, 점심시간이면 슬그머니 자리를 피해 밖으로 나가 냇가에서 시간을 보내다가 5교시가 시작되면 힘없이 들어오던 최○○, 옆자리 친구의 밥 먹는 모습을 물끄러미 쳐다보며 침을 삼키던 박○○, 감자 또는 옥수수를 꼬질꼬질한 손수건에 싸 가지고 와서는 부끄러워 책상 밑으로 몸을 숨기며 먹던 이○○. 지금도 눈에 선한 눈물겹던 추억이다.

그러나 1988년 서울 올림픽을 치른 이후부터 급속한 경제성장과 90년대 학교급식의 전면 실시로 소위 '결식아동'이라는 단어 자체가 잊혀져가고 있었으나 연이어 찾아든 경제 불황으로 또다시 점심을 굶는 학생이 늘어가고 있다는 현실이 주위를 안타깝게 하고 있다.

그런데 내가 교장으로 승진되어 첫 부임했던 학교는 전교 재적

수가 백 명 안팎의 소규모 농촌학교였지만 급식비를 못 내는 학생이 많지 않았던 것으로 기억된다. 그리고 그 다음 부임했던 학교는 자칭 '구리시의 강남'이라고 자부하던 부유층의 아파트촌 학교라서 급식비를 포함하여 수학여행 경비, 앨범 대금 등의 각종 경비가 늘 백퍼센트 완납되었기에 신경을 안 썼었는데, 지금 이 학교로 부임해 보니 학부모들의 빈부 격차가 심하고 장기적인 경기침체로 급식비 미납자가 많아서 곤욕을 치르고 있다.

더구나 남 보기에는 충분한 여력이 있는 학부모들조차 먹고 나서 '나 몰라라' 하는 식이니 그렇다고 그 아이만 밥을 안 줄 수도 없고, 누구누구가 급식비를 안 냈다고 공개할 수도 없으니 학교장만 난처하다.

그런 약점을 알고 '배 째라'는 식으로 나오는 사람들을 어쩌랴?

사실 요즈음의 결식아동이란 예전처럼 정말로 끼니를 거르는 아이는 별로 없을 것이다. 다만 상대적으로 남보다 어렵다는 것이지 예전처럼 단순한 식량 해결만을 위해서라면 무슨 일을 해서라도 굶지는 않을 것이리라.

다행히 정부에서 생계가 곤란한 사람들을 일부 지원해 주고 인근의 독지가들로부터도 지원을 받아서 그럭저럭 학교급식을 꾸려나가고는 있다. 하지만 정작 그 지원받는 당사자들의 부모들 중에서 고마운 마음을 갖고 있는 사람이 몇이나 될지 의문이다.

요즈음 정부에서조차 국민들의 도덕성을 와해시키는 일들을 자주 하고 있으니 정직, 질서, 예절, 효도, 준법 등을 아무리 강조하고 교육한들 무슨 소용이 있겠는가?

일선 경찰들이 앞장서서 교통법규 위반자를 찾아 벌금과 벌점을 부여하면 정부에서는 '특별 사면'이라는 명분아래 모두 무효화하고, 그래서 일찍 벌금을 납부한 사람들은 불공평하다는 불평을 하게 된다. 건강보험료를 배짱 좋게 안 낸 사람들은 탕감해 주고 먼저 낸 사람은 그만이란다. 힘 있고 돈 많은 정치인, 기업인들은 감옥에 갔다가도 금방 나오고, 힘없는 서민들은 조그만 죄명으로도 오래도록 감옥살이를 해야 하는 현실에서 교육의 힘이 부족함을 절감한다.

버티면 그만이고, 떼 지어 소리치면 이루어지고, 목소리 크면 이기는, 그래서 정의가 무색하고 도덕이 멀리 가버린 세상이니 말이다. 참으로 걱정스럽고 한심하다.

제식훈련

군대에 입대하면 처음으로 훈련에 임하는 것이 제식훈련이다. 아마도 다인수를 쉽게 통제하고 서로의 협동심과 단결력, 집중력 등을 기르기 위한 필수적 요소이기 때문이 아닌가 싶다.

그래서 초등교육에서도 고학년의 체육교과 맨 첫 단원은 으레 '질서운동'이 자리 잡고 있었다. 그에 따라 학년 초에는 학급마다 운동장에서 열중쉬어, 차려, 좌향좌, 우향우, 앞으로가, 뒤로돌아가 등등 각종 구령을 힘차게 외치며 제식훈련을 시키기에 열을 올렸었다.

그러나 그 제식훈련 같은 질서운동은 군사문화의 잔재라는 이유 때문인지 모르겠으나 어느 날부터인가 슬그머니 폐지되었다. 요즈음에는 운동장에서 전교생이 함께 모이는 조회조차도 하지 않는 학교가 점차 늘어가고 있다.

나 또한 시골의 소규모 학교에 근무할 때에는 운동장에서의 조회를 일주일에 두 번 정도 했으나 규모가 큰 학교로 부임해 보니 아침에 조회를 하기에는 너무나 많은 시간이 소요됨으로써 교과수업의 결손이 많아 교내 방송매체를 통해서 조회를 대신하고 있다.

그러다 보니 며칠 전, 나로서는 큰맘 먹고 개교기념 행사를 겸해서 예·체능이 혼합된 축제행사를 열었는데 담임선생님들이 질서유지에 어려움을 겪는 모습을 보며 평소의 질서훈련에 너무나 소홀하지 않았나 하는 생각을 하게 되었다.

나는 아이들 얼굴을 보지도 못한 채 마이크만 붙들고 훈화만 했을 뿐 밖에 나와 줄 한 번 서 보지도 않다가 천칠백여 명이 한꺼번에 나와 대열을 짓고 행진을 하려니 통제가 되겠는가?

사실 제식훈련이란 사전적 의미처럼 '한 사람의 구령에 따라 대열을 지어 무리 전체가 한 동작을 취하게 하는 훈련'이다. 나는 그렇게 함으로써 결집력과 협동심, 집중력도 길러지고 여럿이 연대감도 형성되는 등 긍정적인 효과가 많이 있다고 생각해 왔다.

내가 너무 극단적인 판단을 하는 것인지는 모르겠으나 그런 협동적이고 일체감을 형성할 수 있는 요소들을 군사문화다, 자율권 박탈이다 하며 모두 배제해 버리니 서양문화의 못된 부분만 먼저 받아들이고, 그래서 개인주의·이기주의만 급격히 팽배해지는 것이 아닌가도 싶다.

1970~80년대 우리나라의 전국체육대회 같은 큰 행사 때에는 일사불란한 카드섹션을 당연한 것으로 여겼다. 그래서 연출 또는 지도교사로, 그리고 출연 지명을 받은 학교의 학생들은 한두 달씩 수업에 지장을 받아 가며 연습에 임해서 태극기, 무궁화, 대통령의 초상, 그림, 글씨 등을 연출하여 박수갈채를 받았다.

그러나 주로 실업계고등학교 학생들을 동원하는 데서 오는 학생 차별화 의식, 수업결손, 학생들의 혹사, 인권침해 등 많은 부작용을 낳은 것도 사실이다.

이제 북한의 카드섹션이나 제식훈련은 가장 세계적이라고 해도 과언이 아닐 것이다. 으레 김일성·김정일의 생일, 노동당 창건 기념일, 건군 기념일, 해방 기념일 등을 일사불란한 카드섹션, 제식행진 등으로 성대하게 치른다. 그로써 북한 체제의 공고함을 세계에 과시하고자 하니 제식훈련이나 카드섹션에 있어서는 강국임은 인정해야 할 것 같다.

체제를 유지하고 대내외에 과시를 위하여 지나치게 혹사시키고 인권을 유린하는 일만 없다면, 그래서 우리나라 2002년 월드컵 축구를 응원할 때처럼 자발적이며 조직적으로 일사불란한 카드섹션을 보여줄 수만 있다면 얼마나 멋질까?

그리고 우리 어린이들에게도 지루하지 않고 재미있게 제식훈련을 시킬 방법만 있다면 교과서에 있거나 말거나 열심히 시킬 텐데….

책거리

옛날 내가 어렸을 적에 우리 동네에서도 한 여름 말복 무렵에 콩밭·조밭 등 모든 밭과 논김매기를 두벌 세 벌까지 모두 끝내면 잠시 한가한 틈이 생긴다. 그 틈을 타서 온 동네 사람들이 한데 모여서 맛난 음식을 나누며 농악을 곁들여 흥겹게 놀던 기억이 있다.

소위 '호미씻이'라는 행사로 집집마다 약간의 보리쌀 또는 쌀을 걷어 떡도 하고 부침개도 부치고 술도 빚어서 나누어 먹으며 하루를 아무 근심걱정 없이 남녀노소가 한데 어우러져 노는 행사였다.

그런데 그 행사의 첫머리에는 으레 제를 올렸다. 그동안 마을의 평화에 감사하며 앞으로도 풍년과 안녕을 기원하는 제사였다.

그 행사를 계기로 그동안 이웃과 사소한 일로 다소 서먹했던 일도 씻어버리고 쌓였던 몸과 마음의 피로를 풀며 앞으로 온 마을이 더욱 결집될 계기로 삼았던 것이다.

그런데 그 '호미씻이'도 기계화되고 고령화된 요즈음의 농촌에서는 거의 사라진 풍속인데, 초등학교에는 의미가 많이 변질되고 퇴색된 채 이어져 오고 있는 풍습이 있다. 이른바 '책거리' 또는 '책씻이'다.

'책거리' 역시 옛날에 서당에서 한 권의 책을 이수하고 나면 축하와 감사의 마음에서 형편껏 떡이나 그 밖의 음식을 마련하여 훈장님을 대접하고 학동들과도 나누어 먹던 풍습이다.

전에 모셨던 모 교장선생님께서, 당신이 어렸을 때 가족도 없이 떠돌아다니던 훈장님을 독선생(獨先生)으로 모시고 한학을 공부하셨다고 했다. 그런데 천자문을 떼고 나서 책거리로 약간의 떡을 하고 닭을 잡아 독상(獨床)을 차려 드렸더니 두 눈에 눈물을 주르르 흘리시더란다.

이야기로만 들었지만 얼마나 감동적인 장면인가? 학동의 부모님은 진정한 감사의 마음으로, 훈장님 또한 보람과 감사의 마음으로 상(床)을 받았을 광경이 눈앞에 선하다.

요즈음 각 학급마다 1학기 종업식을 앞두고 교실에서 심심치 않게 책거리 하는 모습을 보게 된다. 정성들여 집에서 만든 떡이 아니라 전문 떡집에서 사 온 떡과 과일, 음료수, 과자, 아이스크림 등등 그야말로 현대판 책거리 음식들을 몇몇 자모들이 들고 들어와서 나누어 먹인다.

선생님께 감사하는 마음을 얼마나 갖고 있는지, 배부른 요즘 아이들이 얼마나 맛있게 먹을지는 모르겠다. 분명한 것은 1학기말보다 담임이 바뀌어질 날이 가까운 2학기말에는 그 책거리 모습도 거의 눈에 띄지 않는다는 사실이다.

이는 담임교사에 대한 감사와 자녀의 성취 목표 달성을 자축한다는 의미보다는 담임에게 잘 보이고 내 자녀에게 우월감을 심어 주겠다는 의도가 다분히 내포된 것이 아닐까 싶다.

오늘도 교장실로 어느 선생님께서 '책거리 떡'이라며 송편을 몇 알 보내 오셨기에 마지못해 한 개 입에 넣어 보았으나 설탕으로 소를 넣어 만든 송편이 달지가 않으니 단순히 내 입맛이 없어서 그럴까 하고 다시 음미해 본다.

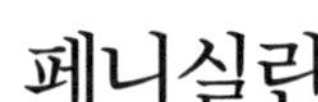

페니실린

나이가 들다보니 친구들과의 회식모임을 갖다보면 상머리에 앉아 무슨 약인지 주머니에서 꺼내 먹는 모습들을 자주 보게 된다. 혈압 강하제 또는 혈당 강하제를 비롯하여 신경통약, 위장약, 감기약, 두통약, 항암제 또는 건강 보조식품에 이르기까지 종류도 참 다양하다.

이렇게 의·약술이 발달하니 수명도 많이 길어지고 따라서 노후 생활에는 의료비의 비중 또한 높아질 수밖에 없겠다. 월급에서 의료보험료가 많이 빠져 나간다고 불평하긴 하지만 그래도 병원 출입의 부담이 적어진 것은 다행이다.

옛날을 회상해 보면, 아파도 병원 갈 돈이 없어 얼마나 고통을 많이 받았던가? 그리고 그 고통을 그냥 참고 견디다가 고칠 수 있는 대수롭지도 않은 병으로 죽어간 사람은 얼마나 많던가? 페니실린주사 한 대 맞을 돈이 없어서…

내가 7~8살 때쯤의 어느 초여름 날 일이다.

우리 집 뒷산너머 '고탄리'의 산기슭에 야전군부대가 잠시 주둔하고 있었다. 어느 날 어머니께서 내 손을 이끌고 그 야전군 의무대로 치료를 받으러 갔던 일이 어렴풋이 생각난다.

내가 무슨 병을 치료받기 위해서 갔었는지 모르겠으나 가파르고 풀잎이 무성하게 우거진 고갯길을 꼬불꼬불 숨차게 넘어서 야전부대의 천막 속에 들어가니 군인 아저씨가 건빵을 몇 알 주셨다. 그리고 건빵을 맛있게 받아먹고 난 후, 태어나서 처음으로 주사를 맞았다. 천연두 예방접종은 그 전에 맞았겠지만 기억이 없고….

건빵 얻어먹은 값(?)으로 고무줄 넣은 홑바지를 발목까지 내리고 서서 엉덩이에 맞은 주사는 무척 아팠다. 다리까지 마비되는 듯이 뻐근했지만 이를 악물고 울음을 꾹 참았더니 군인 아저씨께서 칭찬을 해 주면서 건빵 몇 알을 더 주셨다.

그리고 돌아오는 길에는 어머니께서도 칭찬을 해 주시면서 길옆 숲 속에서 수리딸기를 한 움큼 따 주셨다. 그때 먹었던 수리딸기 생각이 나서 몇 해 전에는 그곳에 가 봤더니 오십 년이 지난 그때도 딸기덩굴이 번성해 있었다. 맛은 그때 느꼈던 그 맛이 아니지만….

그런데 그때 맞은 주사가 '페니시링(페니실린) 주사'라고 어른들께서 하시는 말씀을 들었던 기억이 난다. "무슨 병이든지 페니시링 주사 한 대면 다 낫는다"고들 하셨다.

역시 여덟 살 때인지 아홉 살 때인지 기억나지 않지만 한 번은 이런 일도 있었다.

가까운 이웃동네에 사시던 사돈댁(큰형수님 친정)이 좀 더 먼

사북면 오탄리로 이사를 가셨는데 형수를 따라 사돈댁에 가서 며칠을 묵었던 일이 있다.

내 나이 또래의 작은 사돈(형수님 동생)과 노는 재미와 사돈 마님의 극진한 대우 때문에 집에 갈 생각도 없이 며칠을 놀았다. 어느 날 바위가 들쭉날쭉한 언덕길에서 뛰어 놀다가 넘어지면서 무릎을 바위에 부딪쳐 좀 심하게 다쳤다.

살점이 떨어져 나가 움푹하게 파인 상처를 걸레 조각으로 피만 닦아내고 들여다보며 울다가 잠이 들었는데, 여름이라 마당의 멍석 위에서 잠든 내 무릎의 상처에는 파리가 새까맣게 덤볐다.

그런데 잠결에 감각이 이상해서 깨어나 보니 사돈마님께서 어디서 구해 오셨는지 내 무릎에 약을 바르고 계셨다. 바로 페니실린 주사약이었다. 병 바닥에만 약간 깔려있는 것을 나뭇가지를 꺾어서 겨우 묻혀내어 다시 손가락으로 옮겨서 발라주셨다.

그리고 지금 생각하면 우스운 일이지만, 이튿날에는 약이 없으니까 약병에 물을 조금 넣고 헹구어서 또 한 번 발랐다. 그런데 며칠 후 그 깊은 상처가 거짓말처럼 깨끗이 나았으니 참으로 신기한 일이었다.

그렇게도 대단했던 페니실린의 위력이 이제는 병균의 내성이 강해짐으로써 다른 의약품이 등장하고 뒷전에 물러났으니 그도 나이를 먹은 탓인가 보다.

매일 혈당 강하제를 복용하다보니 귀찮은 생각에 옛날의 페니실린처럼 한두 번의 투약으로 효과를 볼 수 있는 특효약이 있었으면 좋겠다는 공상을 해 보았다.

70년대의 유치했던 근로교육

우리나라의 주산업이 농업이었던 1970년대까지 농촌의 초등학교에는 교사들의 분담업무 중 '향토계'라는 업무가 있었다.

학교 화단을 가꾸는 일, 도로변에 꽃 심는 일, 도로변이나 산기슭의 공한지에 콩이나 해바라기 따위의 농작물 심는 일, 대민봉사, 재활용품 수집, 퇴비생산, 화장실 분뇨처리, 교사 외곽 청소 등등 잡다한 허드렛일은 모두 향토계의 몫이었다.

그런데 어쩌다가 젊은 남자 교사라는 이유로 한 번 향토계(鄕土係)를 담당하다보니 몇 년을 계속 담당하게 되었다. 그리고 행정직 공무원이 배치되지 않았던 그 시절에 회계업무까지 다른 학교로 전근을 가도 늘 따라다녀서 한동안은 참 바쁜 학교생활을 했다. 행정직 공무원이 배치된 도시의 큰 학교로 오기 전까지 말이다.

1971년 6월 1일자로 강원도 홍천군의 모 초등학교에 복직하여 근무할 때이다.

새마을 운동의 바람이 불기 시작한 그 당시만 해도 시골에는 학교나 관공서, 가정을 막론하고 화단에서 장미꽃을 보기가 드물었다.

그렇다고 그때 교장선생님은 물론 모든 선생님들의 정서상으로나 예산형편상 시장에서 돈을 주고 꽃을 사다 심는다는 것은 상상도 못할 일이었다. 그래서 장미꽃을 자가생산해서 심기로 마음먹고 학기 중간에 담임을 맡게 된 4학년 어린이들에게 그해 가을에 찔레 열매를 따오도록 과제를 주었다. 그리고 수집된 그 열매를 콘크리트 바닥에 쏟아놓고 돌로 문질러서 씨앗을 추출하여 모래에 섞어서 땅에 묻었다.

다시 이듬해의 이른 봄에 모래 섞인 씨앗을 꺼내어 밭에 뿌리고 비닐을 덮어 싹을 틔웠고 3~4cm 정도 자란 다음 뽑아서 다시 밭고랑을 만들고 10cm 간격으로 하나씩 옮겨 심어 가꾸었다. 그리고 여름방학을 기해서 도시의 장미가 많은 학교를 찾아다니며 가지를 얻어다가 며칠을 두고 눈접붙이기를 하였다.

접붙인 눈이 살아있는 것을 가을에 다시 캐서 얼지 않게 묻어두었다가 다음해 봄에 꺼내서 위쪽의 찔레나무를 잘라 버리고 촘촘하게 심어서 비닐을 덮어 기르니 접붙인 눈에서 싹이 나와 드디어 장미나무로 되었다.

그야말로 온 정성을 기울인 지 햇수로 3년 만에 수백 그루의 장미를 얻을 수 있었다. 키가 30cm쯤 자란 것을 화단에 옮겨 심으니 하룻밤 자고 나면 몇 그루씩 없어져 속상하기도 했다.

그것을 만들어 내기까지 얼마나 많은 노력을 기울였던가?

아이들과 함께 퇴비 더미에 화장실 분뇨를 퍼서 끼얹고, 그래서 썩힌 퇴비를 손으로 혹은 세숫대야로 밭에 퍼 옮겨 거름을 하고,

가뭄에는 수동 펌프로 물을 퍼 올려 대야로 날라다 주고, 삼복더위의 찌는 지열을 감내하면서 밭고랑에 엎드려 며칠씩 접을 붙였다. 그러다가 가시에 얼마나 많이 찔리고 손을 베기도 했는데, 그래도 화려하게 단장될 학교 화단을 그려보며 힘든 줄 모르고 가꾸어 냈건만 밤이면 얌체같이 몰래 뽑아 가는 주민들이 야속했다. 그러면서 한 여름이 되니 장미꽃이 만발한 학교의 모습을 보게 되어 나름대로 뿌듯함을 맛보았다

그 다음 옮겨가서 겨우 1년 근무했던 학교에서는 운동장 옆 산기슭으로 폐쇄된 도로가 있었는데 그 딱딱한 도로를 삽과 곡괭이로 파 일구고 분뇨를 퍼다 부어 거름을 한 다음 해바라기를 심어 장관을 이루기도 했다.

해바라기 꽃송이가 세숫대야만한 것이 3미터 정도의 폭으로 70여 미터가 노랗게 만개한 모습은 지나가는 행인들마다 탄성을 지르게 했다. 정부의 생산증대를 위한 '노는 땅 없애기' 정책에 의해서 심은 것이다. 하지만 후에 해바라기 씨앗은 어떻게 처리 되었는지 기억도 없다.

그 후 다른 학교에 가서도 향토계라는 업무와 회계업무를 벗어던지지 못해서 식량증산의 일환으로 아이들을 데리고 도로변이나 농경지 경계의 조그마한 공한지마다 콩을 심었다. 그리고 퇴비를 베어 쌓고, 쾌적한 환경조성을 위해 길가에 코스모스를 심어 가꾸고, 길가의 풀을 베거나 뽑아야 했다.

이 모든 활동들은 자기들이 쓰는 화장실 청소까지도 용역을 주자고 주장하는 지금의 현실에 비추어 보면 우습고 유치하리라. 하지만 어린 초등학생들에게까지도 식량증산활동에 일조하고, 생활

환경을 개선하며 근로정신을 일깨운 새마을교육의 일부분이었다.

나는 그때의 그 교육활동들이 밑거름이 되어 주었기에 오늘의 부(富)를 가져올 수 있었다고 믿고 싶다. 비록 유치하고 장난스러웠던 그 근로교육 활동들이….

산림녹화사업

우리나라 산림(山林)은 일제강점기의 무분별한 남벌과 6·25전쟁의 참화, 그리고 오랜 기간 동안 연료용으로의 도·남벌(盜·濫伐)로 인하여 1970년대까지는 아주 황폐했었다.

전국의 산은 모두 헐벗겨져서 약간의 비에도 산사태와 홍수로, 그리고 길지 않은 가뭄에도 물이 부족하여 몸살을 앓아왔다. 그래서 정부에서는 전 국민들에게 산림녹화의 필요성을 역설하면서 '우선 산을 푸르게 하고 보자'는 목표 아래 대대적인 사방공사(砂防工事)를 병행한 녹화사업을 실시하였다.

'사방공사'란 헐벗은 경사지(傾斜地)를 계단으로 만들고 풀이나 싸리나무, 또는 아카시아나무 등 뿌리가 빨리 퍼져서 사태를 막아줄 수 있는 종류의 식물들을 심는 공사이다. 이 공사에 중·고등학생들이 동원되기도 했고 해외에서 원조 받은 밀가루로 노임을 주는 공공사업을 벌이기도 했다.

나도 사방공사 현장에 나가서 밀가루를 벌어 보기도 했지만 중학교 다닐 때에도 수업을 전폐하고 사방공사에 하루 종일 동원되었던 기억이 난다.

남학생들은 주로 삽이나 괭이질을 하고 여학생들은 씨앗을 뿌리게 했는데 우리 반 어느 녀석은 실수로 여학생의 이마를 삽으로 다치게 해서 난리가 나기도 했었다.

사방공사용으로 쓸 목초(木草)종자를 확보하기 위해서 중학생들은 물론 초등학생들에게도 여름방학에는 '잔디 씨앗 얼마', '아카시아 씨앗 얼마' 또는 '싸리나무 씨앗 얼마' 등의 과제가 주어졌다.

내가 중학교에 다닐 때의 일이다. 잔디 씨앗은 여름방학 중에 채취할 수 있지만 아카시아나무 종자나 싸리나무 종자는 여름방학 중에 채취하기에는 좀 이른 편인데, 선생님들께서는 그런 사정을 모르고 '싸리나무 씨앗 한 되'라는 과제를 주셨다.

좀 덜 여물었더라도 그냥 훑어다가 내거나 아직 여물지 않아서 못했다고 했으면 될 것을 개학날이 임박해서야 '큰일 났다!' 하고 정신이 번쩍 들어 고민을 했다.

과제를 이행하지 않았을 때에 담당과목 선생님으로부터 내려질 체벌은 가히 짐작되는 공포 대상의 1순위인지라 고민 끝에 개학 하루 전날에 비장한 각오를 하고 낫을 들고 뒷산에 올라갔다. 그리고 싸리나무를 한 짐 베어 짊어지고 내려와 마당에 펴 놓고 도리깨로 타작을 했다. 마르지 않았으니 잘 떨어지지도 않았지만 얼마 동안을 두드려서 쓸어 모으니 몇 되 잘되었다.

그런데 이번에는 껍질을 벗기는 일이 문제였다. 말려서 껍질까지 벗겨야만 되는 줄 알았던 나는 고민 끝에 번쩍이는 아이디어를 떠올려서 솥에 넣고 불을 때면서 볶았다. 한참을 타지 않을 만큼만 볶아서 절구에 넣고 찧었더니 잘 벗겨졌다. 심기 위해 받아 오라는 씨앗을 불에 볶다니 말도 안 되는 일이었지만…

그리고 키에 담아서 까불어 정제하니 한 되가 넘었다. 이튿날 의기양양하게 학교에 가져갔는데 씨앗을 가져온 친구가 나 말고는 아무도 없었다.

모두들 "여물지 않아서 씨앗을 받을 수가 없었다"고 했다. 선생님께서는 "그럼 얘는 어떻게 받아 왔느냐?"고 하시니 나는 무어라고 대답을 해야 할지 몰라 얼굴만 붉히고 서 있었다. 선생님께서도 껍질까지 벗겨서 깨끗하게 정제하여 가져온 나를 의아해 하시는 눈치였지만 그럭저럭 어물쩍 넘어갔다.

그러나 며칠 후 진실이 탄로나고서야 선생님께서는 "굼벵이도 구르는 재주는 있다더니 멍청한 녀석이 그런 꾀는 어디서 났느냐"고 하시며 웃고 마셨다. 그리고 나는 한동안 친구들의 놀림감이 되었던 것은 두말할 나위 없다.

그렇게 여름방학만 되면 으레 학생들에게 부과되던 잔디, 억새풀, 아카시아, 싸리나무 등의 씨앗 채취 과제가 온 산이 다 벗겨진 북한 학생들에게도 과제로 주어지지 않는지 궁금하다.

나무의 경제성은 생각지도 못하고 우선 푸르게 하고 보자는 국토녹화사업에 심혈을 기울인 덕분에 산림이 울창해지기는 했지만 이제는 경제성의 문제가 대두되어 수종(樹種)을 갱신해야 하는 과제가 남았다.

별로 쓸모없는 외래종 나무나 풀을 마구 심다보니 우리나라 고유의 식물생태계가 파괴 된다는 우려까지 나오는 요즈음 세태에

새 학년도(學年度) 학교 숲 가꾸기 사업에는 어떤 나무를 어디서 어떻게 구해서 심을까 걱정이 된다.

아름답고 그늘 좋고 공해에 강하여 잘 자라고, 그리고 값싼 나무라야 하는데….

무식하면 용감하다?

'나'라는 존재를 내가 아무리 되돌아봐도 예술이나 체육 어느 면에도 재능이라고는 눈곱만큼도 없으면서 어떻게 그런 용기를 냈었는지 모르겠다. 지금 돌이켜 생각하면 사소한 일이기는 하지만 참으로 무모한 짓을 겁도 없이 도전했었으니 말이다.

강원도 홍천 산골의 모 초등학교에 근무할 때, 그러니까 내 나이 삼십대 중반의 일이다.

그 학교로 전보 발령을 받고 부임해 보니 전 임지 학교에서는 볼 수 없었던 교재교구들이 꽤 있었다. 이른바 '교수·학습자료 지역 중심학교'라고 해서 교육청으로부터 특별지원을 받아 교재교구를 많이 확보해 놓았기 때문이었다.

그 중에서 내 시선을 끌었던 것은 각종 리듬악기였다. 그랬었다고 증언하는 사람은 없었지만 아마도 트럼펫 같은 금관악기를 비롯해서 드럼, 심벌즈 등의 각종 고적대용 악기가 다수 고장난 채 방치되어 있는 것으로 보아 전임자 중 누군가가 고적대를 운영했던 적이 있었던 것으로 짐작 되었다.

그런데 그 악기들을 보자 무슨 영문인지 '저 악기들을 활용해 봐야겠다'는 생각이 문득 들었다.

3학년을 담임했던 그 해에 수업이 끝나기만 하면 자료실에 가서 먼지가 잔뜩 쌓인 악기들을 꺼내서 수리를 하고 내 손으로 수리가 불가능한 것은 교감 교장선생님께 수리해 줄 것을 건의했다. 물론 열심히 지도하겠다는 다짐을 하고서 건의했기에 쾌히 전문 악기상인을 불러다가 수리해 주셨다.

3학년짜리들을, 그것도 능력이 뒤지는 놈이나 우수한 놈 가리지 않고 전 재적 모두를 지도하자니 관악기나 그밖의 어려운 악기는 배제했다. 아니 내가 지도할 수 있는 능력 밖이었기에 엄두도 못 낸 채, 가락악기로는 멜로디언과 리코더 그리고 아코디언, 리듬악기는 큰북과 작은북, 심벌즈, 캐스터네츠와 트라이앵글만 나누어 주었다. 그리고 3월 하순부터 매일 10~20분씩 종례 때마다 음악시간에 학습한 동요를 중심으로 합주연습을 했다.

편곡은 물론 할 줄도 몰랐기에 가락악기로는 원 악보대로만 연주하게 했고 리듬악기는 교과서에 나온 한두 소절의 리듬악보를 연이어서 그냥 박자만 맞으면 적당히 '쿵작짝'을 되풀이하게 했다. 방음시설도 안된 일반 교실에서 매일 요란을 떨었으니 다른 교실에 방해도 많이 되었으련만 선생님들은 잘도 참아 주셨다.

제한된 교실 공간에서는 쿵작거리는 소리가 제법 그럴싸하게 들리는 것 같아서 나름대로 흐뭇하게 생각했지만 나중에야 밖에서 들어보고 얼마나 엉터리이며 들어주기 역겨울 정도인지를 깨달아 스스로 실망하기도 했다. 그렇다고 중단할 수는 없었기에 한 여름부터는 밖에 나가서 옛날 고교시절에 관악부 뒤꽁무니를 따라다니다가 귀에 익었던 리듬을 회상하여 악보가 아닌 입으로의 시연(試演)을 보이면서 지도를 하였다.

편곡은 물론 채보(採譜) 능력도, 심지어 독보(讀譜) 능력도 없는 내가 열정 하나로 덤벼들어 아이들과 씨름하자니 아이들은 아이들대로 나는 나대로 힘이 들고 지쳤다.

"쿵다다 닥 딱 / 쿵다다 딕 띡 / 궁나나 궁나나 궁다다 닥 딱 / 챙!"

이렇게 입으로 악을 쓰고 행진을 하면서 여름날 오후를 소일하던 그때는 무엇에 홀렸었는지 모르겠다.

3학년짜리 조그마한 아이들에게 큰북, 작은북, 아코디언 따위는 분명 힘에 겨운 무거운 악기였기에 땀을 비 오듯 흘리면서도 치고 불고 걸으면서 잘도 따라 주었다.

드디어 2학기 운동회가 열리게 되었다.

200여 명 남짓한 재적의 산골 작은 학교에서 유니폼을 갖추어 입는 것은 애당초 엄두도 못 낼 일이었다. 그래서 찢어진 러닝셔츠 입은 놈부터 긴팔티셔츠에 반바지, 긴 바지, 무릎 튀어나온 트레이닝, 운동화, 검정고무신 등등 각양각색으로 다양한 복장이었지만 운동장을 한 바퀴 돌며 행진하여 입장을 하니 몇 안 되는 학부형들과 선생님들이 박수로 격려해 주셨다.

그리고 점심시간 직전에 "아침에는 참석한 학부형님들이 적었으니 특별히 지금 다시 한 번 해 보라"고 하시는 교장선생님의 격려성 명령에 다시 한 번 퍼레이드를 펼치고 박수를 받음으로써 그간의 피로를 모두 씻을 수는 있었다. 하지만 누가 상을 주는 경연도 아니었고 제대로 된 주법이나 독보력(讀譜力)이라도 확실하게 길러준 기회도 못 되었으니 공연한 헛수고를 한 것이 아니었는지 모르겠다.

다만 나에게는 그렇게 미친 듯이 몰두했던, 그리고 아이들에게도 고생스러웠지만 아름다운 추억이 만들어진 기회였을 것이라며 자위하고 만족할 뿐이다.

지금 도심지의 이 학교에서 그런 짓 한다면 소음공해로 주민들의 민원이 쇄도할 것이고, 어느 젊은 선생님에게 그렇게 지도하라고 주문한다면 미쳤느냐는 소리나 들을 터이지만….

아무튼 내가 너무나 무식했기에 그렇게 용감할 수도 있었던 것은 분명하다.

과욕이 부른 화

1989년인가? 강원도 춘천의 모 초등학교에 근무할 때의 일이다.

이미 고인이 되신 당시의 김 모 교장선생님께서는 강원도 내에서 일거리를 많이 만드시기로 소문난 분이셨다.

전년도 9월 1일자로 부임하셔서 6개월 동안은 아무런 말씀 없이 조용히 계시다가 3월 새학기에 접어들더니 "일하기 싫은 사람은 다른 학교로 가라"고 하시며 이것저것 일을 벌이시는데 정신이 없었다.

나도 과학주임(지금은 부장이라 부르지만)의 업무를 수행하면서 많은 고생을 했지만 4월에 접어들면서 학교의 외부 환경에도 이것저것 변화를 주기 위한 일을 벌이셨다. 그런데 요즈음과는 달리 인건비에는 돈을 안 들이고 전적으로 직원들의 힘이나 외부 지원을 얻어서 하려고 하셨다.

그 중 자매결연이 되어 있는 모 군부대의 차량과 군 병력의 지원을 얻어 교사 후원에 정원을 꾸미는 일이 있었다.

어느 날 군용트럭 십여 대와 군 병력이 삼십여 명 들어오더니 남자 교사들은 모두 함께 타고 산으로 나무를 캐러 가자는 명령이 교감선생님으로부터 내려졌다. 때마침 나는 다른 급한 업무가 있어서 같이 가지는 못했지만 어딘가에 나무를 캐 오기로 미리 교섭이 되어 있는 줄만 알았다.

학교를 떠난 지 서너 시간 후에 소나무를 비롯하여 진달래, 철쭉, 참나무 등 각종 나무들을 흙 한 덩이 안 붙인 채 뿌리만 앙상하게 잔뜩 캐서 실은 트럭들이 굉음을 내며 줄줄이 들어 왔다. 참으로 엄청난 양이었다.

전 교직원들과 군인들이 어울려 미리 자리 잡아 놓았던 곳에 모두 옮겨 심고 뒷정리까지 마친 뒤 교무실로 들어서니 공기가 이상했다. 무슨 일이냐고 물어보니 큰일 났단다. 허가 없이 무단으로 산림을 훼손하여 고발하겠단다. 그것도 교감이 인솔하여 한두 그루도 아닌 십 여대의 트럭을 몰고 가서 대량으로 캐 왔으니 보통 큰 문제가 아니었다.

영림서에서 검찰에 고발하겠다고 난리가 났으니 특히 교감선생님은 사색이 되어 어쩔 줄 몰라 쩔쩔매고 계셨다. 전례로 보아 그 정도라면 구속감이라고 하니 교장선생님도 책임을 면할 길이 없겠지만 교감이야 직접 교사들을 인솔하여 저질렀으니 입이 열 개라도 변명할 길이 없지 않은가?

교장선생님께서도 그토록 산림법이 엄한 줄 몰랐고 사적인 것이 아니라 교육목적으로 저지른 실수이니 용서해 달라고 빌었지만 소용이 없었다. 속수무책으로 우왕좌왕하고만 있을 뿐, 묘책이 없었다.

그때 누군가 전화기를 들었다.

"형님, 저 ○○입니다."

"……."

"저, 우리 학교에서 정원을 꾸미느라고 소나무 몇 그루 캐 왔는데 영림서에서 고발하겠다고 난리입니다. 형님이 손 좀 써 주셔야겠습니다."

"……."

누구한테 전화를 했느냐고 물으니 '○○당 ○○도당 위원장'이란다.

무슨 도움이 되랴 하고들 넋 놓고 있는데 잠시 후 전화가 왔다. 다 잘 되었으니 염려 말란다. 전화로 부탁했던 직원의 으쓱해진 어깨를 얼싸안고 안도하며 감사하는 교감선생님의 표정에서는 순간 비굴함과 처량한 모습이 언뜻 보였다.

"남자 교사들은 빠짐없이 모두 나무 캐러 가야 한다"며 그렇게도 호통을 치시던 위엄은 어디로 가고….

그때서야 깨달음이란 '정치인의 위력'이라는 것이었다. 그토록 손이 발이 되도록 빌어도 요지부동이던 불호령이 전화 한 통화로 사그라지다니….

그래서 너도나도 정치하겠다고 야단인가 보다. 날아가는 새도 떨어뜨린다는 위세를 만끽하기 위해서…

그런데 이상한 것은 그날 심은 나무들은 흙 한줌 안 붙게 뽑아다가(?) 심었건만 어찌된 영문인지 살리기 어렵다는 소나무들까지 한 그루도 안 죽고 모두 잘 살았다. 위세에 눌려 하도 혼이 났던지라 하느님께서 어여삐 여기셨나보다.

나는 작년에 소위 전문가라는 사람들의 손을 빌려 심은 나무들이 꽤 여러 그루 고사했으니 무엇이 부족해서 그런지? 올해에도 나무 몇 그루 심어야겠는데 조경업자의 손이 미처 나지 않는가보다.

잎은 하루가 다르게 푸르러지니 행여 나무 심는 시기를 놓치지나 않을까 조바심이 난다.

똥싸개

학교에서 화장실을 점검하다 보면 학생용뿐만이 아니라 교직원용 화장실에도 가끔 용변을 본 후 물을 내리지 않고 심지어 바닥은 물론 변기 뚜껑에까지 오물을 묻혀놓은 것을 볼 수 있다.

많은 친구들이 북적대는 학생용보다 한적한 교직원용이 안정적이니까 아이들이 사용하는 것까지야 이해는 하지만 물을 안 내리고 바닥이나 변기에다가 실례해 놓으면 참으로 곤혹스럽다. 그렇게 해 놓은 녀석을 당장 찾아서 청소를 시키고 싶기도 하다.

주로 저학년 어린이들이 그렇지만 급한 나머지 옷에다 싸는 아이들이 가끔 있어서 학교에는 더운물이 나오는 샤워시설을 갖추도록 되어 있기도 하다.

만약 그런 실수를 할 경우 그 아이는 똥싸개라는 별명을 얻어 평생 씻을 수 없는 상처를 입을 수도 있다.

내가 1970년대에 6학년을 담임했던 어느 해 가을, 체육시간이라 당직실에 가서 체육복을 갈아입고 교실에 와 보니 다른 아이들은 운동장으로 모두 나가서 담임교사가 나오기만을 기다리고 있는데 여자아이 하나가 엉거주춤 서서 인상을 찡그리고 있었다. 한눈에 똥 싼 표정을 읽을 수 있었다.

"너 바지에 똥 쌌니?" 하고 조용히 물으니 고개를 끄덕였다.

날씨는 살얼음이 잡힐 정도로 쌀쌀한데 달리 씻을 수 있는 시설도 없고 갈아입힐 옷도 없으니 어쩌랴? 얼른 가방을 챙겨주고 뒤쪽 울타리 구멍으로 빠져 집으로 가도록 했다.

다른 아이들이 보지 못하도록 하기 위해서였는데 가방 메고 가는 뒷모습이 어느 녀석의 눈에 띄어 "○○가 빵소니친다"고 고자질을 해 왔다. 집에 급한 일이 있어서 보냈다고 둘러대고 말았기에 영원히 비밀이 지켜졌지만, 만약 그때 똥 싼 사실이 탄로 났다면 그 아이는 학교를 그만둬야 했을지도 모른다.

26년이 지난 얼마 전에 그들의 동창생 여럿을 함께 만났는데 이제는 중년부인이 된 '똥싸개 아줌마(?)'와 나는 서로의 눈빛으로 그때 그 일은 앞으로도 영원한 비밀로 하자고 무언의 약속을 했다.

오늘 신문을 읽다보니 "학교에는 왜 비데가 없죠?"라는 제목 아래에 유치원이나 1학년 어린이들에게는 가정에서 용변 보는 교육을 잘 시켜야 한다고 하는 내용이 있었다. 집에서는 물로 씻는 비데를 쓰다가 학교에서는 휴지로 처리해야 하니까 익숙하지 못해서 실수를 할 수도 있다는 것이다.

이십여 년 전에는 "수세식 화장실 쓰다가 학교의 재래식 화장실 쓰려니까 무서워서 화장실 못가고 똥 싸는 애들이 많다"고 했는데 이제는 '재래식 탓'이 '비데 없는 탓'으로 변했다. 앞으로는 또 어떤 시설이 등장할지, 그래서 늘 뒤만 쫓는 학교시설이 어떤 원망을 받게 될지 사뭇 궁금하다.

경연대회

각종 체육경기 종목이나 예능부문의 종목을 오랜 기간 동안 심혈을 기울여 지도한 끝에 대회 당일에 남과 겨룬다는 것은 선수 자신들보다도 뒤에서 지켜보는 지도교사가 더 애타고 긴장되기 마련이다.

우리 교사들이야 우승 또는 최고 등위에 입상해 봐야 학교와 교사, 그리고 선수들의 명예를 높인다는 정도이다. 하지만 직업 선수들을 지도하고 감독하는 사람들은 성과에 따라 보수 수준이 달라질 터이니 그들이야말로 경기를 지켜볼 때에는 피가 마른다는 표현이 이해가 간다.

운동 종목이든 예능 종목이든 남과 겨루기 위해 특별지도를 하려면 교사 자신에게 어느 정도의 기능도 있어야하고 이론적 지식도 있어야 한다. 하지만 나는 예·체능 중 어느 것 한 가지의 기능도 이론적 지식도 없다. 그러면서 학교마다 의무적으로 출전을 위하여 강제로 맡겨진 육상 종목도 지도해 봤으나 만년 꼴찌만 했다. 미술과의 조소를 몇 번 지도해서 출전했으나 만족할만한 성과를 거둔 기억이 없다.

군대 제대 후 복직한 모 학교에 근무하면서 마침 인근 옹기공장에서 질 좋은 찰흙을 쉽게 구할 수 있었던 덕분에 좋은 성적을 한 번 얻었던 것 빼고는….

어제 '지역교육청 주최 학생 예능 경연대회'가 있었다.

합창, 독창, 독주, 합주, 무용, 국악, 회화, 서예 등 여러 분야에 걸쳐 많은 학생들이 참가하였는데, 저마다 결연한 의지가 엿보였다.

그런데 몇몇 종목 외에는 대부분의 학생이 교사의 지도를 받아서 출전한 것이 아니라 학원에서 배운 것을 겨루려고 출전한 것이라 입맛이 씁쓸했다.

개별적으로 학원에 가서 익힌 기능을 학교를 대표해서 출전했다 하고, 거기에 교육 관서장의 이름으로 시상한다. 그래서 학교에서는 상 탔다고 의기양양해서 좋아하는 꼴이 어찌 보면 참 가소롭다는 생각이 든다.

학원장들이야 입상 여부가 자기들의 밥그릇과 직결되니 기를 쓰고 덤빈다지만, 나 자신부터 학생이 우리 학교 학생이라는 이유 하나로 마치 그 아이가 우리 학교 '대표선수'인 양 결과에 따라 희비를 그려내는 모습이 한탄스럽다.

그리고 일부 종목은 학교에서 출전을 위해 지도하시는 선생님들이 나름대로 힘들어 하시는 모습을 보면서도 과연 이렇게 일부 소수의 학생 지도를 위해 온갖 정열을 쏟고, 그럼으로써 나머지 많은 학생들은 직·간접적 손해를 감수해야 옳은 일인가? 하고 회의적인 생각을 떨칠 수가 없다.

어느 해엔가 일본이 동경 올림픽을 치르고 난 후 '너무 엘리트 체육에만 치중한다'는 여론에 따라 국민체육 쪽으로 시책을 바꿨다는 것처럼 우리도 너무나 실적 위주의 엘리트 교육에 치우치는 것이 아닌지 반성해 봐야하지 않을까?

나에게 예·체능 지도능력이 없으므로 대회에서의 화려한 입상의 영광을 못 누려봐서 그런지 모르겠다. 그러나 예전에 강원도 어느 지역교육청의 모 교육장님은 극소수의 엘리트교육을 배제하셨던 분이셨기에 많은 선생님들의 공감과 존경을 받던 기억이 난다. 그 때문인지 모르겠으나 그분 역시 교육장직에 오래 머물지는 못하셨지만….

지역의 대표선수 선발을 위한 어제의 경연대회에서 그런대로 괜찮은 성적을 거두었다는 보고를 받았지만 그다지 좋은 기분을 느낄 수 없으니 그동안 지도하느라 애쓴 선생님들에게 미안할 뿐이다.

야만적인 체벌

왜정시대에 일본 사람들이 우리나라 사람들을 각종 작업장에 동원하여 부역을 시키든가, 군에 끌고 가서 훈련시키다가 말을 잘 안 들으면 채찍으로 때리고 감옥에 가두기도 하는 등 여러 가지 방법으로 체벌을 가했다. 하지만 그 중에서 가장 야만적이고 비열한 체벌은 두 사람을 마주 세워놓고 서로 번갈아가며 빰을 때리게 하는 벌이었다고 한다.

약하게 때리면 "이렇게 때리란 말이다" 하고 아주 강하게 때리는 시범을 보이니 그 다음에는 맞은 것만큼 세게 상대방을 때린다. 맞은 사람도 자기 차례에는 세게 때린다. 그러다보면 자기도 모르게 감정이 실려진 더욱 강도 높은 주먹질을 주고받다가 급기야 고막이 터지고 이빨이 부러지는 등의 불상사가 일어나기 일쑤였다고 한다.

그러면 왜놈은 옆에서 미소를 머금고 재미있게 구경하면서 "역시 조선 놈들은 미련한 바보다"라고 비하했다니 얼마나 야비한가? 즉, 몸과 마음을 한꺼번에 고통 주는 이중적 체벌(?)이 아닌가?

근래에 미군의 점령지인 이라크에서 포로들을 발가벗기고 성적 수치심을 유발하도록 고문한 내용이 사진으로 공개 되면서 전 세계의 비난을 받음으로써 미국대통령까지 궁지에 몰리는 사건을 보며, 역시 인간은 동물과 달리 정신적 고문이 육체적 고문에 못지않음을 다시 깨닫게 한다.

그런데 우리나라 사람들은 왜정치하에서 보고 배운 탓인지 나도 잊지 못할 체벌을 받아본 기억이 여러 번 있다.

초등학교 시절의 어느 날, 종례에 앞서 하교 준비를 하면서 일제히 '꽃밭에서'라는 동요를 부르라고 했는데, 배고파 기진맥진한 오후라 노래를 하고 싶지 않아서 입 다물고 있었더니 노래 안 한 사람 나오라 하여 친구 한 녀석과 함께 불려 나갔다.

담임선생님께서는 둘을 마주 세워놓고 서로 번갈아 뺨을 때리라고 시키기에 차마 친구를 세게 때릴 수 없어서 내가 먼저 약하게 한 대 때렸더니, "더 세게 때리라"는 지시에 따라 녀석은 나의 귀를 얼마나 세게 주먹으로 때렸는지 귓속까지 너무나 아파 울음을 터뜨렸고, 그로써 나에게는 반격할 기회도 없이 끝내고 말았다. 담임선생님의 편애를 받던 그 녀석만 회심의 미소를 지은 채….

몰지각한 체벌은 옛날의 군대에서 많이 행해졌다.

그 중에 '줄 빳다'라고 하는 체벌이 있었다. 제일 고참병이 술 취하거나 기분이 좀 안 좋으면 자기의 직속 졸병들을 집합시켜놓고 "군기가 빠졌다, 다른 대원들에게 뒤진다, 고참 대우를 잘 못한다" 등의 이유를 들어 횡설수설 훈시를 하다가 엎드려 뻗쳐놓고는 곡괭이자루나 야전침대 봉 따위의 몽둥이로 엉덩이를 몇 대 때리고 나면 그 다음부터 고참순서로 아래 졸병들을 때렸다. 예를 들어 대원이 열 명이면 맨 마지막 졸병은 두 대씩만 때려도 열여덟 대를 맞는 꼴이다.

얼마나 잔인한 체벌인가?

그뿐 아니다. 총을 잘 못 닦았다고 총구 끝을 이빨로 물어 공중 들어올려 서 있기, 내무반 청소 잘못했다고 냄새나는 군화를 입에 물고 오리걸음, 자다가 일어나 팬티까지 벗은 알몸에 군화와 탄띠만 착용한 채 총 들고 구보하기, 수통 뚜껑 위에 머리로 엎드려뻗치기 등 정신적 · 육체적 고통의 강도를 교묘하게 높인, 그런 기합들이 다른 나라들에게도 있는지 모르겠다.

이런 것도 일제의 잔재가 아닌지?

학급을 순시하다가 어느 선생님이 의자를 들고 서 있게 하는 벌을 세우는 것을 보고 눈짓으로 중단시키고는 교장실에 돌아오니 옛날 생각이 난다. 나 역시 '교편'이라는 미명 아래 회초리, 아니 막대기로 여린 종아리나 손바닥 때리기를 서슴지 않았었다.

원래 '교편'을 사전적 용어로 굳이 열거한다면 "선생이 학생을 지도할 때 필요한 것을 가리키기 위하여 가지고 다니는 막대기"라고 설명하고 있다. 그 교편을 선생들은 나부터도 체벌용 회초리로 해석하고 합리화했던 면이 없지 않았다.

그래서 체벌의 필요성과 무용론의 논란은 어제 오늘의 얘기가 아니었다. 나 또한 교육의 수단으로 체벌은 필요악이라고 보는 입장이었으나, 다만 감정이 실린 체벌을 하지 말 것과 체벌을 받는 학생에게 체벌을 받아야하는 이유를 인지시킨 후에 가하라고 교사들에게 주문한다.

"그게 말처럼 쉬우냐? 화가 나면 우선 쥐어박고 보는 거지"라고 반박하는 선생님들에게 "그러니까 선생 아무나 하는 것 아니지 않느냐?"고 하면서 나 자신의 과거를 돌아보면 부끄러움에 얼굴이 달아오른다.

교수 · 학습지도안

보도안, 학습지도안, 학습지도계획안, 교수 · 학습지도안….

학생들의 학습지도를 위한 사전 계획서의 이름도 가지가지였지만, 어떤 것이 맞는 이름인지 솔직히 모르겠다.

일반적인 양식도 세월에 따라 많이 바뀌었다. 선생님들의 개성과 열성에 따라서도 다르다. 하지만 과거에 교감과 교장에게 사전 결재를 받던 것조차도 이제는 안 받겠다고 하니 어쩌랴?

교수 · 학습지도안, 학교일지, 학급일지, 주번근무일지, 당직근무일지 및 보안점검일지 등 잡다하게 많은 종류들의 장부(帳簿)들은 당연히 써서 결재를 받아야만 하는 것으로 알았다. 그런 것은 공무원으로서의 의무인 줄로만 알고 근무해 왔던 나로서는 다소 당혹스럽긴 했다. 작년에 전교조(전국교직원노동조합) 소속 선생님으로부터 "전교조와 경기도교육청간의 단체교섭 합의사항에 학습지도안 결재를 받지 않을 수 있다고 했는데 교장선생님은 계속 결재를 하시겠습니까?" 하고 교직원회의석상에서 다그치기에 "선생님들이 원치 않는다면 결재 안 하겠다"고 하면서 이렇게 단서를 달았다.

"나 역시 교사 시절에 교수·학습지도안을 매주 써서 결재를 받으라는 지시에 따라 억지로 교과용지도서나 교육 잡지를 읽어보고 쓰거나 남의 것을 옮겨 쓰기도 하여 결재를 받으며 불평을 했었다. 그런데 어쩌다가 바빠서 그나마도 안 쓰고 수업에 임했을 때와 남의 것을 그대로 옮겨 써보기라도 했을 때의 수업은 다르더라. 이 시각 이후부터는 수업의 사전 계획서를 쓰든지 안 쓰든지 상관하지 않겠지만 만약 안 쓰는 선생님이 계신다면 그 선생님은 수업 기술이 탁월하시고 자신감이 넘치시는 분으로 알고 수업기술을 배우기 위해 매 시간 참관하겠습니다"라고….

그 후에는 결재를 안 하지만 불시에 점검을 해 봐도 다들 열심히 교수·학습계획서를 잘들 쓰고 있었다.

교육경력이 2년째인 젊은 선생님 한 분이 안 썼기에 불러다가 '교수·학습지도안'을 안 쓰신 것을 보니 수업 기술이 아주 훌륭하신 것 같아서 매 시간 수업지도 기술 좀 배우러 들어가겠다고 했더니 무릎을 꿇고 빌기에 그만 두었더니 그 후로는 잘 썼다.

인터넷을 통해서 좋은 수업계획안을 내려 받기도 하고 또 거기다 첨가·삭제하는 등 과거 나의 평교사 시절에 교육 잡지에서 옮겨 쓰던 것과는 차원이 다르다.

사실 학습지도안을 결재 받으라는 것은 어찌 보면 '무엇을 가르치려는가?'를 감시하고 안 쓰는 사람이 없게 하기 위한 강제수단이니 스스로의 자율과 교사의 기본적인 양심에 맡겨도 대부분은 별 문제가 없을 것 같다. 그러니 지도안 결재의 폐지도 작은 개혁이 아닐까?

내가 초등학교에 다닐 때부터 지금까지도 변치 않은 것 중의 하나가 '연구수업'이다.

내가 6학년 때쯤으로 기억된다. 연구수업을 한다며 사전에 똑똑한 친구들로 골라서 질문할 사람과 그에 답변할 사람, 그리고 그 내용 등을 정해놓고 하루 전날에 연습까지 해본 다음에 수업을 했던 기억이 지금도 잊혀지지 않고 있다. 하지만 그때의 교수・학습지도안은 어떻게 쓰셨는지 모르겠다.

그 후 내가 교사가 되어서 연구수업을 하도록 지시를 받고 당황하니까 어느 선배 선생님이 "어차피 연구수업은 연극수업이니까 적당히 하라"는 충고를 해 주셨으나 '연극 수업'이 싫어서 평소대로 수업을 했다가 혼쭐이 났던 일도 있었다.

오후에 열린 평가협의 시간에 발문 요령이 어떻고, 수업 목표가 어떻고, 애들 발표요령이 어떻고, 심지어 교사의 자세, 판서의 구조, 글씨체, 교사의 복장과 용모 등등 잘했다는 말은 한마디도 없이 돌아가면서 한마디씩 질책만 해대는데 쥐구멍을 찾고 싶은 심정이었다. 그 후로 어느 여선생님도 나처럼 대충했다가 실컷 두들겨 맞고 엉엉 울면서 언성을 높여 다투기까지 했던 일이 있었다.

지금에 와서 생각해보면 그렇게 함으로써 수업기술이 신장되고 연구하려는 의지가 굳어지는 것이었는데 당장 듣기 싫어서 불평했던 내 행동이 졸렬했던 것이다.

그러나 요즈음에는 연구수업을 하고 나서 평가협의에서 옛날식으로 질책을 해댄다는 것은 상상도 못할 일이다. 젊은 교사들 단체로 덤빌 것이고, 솔직히 이론적으로 그들을 제압할 만큼 해박하지도 못하니까….

선생님의 용모

세월과 함께 늘어가는 흰 머리가 하도 보기 흉해서 염색을 했더니 염색 물감의 독성 때문에 시력을 해칠 수도 있다는 보도를 보고 그마저도 못하고 있다.

그러니 내가 거울을 들여다봐도 추하기 이를 데 없을진대 애들 보기에는 얼마나 늙고 꾀죄죄해 보일 것인가? 다행히 아내의 헌신적인 내조로 옷의 색상이라도 늘 신경 쓰지만 늙어 추해가는 것을 감출 수는 없는 일이다.

옛날 교육대학에 다닐 때, 어느 교수님께서 "학교 현장에 나가면 옷차림에도 신경을 써야 한다"고 하시던 말씀이 기억난다.

특히 여선생님은 빨강, 파랑 등의 원색 옷은 입지 말 것이며 남녀를 불문하고 선생님들은 너무 어리게 보이지 않도록 용모를 관리해야 한다고 하셨다. 즉, 갓 졸업한 학생티를 벗고 노숙하게 보이라는 말씀이었다.

사실 학교 다닐 때 교수님의 말씀뿐만이 아니라 학교 현장에 나

가서도 요즈음과는 달리 옷차림에 대한 잔소리(?)는 늘 들어 왔었다.

'교수복'이라는 유니폼도 입어 봤다. 특히 체육시간에는 늘 하얀색 바지를, 과학실험시간에는 흰 가운을 입도록 강요당했다. 활동의 편리성도 고려했지만 교사로서의 위엄을 생각한 가르침이었고 그래서 내려지는 지시오, 잔소리였던 것이다.

그 가르침을 실감한 예가 있으니 내가 군복무를 마치고 모 초등학교에 복직하여 근무할 때 후배 여선생님이 초임 발령을 받고 와서 함께 근무하면서 당한 예가 그것이다.

그 선생님은 원래 체구가 왜소한데다가 옷차림이나 머리 모양도 앳된 여고생처럼 보이게 하고 다니셨다. 그런데 학기 도중에 발령받아서 담임이 공석인 5학년을 담임할 수밖에 없었다. 그것도 전교에 소문난 개구쟁이 녀석들이 두세 명 끼여 있는 반을….

그러니 녀석들의 짓궂은 장난에 하루가 멀다 하고 울면서 교무실로 오시니, 전(前) 학년도에 담임했던 죄(?)로 내가 그 교실에 들어가 녀석들에게 호통을 치기도 했지만 하루 이틀 지나면 또 그만이었다.

담임선생님의 도시락을 훔쳐 먹고 빈 도시락에 개구리 붙잡아다 넣기, 선생님 신발에 오줌 누거나 밤송이 주어다가 넣기, 선생님 가방에 성희롱의 낙서 쪽지 써 넣기, 체육복 갈아입는 장면을 훔쳐보기, 심지어 묶은 머리채를 툭툭 잡아당기고 도망치기도 하니 이건 사제지간이 아니라 동급생을 괴롭히는 수준이었다.

주동자를 붙들어다가 매도 때리고 부모님께 통보도 했지만 근본적 원인은 선생님의 용모가 문제였음을 감지하기에 이르렀다.

워낙 어리게 보이니까 담임선생님이라는 이미지를 느끼지 못했던 것이다. 그래서 선생님께 머리모양도 바꾸고 옷도 좀 노숙한 것으로 바꿔 입도록 간곡히 권했더니 거짓말처럼 애들이 변해갔다.

교장도 아닌 동료교사가 겨우 4~5년 선배라는 자격으로 그래서 조심스럽게 권했는데 바로 수용해 주었고 그 효과가 바로 나타났기에 참으로 흐뭇했던 추억이다.

요즈음 선생님들에게 옷차림을 이래라 저래라 한다면 순순히 먹혀들까?

다행히 인복이 있어서인지 내가 교감이나 교장으로 근무해온 학교에서는 용모 때문에 눈살이 찌푸려졌던 선생님은 없었다.

전교조(전국 교직원노동조합) 소속의 선생님에게 "내년에는 교사들의 체육복도 사 주도록 예산에 반영해 달라"는 요구를 받으면서 참 많이도 좋아졌구나 하는 격세지감을 또 한 번 느낀다.

교사들의 용모 관리를 위해서 여선생님들의 화장품은 물론 모든 교사들의 이·미용 요금도 지원해 줄 날이 오지는 않을지?

평 가

교사라면 누구나 학생들의 학력 신장을 위하여 신경 쓰지 않는 사람은 없을 것이다.

학력이라는 개념을 어떻게 정의하고 어떻게 측정하느냐 하는 것은 사람마다 견해가 다를 수 있다. 하지만 대체로 지필에 의한 객관식 내지는 약간의 주관식 문항을 곁들여서 평가하는 것이 이제까지의 관행이다. 좀 더 열의를 가지고 한다면 실기평가를 겸하고, 더 열성을 가진 교사라면 평소의 관찰, 면접, 그리고 수시로 형성평가, 수행평가 등을 누가(累加)하여 종합적인 평가 결과를 학부모에게 통지하고 그 학생의 사후 지도에 참고하는 것이 대체적인 정석으로 여겨왔다.

사람의 속을 훤히 꿰뚫어볼 수 있는 기계가 없는 이상 남의 인지적(認知的), 정의적(正義的) 그리고 기능적(技能的)인 영역까지 정확히 측정하기란 불가능하다. 그러기에 대학입시를 비롯해서 각종 시험에서 늘 문제가 발생하고 있으니 어쩌면 영원히 해결할 수 없는 문제일 수도 있을 것이다.

교내를 순시하다보니 선생님들마다 어제 실시한 1학기말 총괄평가 결과를 처리하기에 바쁜 모습들을 보았다.

예전에 나의 교사 시절에는 매월 말에 '월말고사'를 치르고 학급별 통계를 내어 학교장의 결재를 득했다. 그리고 그 수치(數値)가 담임을 평가하는 잣대(尺度)가 되고 심지어 학부형들에게도 그 결과가 알려져서 담임의 신뢰도에 영향을 미치기도 했다.

단위학교에서 학급 담임을 교체하여, 또는 교육청 단위로 학교를 바꾸어서 시험 감독을 하도록 했는가 하면 교장실 현황판에 시험 결과를 그래프로 비교 게시하기도 했다. 아이들은 물론 교사들도 시험이라면 머리를 흔들고, 그러니 좋지 않은 부정한 방법이 동원되고, 아이들은 단편적인 지식 암기 위주로 공부시킬 수밖에 없으며, 장사꾼들로부터는 각종 문제집을 양산하도록 한 결과를 가져오기도 했다.

지금도 "이웃 학교에서는 다달이 시험을 보는데 왜 우리 학교는 시험을 안 보느냐? 학력 관리에 소홀한 것 아니냐?"는 불평을 학부형들로부터 더러 듣기도 한다. 하지만 나는 그때마다 "몇 번의 지필 평가로 아이의 수준을 정확히 알 수 있다고 보느냐? 공연히 아이들과 부모들에게 부담감만 주고, 그래서 애꿎은 아이들만 학원으로 내몰리게 하는 시험은 안 보는 게 낫다고 생각한다. 차라리 그런 시험공부 할 시간에 책 한 권 더 읽히는 게 낫다"라고 응대한다.

아직까지는 대다수의 부모들이 공감하고 아이들도 좋아하는지라 내가 이 학교에 교장으로 재직하는 동안에는 매월말의 지필평가는 안 하려 한다.

물론 그 대신 단위 수업시간에 수행평가, 형성평가, 단원평가 등을 누가(累加) 기록하고 세심한 관찰을 게을리 하지 말아야 한다. 그래서 결손의 원인을 잘 파악해야만 부진아 발생을 막을 수 있다고 선생님들에게 주문한다.

어느 학년 연구실에 들렀더니 특정 학급의 평균 점수가 월등히 높게 나타난 것에 여타 학급 담임들이 기가 죽어있는 것을 보고 "별 의미를 두지 않을 것이니 마음 쓰지 말라"고 위로해 주고 돌아왔다.

요즈음에는 교육인적자원부장관이 '교원 평가제도'를 도입하겠다고 선언해서 술렁이고 있다.

어찌 보면 당연한 것 같기도 한데 평가 결과에 따라 신분상의 제재나 보수 면에 반영될 것이란 불안감 때문이다. 그리고 교원들의 자존심과 품위에 손상을 입게 되지 않을까 하는 우려에서 교직단체의 반발이 일어날 수도 있어 귀추가 주목된다.

사실 교원들은 일정 기간의 전문 교육을 받았다. 그래서 자격소선을 갖추었다고 인정되어서 자격증을 주고 임용하였으면서 새롭게 현장에서 평가를 한다는 것이다. 그것도 학생, 학부모, 교감, 교장 등으로부터 다면(多面) 평가를 받게 한다니 있을 수 없는 일이라고 강력히 반대하는 교사들의 입장도 이해는 한다. 그러나 간혹 자질이 의심되는 교사도 있으나 퇴출시킬 만한 제도적 장치가 없어서 끈질기게 붙어있는 경우를 보며 같은 교육자 입장에서도 머리를 흔들게 된다.

사사건건 반대를 위한 반대와 불평불만으로 가득 찬 부적응 교사, 판단력이 없는 어린 학생들에게 부정적인 사고만 심어주며 무조건 인기 위주로 학생들을 다루어 "이렇게 학생들이 나를 좋아하는데…"라고 의기양양해하는 교사, 그러면서 학급관리는 엉망인 교사, 법을 교묘하게 이용하여 자기 권리만 지나치게 내 세우고 일신상의 손해는 손톱만큼도 볼 수 없다고 주장하는 교사, 관리자는 물론 동료 간에도 늘 부정적이며 조직의 일원임을 망각하고 개인행동을 일삼아서 늘 마찰을 일으키는 교사, 수업 기술도 없으면서 교재 연구에 게을리 하고 어영부영 시간만 때우려하는 교사, 교묘한 수법으로 학부형을 구슬려서 향응과 촌지를 유도해 내는 교사….

이런 교사들을 재교육 또는 퇴출시킬 수 있는 장치가 있어야 한다는 것은 거스를 수 없는 대세일 것 같다.

다만 어떻게 해야 교사의 자존심에 충격을 덜 주고, 어떻게 해야 공정하고 신뢰성 있게 평가할 수 있는가를 충분히 연구하여 조심성 있게 접근해야 할 것이다.

누군가 우리나라 사람은 평생 시험(평가)에서 벗어날 수 없다고 하던 말이 문득 생각난다.

초등학교부터 대학 졸업까지, 그리고 취업 시험과 승진(진급) 시험, 퇴직 후에 재취업이라도 하려면 또 시험, 죽어서 염라대왕 앞에 가서도 시험을 봐야 한다고 하는데 그것은 알 수 없고….

사람이 사람을 정확히 평가한다는 것은 영원한 과제일 것 같다.

3

마음을 다스리며

인생무상

나뿐만 아니라 누구나 겪는 일일진대, 나이를 먹으니 가까운 주변의 인물이 하나씩 둘씩 유명(幽明)을 달리함에 허무를 느끼지 않을 수 없다.

엊그제까지도 만나서 반갑게 이야기했었던 내 또래나 나보다 젊은 친구가 갑자기 세상을 떴다는 소식을 접하면 그 충격의 강도는 더 클 수밖에 없다.

"아직 한참 일할 나이인데 갔다"며 안타까워한다. 그러나 7~80대 이후에 세상을 뜨면 호상(好喪)이라며 대수롭지 않은 당연지사로 여긴다.

젊은이건 늙은이건 죽는 당사자나 유족의 입장에서는 똑같이 안타까운 일인데 제삼자의 입장에서는 노인의 죽음은 그다지 대수롭지 않게 여기는 것이 과연 당연한 이치인지 의문이다.

얼마 전 국회의원 총선 때에 어느 정치인이 "70대 이후의 노인들은 투표 안 해도 되니 집에서 편안하게 계시라"는 실언을 했다가 곤욕을 치른 일도 있다.

늙은 것도 서러운데 "투표도 하지 말고 집에나 있으라"고 하여 쓸모없는 인간들 취급을 한 셈이니 노인들의 노여움은 말할 수 없었으리라.

아무리 늙었어도 옛날보다 좋아진 세상, 앞으로 점점 더 좋아지는 세상에 더 오래 살고픈 욕심은 누구나 똑같을진대 노인의 무능력을 꼬집어 비하하는 듯한 발언이 정치인의 입에서 나왔으니 비난 받아 마땅했으리라.

요즈음 정치권뿐만 아니라 각계에서 '개혁'이라는 말들을 참 많이들 한다. 그리고 개혁을 위해서는 세대가 교체 되어야 한다고들 한다.

그런데 이 '개혁'의 바람이 최근 몇 년 전부터 일기 시작하였는데 바로 1990년대 후반, 우리나라의 외환위기로 '국제구제금융(IMF)'의 지원을 받게 되고 계속되는 '경제 불황'에 '청년 실업' 사태가 심각해지면서부터라고 기억된다.

전에는 심각하지 않았던 '청년들의 일자리 부족' 문제가 불거지고 보니, 굳어지고 비능률적인 기성세대와 참신하고 순발력이 넘치는 젊은 세대를 교체해야 한다는 논리이다.

참 당연한 논리다. 국제적 경쟁력으로 보나 이 나라의 장래를 보나 어차피 먼저 죽을 기성세대들보다 더 오래 이 나라에 살면서 책임져야 할 젊은 세대들이 빨리 주인의 자리에 들어서서 일 해야 한다는 것은 당연한 주장일 것이다.

그러나 한편 곰곰이 생각해 보면, "이 나라가 이만큼 살게 된 것은 누구의 힘이었는데, 그리고 저희들 젊은 세대는 누가 길러 줬는데 이제 와서 나이 많으니 물러가라고 하느냐?"는 의리 논쟁은 차치하고라도 "긴 세월동안 쌓아 온 경험의 노하우도 다 필요 없다. 늙은이들의 주장은 케케묵은 궤변이요 아집일 뿐이니 물러나서 입 다물고 있어라"는 식으로의 세대 교체론이 이번 17대 국회의원 총선에서도 대두 되었던 것 같아 나이 먹은 부모 세대들은 서운함을 감출 수 없었던 것 같다.

지금 세대교체를 강력히 요구하고 있는 그들도 나이를 먹으면 차세대를 위해서 스스로 물러날까?

요즈음 간혹 TV에서 나이 많은 분이 늦게 고등학교, 또는 대학에 진학을 해서 열심히 공부를 하거나 칠십대의 노인이 운동을 열심히 해서 삼십대 못지않은 건강을 유지하고 있다거나 또는 악기 연주, 그림 그리기, 사교댄스, 스포츠댄스 등 가지가지의 소질과 취미를 살려 노년의 여가를 멋지게 보내는 모습을 보면 부러운 마음을 금할 수가 없다.

며칠 전, 어느 친구가 "늙어갈수록 목표의식을 갖고 무언가 심혈을 기울여야 한다"고 하던 말에 참으로 공감하면서도 그 '무언가'를 찾기가 쉽지 않다.

글재주라도 있었으면 좋겠는데 이렇게 열심히 써 봐도 앞뒤도 안 맞는 '횡설수설'이 되고, 그림에라도 소질이 있었으면, 또는 음악에, 운동에 등등 별 생각을 다 해 보지만 역시 공상으로만 그칠 뿐이다. 남들처럼 무엇에 몰두하고 집착하지도 못하는 내 성격이 한심스럽다.

어릴 때부터 몸에 배인 소심함과 무엇에 심취하지 못하고 쉽게 싫증내며 포기하던 버릇으로 인하여 그 흔한 잡기(雜技)에도 남과 함께 어울릴 만치 능한 것이 없으니 앞으로 퇴직 후의 일상(日常)이 걱정이다.

이제는 마음 다잡고 무언가 해보려고 해도 왜 그렇게 매사에 자신감이 없어지고, 의욕이 상퇴 되는지 나 스스로 안타깝다. 더구나 몇 해 전에는 생각지도 못했던 '당뇨병' 선고를 받고 더욱 좌절했었다.

세상 살맛이 갑자기 없어지고 만사가 귀찮고, 밥상머리에 앉으면 뭐 먹을 만한 게 없어 슬그머니 수저를 놓아야만 했고, 간혹 누가 외식이라도 하자고 하면 부담스러워지고….

요즈음에는 음식을 가려 먹는 것 자체가 스트레스로 느껴져서 지나친 '가려먹기'는 안 하고 있지만, 그래도 늘 조심하면서 가벼운 운동이라도 열심히 하는데 자신감과 의욕은 흘러가는 세월에 반비례하니 그저 "년년세세(年年歲歲) 화상사(花相似)요. 세세년년(歲歲年年) 인부동(人不同)"이라고 한탄만 할 수밖에….

불경(佛經)의 『열반경』에 이르기를,

"높은 데 있는 이는 반드시 위태로움이 있고, 보물을 모은 이는 반드시 궁색하게 되며, 사랑하는 이들에게는 이별이 있고, 세상에 태어난 것은 반드시 죽음이 따르며, 빛은 반드시 어둠을 동반한다. 이것은 불멸의 진리이다"라고 하였다. 이 진리를 모르는 바도 아니면서 초연하지 못한 것은 마음을 다스리지 못한 탓이리라.

소 풍

내가 초등학교에 다닐 때에는 국어사전에도 없는 말로 '원적'을 간다고 해서 일 년에 두 차례씩 학교를 떠나서 야외로 나갔었다. 다른 나라에서는 보기 드물게 뚜렷이 구별되는 사계절 중에서 가장 경치 좋고 활동하기 좋은 봄과 가을에….

그런데 그 '원적'이라는 말의 실상은 '원족'이라고 어느 선생님이 하시는 말씀을 들은 기억이 있다. 즉 '멀 원(遠), 발 족(足)'으로 '멀리 나간다'라는 의미의 일본식 언어라는 것이었다.

먼 거리로 가게 되어 힘들다고 투정부리는 아이들에게 "그러니까 말 그대로 멀리, 많이 걸어가야 그 취지에 맞는다"고 하셨다. 사실인지 아닌지는 사전에조차 없는 말이니 알 수 없으나 분명한 건 나 어렸을 때에는 '원적(원족) 간다'는 말을 썼던 것이다.

그러다가 언제부터인지 '소풍'으로 바꾸어 썼었는데, 요즈음에는 또 소풍보다는 '현장학습'이라는 말을 더 많이 쓰는 것 같다. 왠지 '소풍'이라면 노는 목적이 더 짙은 감이 있고 '현장학습'이라면 관찰·체험 학습의 목적이 더 강한 감이 있어서 그렇게 쓰는 게 아닌가 싶다.

그러나 요즈음의 현장학습은 학생 수가 많은 도시학교의 여건상 학년별로 따로따로 날짜를 정하고 버스를 대절하여 멀리 가는 게 보편화 되었다.

주로 영리 목적의 위락시설업체, 이벤트사, 도자기 제작업체 등에 요금을 내고 아이들의 지도를 몇 시간 동안 맡기고 있는 실정이다.

그러니 교사들이 참 많이도 편해졌다. 돈 걷어서 사고 없이 잘 데리고 갔다 오기만 하면 되니….

사실 옛날 시골학교에 근무할 때에는 학생들의 소풍가는 날이 동네어른들까지 하루 쉬면서 야유회를 하는 날이었다. 넓은 장소가 대개 물 맑은 냇가였으므로 동네 어른들은 아예 그 냇가에 가마솥을 걸어 놓고 천렵을 즐기게 마련이었다. 소풍 날짜에 맞춰 미리 좋은 술도 담가뒀다가 가져오고, 닭 잡고, 개 잡고, 부침개도 해 오고, 떡도 해 오고….

그런데 그 많은 학부모와 온 동네사람 앞에서 아이들의 여흥을 돋우어 줘야 했으니 재주 없는 선생님들은 참 난감했다. 한발 더 나아가 어른들까지 함께하는 오락회로 발전하면 더 어려웠다.

한 가지 다행인 것은 웬만한 실수는 너그러이 넘어간다는 사실이었다. 혹, 주사(酒邪)를 부려도 '술이 죄지' 하면서 묻어주었다. 시골의 후한 인심으로….

어제 1학년이 양평군에 있는 '용문사'로 현장학습을 간다기에 교감선생님만 계속 인솔하라고 하기에는 미안해서 하루 따라갔다 왔다.

거기에도 어린이들의 놀이 시설이 있고, 오락을 진행하는 이벤트 요원들도 있어서 그들이 오락도 진행했고, 놀이기구도 좀 타고 돌아왔다.

그런데 한 어린이가 놀이기구를 타다가 눈 아래 얼굴을 무엇에 부딪쳐서 약 5mm 정도 찢어지는 상처를 입었다. 별로 대수롭지 않은 상처지만 요즈음의 학부모들 행태로 봐서는 조심스러워서 담임한테 "학부모에게 미리 연락하고 놀라지 않게, 그리고 말썽나지 않게 사과하고 잘 이야기하라"고 일렀다.

그러나 학교에 돌아와서 그 아이 어머니를 만났기에 내가 사과를 했더니 역시 예상대로 아주 냉랭했다. 다행히 오늘 이 시각까지 문제를 일으키지는 않았으나 나도 참 기분이 언짢았다.

나 젊은 교사 시절의 그때, 온 동네 천렵을 할 때 같았으면 그보다 몇 배 더 큰 상처를 입었어도 학부모들은 교사에게 책임을 물을 생각들은 아예 하지도 않았을 텐데….

그러고 보니 요즈음 선생님들은 편하면서도 까다로운 학부모들 때문에 늘 긴장을 늦출 수 없겠다고 생각하니 교직은 늘 좋으면서도 부담감을 안고 살아야하는 직업인가 보다.

오늘 현장학습 떠난 5학년과 3학년이 이제 귀교길에 올랐다는 전화가 왔다. 무사히 잘들 오너라.

불효자의 한

사람은 대개가 본인이 불치병에 걸렸다고 하면 절망하여 삶의 의욕을 상실하고 마는 경우와 끝까지 포기하지 않고 투병하여 이겨내려는 두 가지 부류로 나누어질 것이다.

사실 투병이라는 것은 의지가 중요한 것인데 나처럼 의지가 약한 사람에게 본인의 절망적인 병명을 알려 준다는 것은 병세를 더욱 악화시킬 우려가 있으므로 알려주지 않아야 한다는 의견과, 자기의 주변 정리와 마음의 준비를 위하여 알려줘야 한다는 의견도 있으니 어느 쪽이 옳을지는 환자 본인밖에 알 수 없는 해답일 것이다.

간혹 간암 말기환자가 민간요법에 의지한 채 꾸준한 투병생활로 완치되었다는 사람들도 소문이나 TV를 통해 보기도 했다. 또한 함께 근무하던 모 직원이 폐암 말기라는 진단을 받고 입원해 있다가 병원에서도 포기하여 퇴원시켰는데 물 맑고 공기 좋은 시골에서 몇 달 요양하여 완치된 사람도 보았다.

그 직원의 경우가 하도 믿기지 않는 사실이기에 혹 병원에서 오진을 한 것이 아닐까하고 의심도 해 보았다. 하지만 조그마한 동네 의원도 아니고 우리나라 굴지의 종합병원에서 장기간 입원진료를 하면서 그런 오진을 할 리 없다고 생각하면 참 불가사의한 일이다.

그런 사례들을 보면서 가끔 나는 어머니의 투병을 적극적으로 도와드리지 못해서 너무나 일찍 보내드렸구나 하고 자책한다.

1978년 여름에 장기간의 설사로 인한 탈수현상을 일으켜 원주기독병원에 처음 입원하시면서부터 병원을 여기저기 전전하셨지만 병세는 더 악화되고 정확한 병명을 알지 못했다. 결국 시기를 놓치고 나서야 식도암 말기 진단을 받았고, 가시던 그 순간까지도 물 한 모금 못 넘기시다가 굶어 돌아가셨음을 생각하면 가슴이 아프다.

종양이 식도를 막아서 묽은 죽 한 숟가락도 넘기시기에 모진 애를 다 쓰시면서도 "김치 깍두기에 밥 좀 실컷 먹어 봤으면 좋겠다"고 하시던 어머니 옆에서 식구들이 밥상에 둘러앉아 밥을 먹었으니 얼마나 잔인하고 불효막심한 짓을 한 것인가?

끝까지 당신의 병명을 모르셨던 어머니께서는 우매하신 친구분들이 병문안 오셔서 "어디어디에 용한 무당이 있다더라, 어디어디에 용한 점쟁이가 있다더라" 하시면 "나도 거기에 한 번 가 봤으면 좋겠다"고 하시는 것을 애써 외면하기만 했던 불효를 이제야 뉘우치며 한탄한들 무엇하랴?

'의학적으로나 과학적으로나 상식 밖의 말'이라고만 몰아붙였던 내가 오히려 우매하기 짝이 없었음을 이제야 알게 되었으니….

'긴 병에 효자 없다'고 하지만 겨우 1년쯤 누워 앓으셨는데, 더구나 직접 모시지도 않고 큰형수님께서 모시며 나는 가끔 가서 뵙기만 했을 뿐이다. 그런데도 최선을 다하지 못하고 그 흔한 영양제 주사 한대 놓아드리지 못했다. 서울의 유명 병원에 한 번 모시고 가서 의논해 보지도 못한 채 일찌감치 포기하고 말았던 이 불효를 어찌 용서받을 수 있을까?

내가 초등학교 4~5학년 때쯤으로 생각 된다.

나에게는 외삼촌이 두 분이셨는데 모두 폐결핵으로 돌아가셨다. 지금은 폐결핵 치료가 쉽지만 당시의 의료 수준으로서는 난치병이었다. 그래서 우리나라 사망률의 높은 비중을 차지하고 있었던 것으로 안다.

큰외삼촌께서 작고하신 후, 어느 추운 겨울밤에 어머니께서는 우리 동네 뒷산 밑 으슥한 곳에 있는 연못으로 가셔서 긴 장대 끝에 철사 갈고리를 달아서 밤새도록 물을 휘저어서 새벽녘에야 무엇인가를 건져 오셨다. 푸르스름하기도 하고 희끗희끗한 무슨 고깃덩이를….

건져 오신 고깃덩어리를 소금을 넣고 한참동안 씻어서 시멘트 포대 종이에 싸서 나를 주시며 "이것을 작은외삼촌 갖다 드려라. 그리고 잘게 썰어서 목구멍 깊숙이 넣어 씹지 말고 삼키시라고 해라"고 당부하셨다.

아침 일찍 이웃 동네 외삼촌께 어머니의 심부름으로 전해드린 고깃덩어리는 나중에 알고 보니 우리 동네 갓난아기의 태반이었다. 폐결핵에 사람의 태반을 먹으면 낫는다는 소문을 들으시고 은

밀한 수소문 끝에 태반을 연못에 버렸다는 사실을 알아내시고는 밤새도록 연못을 휘저어서 건져 오셨던 것이다.

지금 생각하면 영양섭취를 잘 해야 하는 결핵환자에게 영양 만점의 태반이 좋다고 하는 말도 어쩌면 일리는 있을 법도 하지만, 산모 당사자가 알면 얼마나 감정 상할 일인가?

그런 모험을 감수하시면서도 어머니께서는 동생을 살려 보겠다는 일념으로 그 살을 에는 추위에 밤을 새워 무인지경의 산골 연못을 휘저으셨다. 그런데 나는 모진 고통 속에서 나날이 사경을 헤매시던 어머니를 위하여 무엇을 했단 말인가?

부모님을 위해서 허벅지 살을 베어 드렸다는 옛날이야기 속의 효자만큼은 못했더라도 지독한 통증이라도 좀 덜어드리고자 하는 최소한의 조치도 못 취하고 그저 바라보고만 있었으니….

생각할수록 내 자신이 저주스럽고 한탄스러울 따름이요, 아린 가슴을 안고 후회의 눈물을 흘린들 무슨 소용이 있으리오.

"어머니, 저승에서 아버지와 고통 없이 행복하게 사십시오. 이 못난 불효자 많이 원망하시면서…."

이제야 이렇게 비옵나이다.

손 님

'손님'의 사전적 의미를 찾아보면 '딴 데서 와서 임시로 묵는 사람, 주인을 찾아온 사람, 영업하는 집에 찾아온 사람'을 높여 부르는 말이라고 정의한다.

그러니 사전적 의미로 보면 대부분의 손님이 반가워야 할 텐데 반갑지 않고 심지어 어디로 피하고 싶은 손님이 교장실로 많이 찾아와서 곤혹스럽게 하는 경우가 종종 있다. 학교가 무슨 자선단체나 되는 줄 아는지 여러 단체 또는 개인들이 찾아와서 도와달라고 떼를 쓰니 말이다.

각 시 · 군마다 있는 노인회, 장애인 단체, 출소자들의 모임인 갱생보호회, 불우아동 보호시설, 상이용사회 등등 그 이름도 가지가지요, 어려움의 하소연 또한 들어주려면 한이 없다.

돈만 많다면 팔아달라는 대로 척척 팔아주면 좋겠지만, 한정된 예산에 필요성도 없는 물건들을, 그것도 터무니없이 비싸게 팔아달라고 떼를 쓰니 곤란하지 않은가?

단체뿐만이 아니다.

장애인, 나병환자, 걸인, 전과자 등이 개인자격으로 찾아와 막무가내로 떼를 쓰기도 하고, ○○신문, ○○방송 기자라며 은근한 협박조로 필요성도 없는 책을 사라고 전화하고, 배달시키고, 또는 모 권력기관의 퇴직자 모임 이름으로도 찾아와서 위협적 태도로 서적을 강매하려 하기도 한다.

회유형도 있다. 팔아주면 얼마를 주겠다고 교묘하게 사기도 친다.

전에 가평의 학교에 근무할 때이다.

음력 연말을 앞둔 어느 날 노인 한 분이 찾아와 학교 근처의 동네 노인정에서 왔다며 화장지를 팔아 달라고 하기에 학구 내에 있는 노인정이라면 일부러라도 도와드려야겠기에 교감선생님께 전화를 해서 좀 팔아드리라고 지시를 했다.

깐깐한 교감선생님이 요모조모 캐물어보니 이웃 노인정이 아닌 타 지방에서 온 분이더란다. 참 어이없고 어리석기만 했던 내가 한심하다 싶어 속이 상했다.

또 언젠가는 여자 손님이 와서 커피를 내 놓으며 팔아 달라기에 거절하다가 하도 어려움을 호소하며 떼를 쓰기에 그냥 물건도 안 받고 만원을 주면서 "대신 다른 교실이나 행정실에 들어가지 말라"는 조건을 제시했는데 한참 후에 행정실에 가보니 거기에서 또 여직원들에게 떼를 쓰고 있었다. 약속이 틀리지 않느냐며 그냥 가시라고 했더니 "사람을 무시한다"며 고성으로 발악을 하니 참 어이가 없었다. 말 그대로 막가는 인생을 살고 있는 사람 같았다.

그뿐만이 아니다.

장애자 단체에서 왔다며 어린이도서 주문서를 학생들에게 배포해 달라기에 거절했더니 "그럼 다녀갔다는 증거가 있어야 수당을 탈 수 있으니 서명이나 좀 해 달라" 하기에 해줬다가 그걸 들고 교실에 가서 교장의 서명을 들이대며 배포하겠다고 하던 어이없는 경우도 당해봤다.

정말로 도와주고 싶은 경우도 혹간 있다.

현직에 있던 동료가 어쩔 수 없는 어려움으로 퇴직금을 타기 위해 사표를 내고 상인의 신분이 되어 찾아왔는데, 가져온 물건이 학교에서도 필요로 하는 물건이기에 기꺼이 팔아준 때도 있다. 그럴 때면 회계업무를 맡고 있는 부하 직원의 눈치도 봐야 되니 좀 부담스럽기도 하다. 마치 뒷돈이라도 받아먹는 양 의심하는 것 같아서 말이다. 그러니 한두 번 팔아주는 것으로 끝낼 수밖에 없다.

오늘날의 이 사회에서는 어차피 먹고 살기 위해 체면이고 뭐고 생각할 겨를 없이 친분관계를 앞세워서라도 파고들어야겠지만, 내게 필요치 않은 보험이나 무슨 물건을 들고 찾아오는 손님은 참으로 곤혹스러울 수밖에 없다.

도저히 들어줄 수 없는 요구에 한두 마디 거절로 물러서면 오히려 고맙고 미안한 마음을 금할 수 없다. 그러나 물러서지 않고 집요하게 떼를 써서 참으로 난감하고 진땀이 날 때에는 '교묘한 말솜씨로 섭섭하지 않게, 그래서 그와의 끈끈한 인연에 금가지 않게 거절할 수 있는 재주가 있다면 얼마나 좋을까? 오죽하면 자존심 다 버리고 이렇게 찾아 왔을까?' 하는 생각에, 찾아오는 모든 손님마다 마음 다치지 않게 자비를 베풀 수 있는 능력을 나에게도 주셨으면 정말 좋겠다.

소장수 아들

아무리 생각해 봐도 나의 아버지께서는 상인(商人)의 이미지는 손톱만큼도 찾아볼 수 없는 분이셨는데, 어떻게 그런 장사를 하셨는지 모르겠다.

작달막한 키에 선하면서 어수룩해 보이는, 그래서 늘 남에게 당하기만 할 것 같으셨던 아버지께서는 내가 중학교 다닐 무렵부터 소장수를 시작하시지 않았나 싶다.

농사일은 큰형님께 일임하시고, 그래도 현금을 만질 수 있으며 오랫동안 소를 길러보신 경험으로 소 고르는 안목이 있다고 자부하셨기에 그길로 나서신 것이 아닌가 한다.

요즈음에는 가축 상인들이 승용차나 트럭으로 이동하고 운반하며 매매 흥정도 체중을 계량하고 인터넷으로 시세를 검색하는 등 비교적 투명한 거래가 이루어진다. 하지만 그 시절에는 같은 일을 하시던 친구 분들과 걸어서 농가를 일일이 방문하시다가 간혹 팔겠다는 소 주인을 만나면 눈대중으로 밀고 당기는 흥정을 하여 거래가 성사되면 사서 집으로 끌고 오셨다.

도보로 이웃 동네뿐 아니라 타 지방의 산골마을까지도 소 있을 만한 곳이면 어디든 다니셨다. 그러다 어떤 때에는 2~3일씩 집에 못 들어오시는 때도 많았다.

함께 다니시던 친구 분들과의 대화 중에서 "누구누구는 언제 노상강도를 당했고, 누구누구는 소매치기를 당했고" 등의 내용을 자주 들어왔기에 늘 뭉칫돈을 지니고 다니시는 아버지께서 사전 예고도 없이 안 들어오시는 날이면 온 가족이 밤잠을 설치며 걱정할 수밖에 없었다.

그렇게 이 마을 저 마을 뒤지고 다니시며 사 오신 소는 5일 장날이 될 때까지 여물을 끓여 먹여야 했고, 장날 아침에는 새벽 두세 시에 일어나셔서 15~6Km 떨어진 우시장에 끌고 가서 파셨다. 여름에는 좀 낫지만 추운 겨울 새벽에 변변한 방한복도 없이 소를 몰고 다니시던 나의 아버지는 참으로 측은하시기 짝이 없었다.

수표도 없었던 그 당시에 늘 두툼한 돈 뭉치 전대(돈 자루)를 허리에 차고 표시 안 나게 하려고 두루마기를 입고 다니셨던 아버지, 그런데도 언젠가는 버스에서 전대를 찢기고 몽땅 소매치기 당하셔서 낙담하시던 아버지.

그 후로는 전대 안쪽에 촘촘하게 옷핀을 꽂기도 했지만 어떤 분은 전대 끈을 통째로 끊어 갔다는 이야기도 들었으니 그렇게 늘 신변의 위협을 느끼면서도 자식들 먹여 살리기 위해 밤낮을 가리지 않으셨다.

가끔 방에 앉아 결산을 위해 뭉칫돈을 세고 계실 때, 손이 기형(畸形)이시라 빨리 세지를 못하셔서 내가 세어 드리면서 '이렇게 100장 묶음 한 다발을 세시는 시간이 몇 분씩이나 걸리시니 남에게 얼마나 업신여김을 당하실까?' 하는 생각에 속상하기도 했다.

그러던 어느 날, 늘 함께 다니시는 친구 분들과 술상을 마주 놓고 언쟁을 벌이고 계셨다. 내용인즉 아버지께서 이웃 동네에서 소를 한 마리 사다가 파셨는데 생각보다 이익이 많이 나서 원래 주인에게 좀 돌려드렸던가 보다.

장사꾼의 양심에 따라 이익금 일부를 되돌려 받았으면 고맙게 생각하고 가만히 있어야할 텐데 이 원주인은 훗날 만난 아버지의 친구 분에게 "소장수 놈들은 모두 도둑놈들이더라. 그래 이제껏 그렇게 많이들 남겨 먹었을 테니 우리 소 기른 사람들만 바보였잖으냐?"라며 화를 내더란다. 그러니 친구 분들은 아버지께 "왜 바보짓하고 욕먹느냐?"라는 것이었다.

나도 그 말씀을 옆에서 들으며 속으로 아버지를 잠시나마 원망했다. 장사는 이익 남기자고 하는 것인데 왜 돌려 주셨느냐고….

그러니 아버지께서는 부지런히 다니시기는 하셨어도 돈은 못 버셨다. 이익이 많이 남았다고 돌려주시고, 손해를 보면 말도 못 하시고….

아버지께서는 '양심'이라는 어휘를 참 많이 쓰셨던 분이시다.

"내가 먹을 만큼만 먹어야지 너무 많이 남겨 먹으면 양심의 가책을 받는다"고 하셨다. 그러니 아주 드물게나마 손해를 많이 보신 것을 안 소 주인으로부터 술값 정도라도 되돌려 받으셨던 경우도 있었다고 들었다.

지금 내 생각에는 아버지의 목적은 돈벌이가 아니라 유랑에 재미를 붙이셨던 것이 아닐까 한다. 그렇게 많이 걸으셨기에 비교적 장수하셨고 작고하실 때까지 잘 걸으셨던 것이 아닌가 싶다.

하굣길에 이웃동네의 안면이 있는 어른께 인사를 했는데 알아보지 못하시기에 "지내리에 사는 ○○의 아들입니다"라고 내 소개를 했더니 "음, 소장수 한서방 아들이로구나" 하는 말씀이 무척 듣기 싫었던 기억이 있다. 그러나 한편, 폭리를 취하지 않는 '양심적인 소장수'로 불리던 아버지셨기에 자랑스러웠다.

남들 보기에는 큰돈을 취급하는 장사를 하니까 많이 버는 줄 알지만 자식들 신발 한 켤레 사 주시는 데도 버거워하시면서도, 기력이 쇠하실 때까지 그 소장수 고삐를 놓지 않으셨던 이유는 '양심적 소장수'라는 긍지와 건강을 얻을 수 있었기 때문이 아니었을까?

한국의 꽃

원산지가 어디인지 일일이 찾아보지 않아서 알 수는 없지만 흔히 우리나라 사람들이 오래 전부터 심고 가꾸면서 감상해 왔던, 그래서 우리의 정서에 맞는 꽃으로 백일홍, 맨드라미, 채송화, 봉숭아, 분꽃, 과꽃, 나팔꽃 등을 꼽는다. 하지만 외국으로부터 새로 도입되고 품종을 개량하여 자꾸만 화려하고 향기 짙은 새로운 꽃들이 늘어만 간다.

이른 봄부터 늦은 가을까지, 온도만 맞춰주면 겨울까지도 예쁜 꽃을 감상할 수 있는 것이 요즈음의 현실이다. 그래서 학교에도 열성적인 학부모들의 지원으로 교실에 늘 싱싱한 꽃이나 관엽식물(觀葉植物)이 놓이곤 한다.

그러나 담임선생님들의 관리 미숙으로 말라죽거나 얼어 죽는 등 몇 달 못가서 내다버리는 현실을 보면 안타깝기도 하다. 그래서 학교 부근의 꽃집들은 학교 때문에 먹고 산다는 말이 있을 정도로 학교는 꽃 소비의 큰 시장이다.

옷의 유행을 보면 디자인이 옛 모습으로 다시 돌아가는 이른바

'복고풍'이라는 스타일이 자주 등장하듯이 요즈음에 꽃도 옛날 생각 때문인지 전통적인 옛날의 꽃들을 심는 이들이 늘어가고 특히 야생화를 찾는 사람들이 많아졌다.

학교에서도 야생화를 많이 심어 교육 자료로 활용하는 학교들이 늘어가고 있는데 투자에 비하여 그 효과는 어느 정도일지 나는 모르겠다.

각설하고, 나는 가을꽃들을 좋아한다. 따사로운 봄 햇살에 흐드러지게 핀 살구꽃도 고향의 향수를 일깨워주니 정겹고, 담장 밑 채송화, 봉숭아도 마찬가지라서 정이 많이 가지만, 쌀쌀해진 가을바람을 견디면서 하늘거리는 청초함에 매료되어 화려함도 향기도 별로 내세울 것 없는 가을꽃들을 좋아한다. 파란 가을하늘과 대조를 이루는 가녀린 코스모스와 구절초 들국화는 아무리 들여다보고 있어도 싫증나지 않는다.

더구나 이들은 봄부터 가을까지 긴 나날들의 모진 가뭄과 비바람 그리고 더위를 이겨 낸다. 그러면서 길가에도 잡초 밭에도 또는 고산지대 바위틈에서도 끈질기게 생명의 줄을 놓지 않고 살아남아 꽃을 피워서, 어찌 보면 수줍은 듯 또 어찌 보면 고고한 듯한 자태를 바람에 내맡기고 하늘거리는 모습은 청순하고 가냘픈 여인이요, 심심산골 고찰의 거룩한 노승의 모습을 보는 듯 착각하기도 한다.

한때 나의 취미로 학교에서 국화를 가꾸어 늦가을 교내를 화려하게 장식하기도 했지만 개량된 커다란 국화 송이들에서는 화려함과 향기는 찾을 수 있었지만 고고함과 청초한 맛을 느낄 수는 없었다.

화분에 심어 가꾼 국화에서는 인공으로 만들어진, 그래서 규격화된 느낌이 묻어 나와서 정감이 가지 않는다.

그런데 이제는 힘에도 부쳐서 국화 가꾸기에 손을 놓고 있다. 문득 심심풀이로라도 마음이 내키면 다시 해보긴 하겠지만….

공무원이기에

내가 처음 교장으로 승진하여 발령받고 부임했던 학교에서 있었던 일이다.

황사현상이 아주 심한 봄철의 어느 날 밤, 12시가 임박한 늦은 밤에 전화가 왔다. 학생 수가 적은 3개의 소규모 학교들이 면소재지의 큰 학교에서 조리해다가 주는 점심을 받아먹는, 이른바 공동조리급식학교인데, 조리해다 주는 학교의 교장이 전화를 한 것이다.

"황사현상이 심하니 학교장이 판단하여 임시 휴교를 하라는 교육청 전언통신이 왔는데, 이미 내일 급식할 식품을 일부 납품 받았으니 오전수업을 하고 급식 후에 하교시키면 어떻겠는가?"라는 전화였다.

전언통신문을 확인해 보니 분명히 '학교장이 판단하여'라는 문구가 있어서 우리 공동조리급식학교들은 휴교를 안 하기로 했다. 그런데 TV를 통해서 '경기도 내 학교들은 임시 휴교한다'는 내용이 보도되어 그것을 본 학부모들로부터 많은 문의 전화가 왔다.

그래서 오전 수업을 한다고 동네 이장님 댁에 방송을 부탁하여 대부분의 학생이 등교를 했다. 그런데 학교에서 좀 먼 거리에 있는 한 동네에 연락이 잘 안 되어 뒤늦게 알게 된 한 학부형이 동네 아이들을 차에 태우고 왔다.

그런데 나이로 보면 딸 같은 아이 엄마가 교장실 노크도 없이 문을 벌컥 열고 들어오면서 큰소리로 "교장선생님, 이래도 되는 거예요?" 하는 게 아닌가.

순간 하도 어이없는 상황이라 자리에 앉으시라는 권고도 잊은 채 나도 일어서면서,

"무슨 말씀이신지요?"

"TV에서 휴교한다고 나왔잖아요?"

"네, TV에 나온 건 아는데, 학교장 재량에 따라 휴교를 안 할 수도 있는 것입니다."

"그래요?"

이렇게 대화를 나누고 돌아서려는 학부모를 그냥 두었으면 아무 일 없었을 것을 하도 무례하고 당돌하다 싶어서,

"그런데 ○○ 어머니는 원래 말씀하시는 억양이 그렇습니까?" 하고 물었더니 안색이 확 변하면서,

"왜 내가 말을 잘못 했나요?"

"아니, 잘못했다는 것보다 '교장선생님, 이래도 되는 겁니까?' 하시는 것은 듣는 사람 입장에서는 시비조로 들릴 수도 있지 않을까요?"

"바쁜데 동네 애들까지 태우고 급히 왔으니 신경질 나서 그랬죠."

"신경질 난다고 그런 식으로 말을 함부로 하시면 안 되죠. 이 세상 모든 사람들이 다 자기 기분대로 말을 함부로 한다면 사회생활

이 원만하게 되겠어요?" 했더니 이번에는,

'나도 일류 대학을 나왔다. 이런 산골에 와 있으니까 사람을 무시하느냐? 사회생활에 실패한 인생이라니 원통하다' 등등 넋두리를 늘어놓으며 대성통곡을 하는 것이 아닌가.

참으로 황당하고 어이없는 상황을 얼떨결에 당한지라 겨우 빌고 달래서 보냈는데 오후에 교육청으로부터 전화가 왔다.

이 어머니가 도교육청에까지 전화를 한 것이다. 왜 언론에서는 휴교하라고 해놓고 학교에서는 수업을 하느냐고…. 그래서 도교육청에서는 지역교육청으로, 지역교육청에서는 학교로 '왜 휴교를 안 했느냐'는 질책 전화였다.

"학교장 판단하여…"라는 문구를 어떻게 해석하느냐는 내 반문에는 어물어물하며 "민원이 들어와서…"라고 했다. 그렇지 않아도 어린 아낙네한테 황당하게 당하고 기분이 언짢은데 상부의 질책까지 받고나니 참 속상했다.

알고 보니 도교육청에서는 '모든 학교는 휴교조치 할 것'이라고 하달했는데 지역교육청에서 '학교장이 판단하여'라는 문구를 넣어서 학교로 보냈던 것이다.

후에 도내 학교장 회의 때마다 "어떤 교장은 교육청의 휴교령을 어겨서 민원 전화까지 오게 했다"면서 왜 명령에 복종하지 않느냐고 하니 지역교육청에서의 잘못된 공문하달을 고자질하기도 낯간지러워 그냥 참고 말았다.

공무원이기에 상부의 명령에 복종을 했어야 했는데 이렇듯 공문서의 문구 하나에 엄청난 파문이 일어날 수도 있음을 체험한 계기였다.

밥상과 식탁

오늘아침 출근길 차 안에서 라디오를 통해 들으니 어느 목사님의 말씀이 "식탁과 밥상의 의미는 같지만 느낌은 다르다"고 했다.

식탁은 허기를 메우기 위한 먹을거리의 진열대로 반찬이 풍성하게 차려져야 먹음직스럽지만 밥상은 반찬이 소탈해도 정성으로 채워지고 둘러앉아 정을 나누면 맛있는 상이 된다고 했다. 그래서 그는 단순히 허기를 메워주기 위한 식사를 베푸는 것이 아니라 정을 나누기 위한 '밥상 공동체'라는 봉사단체를 통해 굶주리는 이들에게 밥을 나눠주고 있다고 했다.

식탁이든 밥상이든 똑같은 상이지만 근본정신을 어디에 두었느냐를 얘기하는 것 같다. 참 훌륭한 일을 하는 분이다.

그 방송을 들으면서 문득 요즈음 가정들의 식사 모습을 연상해 보았다.

우선 내 집부터도 식탁은 매일 대하지만 밥상이라는 것을 대하기가 그리 흔치 않다라는 생각을 하게 한다.

식구들 각자의 생활이 모두 다르다보니 한자리에 모여앉아서 오순도순 이야기하며 밥 먹을 기회가 그리 흔치않다. 오죽하면 어느 날 아내가 온 정성을 다 기울여서 나 혼자만 먹도록 상을 차려주기에 '개밥 차려 줬느냐'고 푸념 섞인 농담을 했다가 아내의 노여움을 샀던 일도 있다.

짐승을 길들일 때에도 먹이를 이용한다. 사람도 본능 중의 하나인 식욕을 채우고 있는 중에 자녀를 향해 훈계하거나 온 가족 일상사의 이야기를 나누는 것이 더욱 더 마음에 와 닿고 행복이 솟을 것이다.

더욱이 내 가족 먹일 음식으로 온 정성을 다 쏟아서 만든 밥상이라야 가족 간의 사랑이 깊어질 것이다. 하지만 요즈음 도시의 신세대 주부들은 경제성만을 따지면서 시장에서 반찬을 사다 먹거나 아예 반찬 전문점에서 일주일 단위로 배달을 시켜 먹는다는 말을 듣고 아연실색한 적도 있다.

혀끝에 와 닿는 맛도 그렇고, 재료 사다가 만들어서 다 먹지 못하고 버리거나 만드는 시간, 경비 등을 따져 보면 반찬을 사 먹는 쪽이 더 낫다고 하지만 보이지 않는 가족 간의 유대감은 생각지도 않는 처사라고 나는 생각한다.

옛날에 학교 급식이 시행되지 않아서 도시락을 싸 가지고 다니던 평교사 시절, 점심시간이면 아이들과 한 책상에 마주앉아서 도시락을 먹으며 이런저런 얘기를 많이 했었다.

평소 교단에 올라서서 하던 훈계 열 마디보다도 밥 먹으면서 다정한 척 한마디 던지는 것이 훨씬 효과가 큰 것으로 믿었기 때문이다. 따라서 나는 요즈음 선생님들께도 아이들과 함께 식사를 하는 중에 인성교육을 하도록 권하고 있다.

혹자는 우리나라 사람들은 하나의 찌개 그릇에 여러 명의 숟가락이 드나드는 비위생적 식습관에서 우러나오는 정이 더욱 돈독한 유대감을 형성케 한다고 하는데 그 또한 일리 있는 말인지도 모르겠다.

어떤 가문에서는 '식불언(食不言)'이라고 하면서 식사 중에 이야기 하는 것을 상스럽게 여기기도 했다지만 이는 지나치게 큰 소리로 입안의 음식이 튀어나갈 정도로 떠들지 말라는 것으로 해석하고 싶다.

오늘날 정치는 물론, 사업상의 교제에서부터 서먹서먹한 분위기의 쇄신, 언짢은 기분의 화해 등이 모든 협상과 사교가 먹는 자리에서의 설득력이 크다. 그러다보니 식탁이 아닌 밥상은 우리 가정에서는 물론 우리 사회에서도 없어서는 안 될 소중한 것이다.

무뎌진 감성

요즈음 나는 알싸하도록 차가운 새벽 공기를 마시며 산책을 한답시고 어두운 동네 어귀를 한참씩 걸어 다닌다.

매스컴에서 나이든 사람들은 새벽의 찬공기를 조심헤야 한다고 자주 경고하기에 입, 코, 귀 모두 싸매고 두꺼운 옷으로 무장을 하고 나온다. 새벽 다섯 시가 조금 넘은 시각이지만 아직도 나다니는 사람은 별로 없고 밤새 동네를 지킨 가로등만이 환하게 밤길을 비춰주고 있다.

간혹 불어오는 싸늘한 바람결에 겨우 몇 장만 붙어있던 나뭇잎이 최후를 절규하듯 적막을 깨고 '바스락' 소리를 내면서 떨어질 뿐….

개천 둑으로 난 콘크리트 포장도로 군데군데에 수북이 쌓인 낙엽을 일부러 요리조리 쫓아가 밟으면서 걸어 봤지만 별 감흥을 느낄 수가 없으니 안타까울 뿐이다.

노란색으로 물든 밤나무 잎을 주워서 바람개비를 만들어 돌리면서, 돌아가는 노랑빛깔이 그냥 볼 때보다도 더 고운 데 매료되어 힘든 줄 모르고 달리기를 했었고, 빨간 단풍잎 빛깔에 반해서 한 움큼 꺾어다가 깡통에 물 담아 꽂아 놓고 들여다보며 '푸른 잎이 어쩌면 이렇게도 빨갛게 변할 수 있을까?'하고 자연의 섭리에 감탄했던 어린 시절의 순수했던 정서들은 모두 어디로 갔는지?

본래 감정이 풍부하지 못한 탓도 있겠지만 이런저런 이유들에 복합적으로 억눌려져 그나마 등잔불꽃만큼 희미하게 남아있던 어린 시절의 향수어린 추억들조차도 까마득히 멀어진 것 같다.

요즈음도 위험을 무릅쓰고 굳이 새벽에 나와 걷는 것은 그나마 낮보다는 자동차 매연이 조금이라도 줄었을 것이라는 기대 때문이다. 그런데 가끔 굉음을 내며 지나가는 덤프트럭이나 버스의 소음과 매연을 접하다 보면 무슨 감상에 젖을 수 있을 것인가?

산책길 옆으로는 사철 시냇물이 소리 내며 흐르지만 악취가 진동하니 그 물소리에서 무슨 가락과 화음을 느낄 수 있을 것이며 그 가락에 맞춰 춤추며 노니는 물고기를 볼 수 있을 것인가?

게다가 '오늘도 아무 사고 없이 평온한 하루가 돼야 할 텐데', '오늘의 주요 일정은 무엇이더라?', '우리 아들 녀석은 취업이 잘 될까?', '수도꼭지가 새는데 얼마나 들어야 고치나?', '…….'

이런저런 잡다한 고민과 잡념에 사로잡혀 살다 보면, 밤새 내린 눈을 새벽에 제일 먼저 밟으면서 걸어 봐도, 스산한 초겨울 비에 우산을 쓰고 빗속을 걸어 봐도, 눈 치울 걱정, 빗물 스며드는 지하실 걱정, 고장난 보일러 걱정 등 현실 문제에 부딪힐 뿐이다.

추우면 추운 대로, 더우면 더운 대로, 있으면 있는 대로, 없으면 없는 대로, 그저 그렇게 인생은 잠시 살다가 가는 것뿐이라고, 그래서 기쁨도 슬픔도, 근심, 걱정, 괴로움, 즐거움 모두가 다 '허무'라고 하지만 속세에 찌든 범인(凡人)이야 어디 그런가?

큰댁과 함께 어우러져서 연중행사로 치르는 김장 작업에 며칠째 고생하는 아내의 모습을 보면서 옛날 김장 때 어머니의 모습과 향수가 문득 떠올라 이렇게 잠시 뇌까려 본다.

엄청나게 많은 배추를 도려다가 절이고 씻고, 동네 아주머니들이 품앗이로 돌아가며 밤늦도록 무를 썰고, 고무장갑도 없이 맨손으로 돌아가면서 며칠씩 그 매운 김치 소를 버무리고, 그러면서 오순도순 이야기꽃을 피우던, 그래서 무언지 모를 훈훈한 인정이 감돌던 그때 그 시절의 향수가 그리워서 말이다.

십년 같은 하루

"자식을 위해서는 대신 죽을 수도 있다."

"내 살점이 떨어져 나가는 것 같은 새끼의 아픔, 대신 아파 줄 수만 있다면…."

이런 흔한 말들을 수없이 들어왔어도 내가 직접 심각한 경우를 당해 보지 않아 실감하지를 못하다가 막상 내 새끼를 수술실로 들여보내고 나니 수술이 끝나기까지의 기다리는 순간은 '피를 말리는 초조함'이라는 표현이 과장이 아님을 실감했다.

아들 '슬기'가 몇 달 전부터 뱃속에 딱딱한 것이 만져진다는 말을 자주했지만 대수롭지 않게 여기다가 어느 날 우연히 만져보니 과연 너무나 크고 딱딱한 것이 만져지기에 병원엘 보냈다.

결과는 무엇인지 모르지만 심각하니 수술을 하라는 처방에 놀라 서울의 대형 종합병원으로 옮겨 수술을 받기까지에 이르렀다. 며칠간의 입원 검사결과 뱃속의 등 쪽에 커다란 살덩이가 있는데 무엇인지는 수술 후 조직검사를 해 봐야 알 수 있다는 것이다.

'하루라도 빨리 수술을 받아야 할 텐데' 하고 병실에 입원하여 초조하게 기다리던 며칠 만에, 막상 수술 날짜와 시각을 통보 받고, 그리고 하루 전날 밤 담당 의사로부터 설명을 들은 후 수술 동의서에 서명을 하려니 손이 떨렸다.

"내일 아침 일곱 시 반에 수술합니다. 말씀 드렸듯이 무슨 병인지는 조직검사 결과를 봐야 알 수 있고, 수술 후유증이 올 수도 있습니다" 하면서 하지 마비, 평생 발 저림, 평생 다리 통증 등의 경우를 얘기하고 서명하라니 아내 앞이라 태연한 척하려고 애썼지만 서명하는 손에 경련이 일었다.

그리고 그날 밤, 보호자 없어도 된다는 말에 집으로 돌아온 아내와 나는 서로 수면을 방해할까봐 잠자리를 거실과 안방에 따로 정하고 누웠지만 한숨도 못자고 새벽에 다시 병원으로 달려갔다.

슬기의 입원실에 도착하니 당사자도 애써 태연함을 보이려고 했지만 잠을 못 잔 표정이 역력했다. 잠시 후, 수술실 입실 전에 배뇨관과 호흡관을 꽂는다며 다른 곳으로 데려갔다. 그리고 이내 '수술실로 입실하니 보호자는 와 보라'는 전갈이 와서 달려가니 벌써 조금 전의 태연하던 모습은 볼 수 없었다.

코를 통해 기관지에까지, 그리고 요도를 통해 방광에까지 호흡과 배뇨를 위한 호스를 꽂는 고통에 눈물이 어렸고 침대를 옮겨 타기 위해 이 아비의 손을 잡았을 때 가늘게 떨리어오는 아들의 손은 이미 혈기왕성한 이십대 청년의 손이 아니었다.

그리고 수술실로 끌려가면서 어미아비를 쳐다보는 눈망울은 차라리 죽음을 예견한 새끼노루가 어미를 쳐다보는 처량한 눈망울과도 같았다.

수술실 문을 열다가 "입실합니다. 더 하실 말씀 없습니까?" 하는 의사의 말은 마지막 유언이라도 더 들어보라는 것 같아 그저

부자는 잡은 손에 힘을 주면서 “괜찮아, 힘 내!”라는 말만 하고 돌아섰다.

돌아서서 나는 화장실로, 아내는 반대쪽 복도로 몸을 돌려 피하면서 눈물을 안 보이려고 했지만 부부는 끝내 서로의 손을 맞잡으면서 침착하게 기다리자는 말로 위로 아닌 위로를 할 수밖에 없었다.

수술이 끝나고 병실로 다시 돌아오기까지의 일곱여 시간!

수술실 앞에서 힘주어 잡았던 손을 놓는 순간 ‘아빠, 나 좀 살려줘’ 하는 듯한 애처로운 눈망울의 모습이 지워지지 않아 잠시도 그냥 앉아 있을 수가 없었다.

그간 병원에서 마주친 수많은 사람들, 그 많은 사람들의 대부분이 병마와 싸우는 환자이거나 그와 고통을 함께하는 가족들이었을 것이다. 하지만 나와는 관계없는 사람들이요, 그래서 눈곱만큼의 관심도 가져 보지 않았다. 그러하듯이 지금 나와 내 아내의 이 초조한 마음을 조금이라도 관심을 가질 사람은 아무도 없었을 것이다.

인간이 얼마나 이기적인 동물인가?

기독교 목회자인 옆 침대 환자의 친지들이 찾아와 큰 소리로 기도하고 떠들 때에는 시끄러워서 내심 싫어했던 내가, 그의 아내가 내 아들의 성공적 수술이 되게 기도해 주겠다는 말이 너무도 고맙게 여겨졌으니 말이다.

수술 사흘째인 오늘, 제 발로 걸어다니고 음식을 먹지는 못하지만 조잘조잘 떠들기도 하니 한숨이 놓인다. 향후 경과 좋고 후유증이나 재 발병 없이 건강하기만을 기원할 뿐이다. 그래서 하루가 십년같이 지루한 날 없이 십년이 하루같이 즐거운 나날이 되기만 바랄 뿐이다.

직업이라고 하는 것

'직업'이라는 말을 사전에 정의한 것을 보면 '생계를 세우기 위하여 일정한 동안 계속 종사하는 일'이라고 명시되어 있다.

그러나 근래 들어서는 단순히 생계를 세우기 위한 목적. 즉, 경제적 측면뿐 아니라 자기 자신의 내면적 욕구를 충족시키기 위한 일종의 취미활동의 일환으로 직업에 종사하는 이들도 늘어가고 있다.

물론 인구가 늘어나고 문화가 다양해짐에 따라 새로운 직업, 특히 3차 산업종인 서비스업의 새로운 직업들이 많이 늘어나는 현실이다. 하지만 기존의 많은 사람들이 종사하고 있는 직업인들에 비해 자기가 좋아하는 일을 하는 그들은 소득의 고하를 떠나서 참 행복한 삶을 누리고 있지 않을까 하는 생각이 든다.

어찌어찌 하다 보니 이 직업에 안주하고 말았다는 사람이 아닌, 정말로 취미와 소질이 부합된 직업의 예술가나 작가 또는 바텐더 만화가, 안무가(按舞家) 등등…. 흔히 부러움과 선망의 대상인 의

사나 검사, 판사, 정치가 등의 내면을 곰곰이 생각해 보면 결코 부러움의 대상만이 아닐 것 같다.

매일 병으로 고통스러워하는 환자들만을 대하는 의사의 입장을 생각하면 과연 그들의 일상이 즐겁기만 할 것인가? 전공과목에 따라 다르기는 하겠지만 위급한 환자라도 들이닥치면, 특히 수술이라도 해야 할 처지라면 얼마나 긴장하고 집중을 해야 할 것인가? 그러니 의사들이 환자들에게는 입버릇처럼 술 먹지 마라, 담배 피우지 마라 하면서도 정작 자기들은 긴장 해소를 위해 술 담배를 못 끊고 있지 않은가?

판검사는 어떤가? 늘 범죄자들을 상대로 조사하고 잡아들이고 벌주는 일만 해야 할 것이니 그들 또한 무슨 즐거움과 그로 인한 웃음이 있겠는가? 사람들 사이에는 기(氣)가 흐른다고 하는데 그것이 사실이라면 의사는 아픈 환자들만의 기를 받을 것이요, 판검사들은 범법자들의 나쁜 기만을 받을 것이니 그야말로 참 기가 막힐 노릇이다.

천하를 호령하던 정치인들을 보자.

후대에 두고두고 추앙 받는 정치인이 몇이나 되는가? 한때 오르막에서 떵떵거리던 권력이 무너지고 나면 노후에는 남의 손가락질 받으면서 비참한 삶을 누리거나 아니면 사후에 그 자손들이 수모를 당하는 사례들을 수없이 보아 왔지 않은가?

또 우리는 유명 대기업체에 근무하는 사람들의 많은 보수(報酬)를 부러워도 했지만 그들은 요즈음 어떤가? 정년이 보장되지 않아 언제 퇴출당할지 모르는 불안감에 떨면서 남에게 뒤질세라 항상 회사 일에 몰두해야 하고, 윗사람 눈 밖에 날까 두려워 노심초사해야 하는 그 심리적 압박감에 몸이 성하겠는가?

그에 비하면 반평생 몸담아 온 나의 교직 생활은 참으로 행복한 날들이었다고, 떠나야할 날이 가까워진 이제서야 깨닫고 자부심도 가져본다.

비록 권력이 없어 늘 다른 직종의 사람들에게 당하기 일쑤였고, 보수가 적어 늘 아끼면서 어렵게 살아 왔으며, 잘달고 쩨쩨하다고 입신여김을 당하면서 살아왔다. 하지만 나는 어린이들의 싱싱한 기를 받으면서 그들과 함께 웃으며 살아왔고, 여름엔 덥다고 겨울엔 춥다고 해마다 두 달 넘게 거의 집에서 쉬면서도 꼬박꼬박 보수는 받지 않았는가?

그리고 잘 가르쳤든 잘 못 가르쳤든 방방곡곡에 수많은 제자들이 있다. 이 얼마나 뿌듯한 재산인가?

'남의 손에 있는 떡이 더 커 보인다'는 속담처럼 젊어서 남의 처지를 부러워만 했던 나는 이제야 참으로 행복한 삶을 살아 왔다고 회고한다.

백수들의 황혼

초·중고교 동창생들 중 월급쟁이 생활을 하던 친구들의 대부분은 경제 한파의 영향으로 또는 승진 대상에서의 탈락으로, 아니면 정년으로 한두 해 전에 이미 퇴직하여 백수건달이 되었다.

이유야 자의(自意)로 했든, 타의(他意)에 의해 그만 두었든 퇴직이란 그 자체는 그리 즐거운 일이 아님은 두말 할 나위없다.

그러니 정년이 가장 긴 교육공무원으로 살아 왔기에, 그리고 다행히 남에게 뒤처지지 않고 승진을 했기에 나는 아직 퇴직하지 않고 있으니 친구들에게는 부러움의 대상이 되고 있다. 그래봐야 내후년쯤이면 나 또한 똑같은 처지가 되겠지만….

조선일보 칼럼의 '조용헌 살롱'이란 글 중 '인생 4단계론'이란 글을 인용해 본다.

고대 인도인들은 인생을 4단계로 생각하였는데 1단계는 학습기(學習期)로서 태어나서 25세까지의 시기에 스승으로부터 삶의 경험과 지식을 전수받는 시기이며, 2단계는 가주기(家住期)로 대략 50세까지의 기간이다. 결혼하여 가정을 꾸리고 사회적 의무를 다하기 위해 생명을 준 신에게 제사를 지내고 낳아 길러준 부모와 조상들의 은혜에 보답하기 위해 자식을 낳아 길렀으며, 스승과 성자들의 은혜에 보답하기 위해 진리가 담겨있는 경전을 열심히 공부하였다고 한다.

그리고 3단계는 임서기(林棲期)로 숲 속에 머무르는 기간이며 대략 75세까지였다고 한다. 즉, 50세가 넘으면 사회와 가정으로부터 벗어나서 한적한 숲 속에 들어가 자신의 구원을 위해 시간을 투자하는 단계로서 세상에 대한 집착을 끊는 연습을 하고 엄격한 금욕생활을 실천하였다고 한다.

4단계는 유랑기(流浪期)로 삶의 마지막 단계이다.

세속적인 집착을 완전히 버리고 떠돌아다니며 얻어먹는 기지생활의 단계이다. 살아 있으면서도 죽었다고 생각하므로 길에서 객사하는 것을 당연시 했다.

이 4단계 이론으로 본다면 일 년여 후 나의 처지는 3단계 임서기 중반쯤은 된다고 봐야하지 않을까?

우리 한국형의 임서기 생활이라면 많은 퇴직자들이 꿈꾸는 농촌의 전원생활이 아닐까하는 생각이 든다.

근교 농촌에 아담한 주택을 짓고 자연을 즐기면서 조용하고 안락한 여생을 보내고 싶은 꿈을 꾸지만 나에겐 말 그대로의 꿈일 뿐이다.

남과 같이 모아놓은 돈이 없으니, 그렇다고 지금 살고 있는 집으로 대체하고자 해도 근교의 땅값이 너무나 비싸 엄두도 못 내니 말이다. 그저 꿈일 뿐이다.

문득 엊그제 친구가 하던 말이 생각난다.

"70대가 되면 있는 자나 없는 자 모두 같고, 80대가 되면 죽은 자나 산 자 모두 같다. 그러니 늙을수록 소중한 재산은 건강뿐이다."

맞는 말이다. 이제 무슨 돈과 무슨 정력으로 새 집을 짓고, 얼마나 살겠다고 발버둥치겠는가? 그저 살아있는 동안이나마 건강을 지켜보자고 발악할 수밖에….

보고 싶은 선생님

어젯밤 텔레비전에서 'TV는 사랑을 싣고'라는 프로를 보았다. 이전에도 자주 보았듯이 어느 가수 겸 작곡가가 어렵던 초등학교 시절에 꿈과 용기를 심어 주었던 담임선생님을 찾고 있는 내용이었다.

35년 만에 어렵사리 찾고 보니 선생님은 이미 고인이 되었다. 그래서 대신 무대에 나온 그 선생님의 아들 앞에 주저앉아서 통곡을 하는 모습을 보면서 나도 흘러내리는 눈물을 아내 몰래 훔쳐야만 했다.

"좀 더 훌륭하게 된 후 찾아뵈어야지 하면서 미루다가 이제야 찾았더니 돌아가셨군요. 좀 더 일찍 찾았어야 했는데…"라고 넋두리하며 애통해 하는 모습에서 '참 무척이나 감화를 준 선생님이구나' 하는 생각을 했다.

누구나 다 그렇듯 그 TV프로에도 옛 은사를 찾는 사람이라면 한결같이 "어려울 때 도와 주셨다, 나를 무척 귀여워해 주셨다, 용기와 희망을 주셨다" 등등, "그래서 지금은 이렇게 잘 살고 있다"

는 내용이다.

물론 누구나 다 알 만한 유명인사들만 출연하는 방송이라는 사실을 감안해야 하겠지만 어찌되었든 '나는 과연 저기 나오는 선생님들처럼 제자들에게 감화를 주고 잘 키웠는가?'라고 반문해 보지 않을 수 없다.

집안 형편이 좋고 공부 잘하고 용모도 단정하던 애들보다 내가 어렸을 때처럼 지지리 공부도 못하고 몸에서는 코를 찌르도록 냄새가 나던, 그 버려지다시피 소외받던 애들에게 더 많은 사랑과 관심을 가져줬어야 했는데….

간혹 연락이 오는 제자들에게서 대수롭지 않게 여겨서 무심코 행했던 내 언행을 오랜 세월동안 잊지 못하고 "고마웠습니다"를 연발하는 말을 들으면서 혼자 부끄러워 얼굴이 붉어지기도 한다.

하도 헐벗은 모습을 보다 못해 아내가 장날 시장에 나갔다가 싸구려 티셔츠 한 장을 사다 입혔더니 좋으면서도 부끄러워 얼굴을 붉히면서 입을 다물지 못하던 장○○를 보면서 뭐 대단한 자선이라도 베푼 듯이 우쭐했던 나.

마약사범(痲藥事犯)으로 교도소에 드나들던 아버지로 인하여 엄마는 가출해버려서 굶는 날이 먹는 날보다도 많을 지경이라 늘 기운이 없던 최○○에게 따뜻한 말 한마디라도 자주 해서 용기를 북돋아 주지 못했던 나.

나처럼 자다가 오줌을 싸고도 옷을 갈아입지도 못하고 그대로 등교해서 옆에만 오면 항상 지린내가 진동을 하던 용○○가 옆에 오는 것을 꺼렸던 나.

군것질하고 싶고 배가 고파서 선생님들의 눈을 피해 학교 인근의 밭둑에서 익지도 않은 고야(토종 자두의 일종)를 열심히 따 먹던 아이들의 심정은 헤아리지 못하고 불호령만 내리던 나.

도화지 한 장 살 돈이 없어서 미술 시간에는 늘 뒷전으로 밀려나 있어야 했던 여러 아이들에게 어떤 대안이라도 제시하지 못하고 소외시켰던 무능력 교사 한문석이….

지금은 어엿한 어른이 되어 이 나라의 일꾼으로 한몫 하면서 잘들 살고 있을 너희들에게 이제 뒤늦은 용서를 구하노라. 그리고 너희들의 자녀들은 부디 나같이 무능하고, 밝은 곳보다는 어두운 곳으로 먼저 눈길을 돌릴 줄 모르는 편협한 교사를 만나지 않도록 기도한다.

'나도 새다'라고 꽥꽥 소리 지르면서도 날지도 못하고 뒤뚱거리는 거위처럼 선생이라고 자만하기만 했던 나같이 못난 선생 만나지 말라고….

마지막 인사이동

내 공직생활 중에서 마지막이라고 생각하며 통근 거리가 조금 가까운 이 학교로 전보를 희망하여 이동했으니 남은 3년 동안에 못다한 내 정열을 다 쏟아야겠다고 다짐하지만 작심삼일(作心三日)이 되지나 않을지 나 스스로가 참 걱정스럽다.

주변에서 많은 이들이 전화로, 전보로, 또는 축하의 화분을 보내주고 직접 방문도 하여 영전(榮轉)을 축하한다고 격려해 주니 고맙기도 하고 한편 부담스럽기도 하다. 내가 과연 이렇게 분에 넘치는 인사를 받을 만큼 소임을 다할 수 있을까 하고 말이다.

더구나 교내의 각종 학부모 단체 임원들로부터 '학교 발전을 기대하겠다'는 인사를 받을 때는 차라리 압력이라고 표현하고플 정도다.

개교한 지 80년이나 되는, 그래서 온갖 건물들과 시설물들은 낡을 대로 낡아 어디서부터 손을 대야 할지 모르는 상황이니 이제 부임 일주일을 맞는 오늘도 교내를 순시하면서 한숨만 쉬었다.

한정된 예산으로 투자의 우선순위를 정하여 효율적으로 집행해야 한다는 기본원칙은 알지만 하도 많은 곳에서 투자를 기다리고 있으니 답답할 뿐이다.

학교라는 곳의 대부분이 이러니 학교장들의 욕심이 앞서서 기부금이다 찬조금이다 하고 학부형들로부터 돈을 거둬들이다가 문제가 되어 불명예스런 최후를 맞는 것을 보면 참 안타깝다.

'없으면 안 하면 그만이지 왜 잇속도 없이 하지 말라는 짓을 하다가 저렇게 당하나' 하고 생각하다가도 이렇게 돈 없어서 하고픈 일을 못하고 있을 때 누가 사심 없이 기부하겠다고 제의해 오면 과연 나는 그 유혹을 단호하게 떨쳐 버릴 수 있을까 하고 생각도 해 보게 된다.

며칠 전, 내가 교감 초임 때 모셨던 교장선생님께서 손수 꽃을 사 들고 축하해 주러 오셨다.

조촐하게 대접해 드린 점심을 맛나게 드시며 들려주신 여러 가지 말씀 하나하나가 이제 3년 후 모두 나의 일이라 생각하니 예전에도 많이 들었던 이야기건만 새롭기만 했다. 특히 수익을 위해 투자할 생각을 하지 말 것이며 일자리를 얻으려고 애쓰지도 말라는 말씀은 나에게 새로운 생각을 하게 하셨다.

"반평생을 넘게 얽매여 살았는데 또 일한다고 자유롭지 못한 생활을 할 것이냐?"는 말씀은 "늙어서도 일한다는 보람을 찾고 싶다"는 이제까지의 생각에 혼란을 가져오게 한다.

물론 나같이 무능력하고 건강하지도 않은 사람에게 일자리가 있을 리도 없지만 자유롭게 여생을 보내야 한다는 논리에는 주관(主觀)이 흔들리고 만다.

일을 한다는 것이 곧 건강을 유지하는 길이라고 하지만 그보다는 우선 긍정적인 마음가짐이 더 중요할 것 같다.

전에 그 교장선생님께서도 "퇴직 후 한두 해가 견디기 힘들더니 이제는 무덤덤해졌다"고 하시듯, 현직에 있을 때 부하들에게 대접받고 주변 사람들에게도 교장이라는 직함 때문에 그런대로 우대받다가 퇴직하고 나면 누구도 돌아보지 않는, 더구나 가족들에게마저도 푸대접 받는다는 느낌을 받는다면 그때의 허탈감은 이루 말 할 수 없으리라. 그러니 지금부터 마음을 다스려 초연하게 대처해야할 텐데 아직은 수양이 많이 부족한 것 같다.

몇 년 전 공직에서 퇴임하신 내 작은형님께서는 봄부터 가을까지는 늘 산에서 사신다. 봄에는 산나물, 여름에는 버섯, 가을에는 산열매 등을 채취하여 건강식품으로 드시고 남에게 선물도 하는 것을 낙으로 삼으신다. 덕분에 지병인 당뇨병도 이기시면서 건강을 유지하시니 남 보기에는 별 볼일 없는 일이지만 건강을 유지하기엔 안성맞춤인 것 같다.

흔히 명예와 권력, 또는 부를 얻어서 남에게 과시하거나 군림할 수 있게 되면 '그 사람 출세했다'고 한다.

그런데 어느 신문에 투고된 글귀를 인용한다면, '출세(出世)'라는 말의 어원은 불교의 '출세간(出世間)' 즉 '세간을 떠난다'는 말에서 유래 되었으며 '출(出)'은 뫼 산(山)자 위에 또 산이 겹쳐 있는 모양으로 세속을 떠나 깊은 산속으로 들어가는 것이 불교에서는 최대의 행복으로 여겼던 것이라고 한다.

이제 퇴직을 하고 나면 내리막길인데 명예도 권력도, 그리고 부귀를 얻을 수도 없으니 나의 출셋길도 내 작은형님처럼 산으로 밖에 갈 길이 없으려나?

어린이들의 비행

세계 어느 나라를 막론하고 비행청소년들의 문제가 고민거리의 하나로 떠오르지 않는 나라는 없을 것이다.

폭력, 절도, 강도, 강간, 살인, 방화, 집단 따돌림 등, 날이 갈수록 수단과 그 방법도 교묘해지고 포악해지는 현상을 본다. 그러면서 기성세대들은 혀를 차지만 뾰족한 수가 없어 늘 사후 약방문격으로 언론에는 떠들썩하면서 학교나 경찰을 질타하다가 날이 가면 잠잠해지곤 한다.

그런데 비행의 연령이 날이 갈수록 낮아지고 있어 그 심각성은 더하고 있다. 나 어릴 때에는 중학교 2~3학년쯤에나 있을 법했던 비행들이 요즈음에는 초등학생들에게도 다반사이니 말이다.

저보다 약한 애들에게 돈 빼앗고 훔치기는 보통이고, 패거리를 조직해서 싸움질하고, 가출하고 심지어 조숙한 여자애들 중에는 성매매를 경험한 애들까지 있을 정도이니 기가 막힐 노릇 아닌가?

일전에 어느 인터넷 홈페이지에 '결손가정'이라는 표현을 학교에서 썼다고 이혼하여 혼자 애를 키우는 아버지가 비판한 글을 읽었다. 결손가정의 자녀들이라고 해서 다 삐뚤어지는 것은 물론 아니지만, 비행을 저지르는 아이들 대부분이 가정환경이 좋지 않으니 부인할 수 없는 현실 아닌가?

그런데 우리나라의 이혼율은 세계에서도 상위권에 속할 정도로 높아만 지고 있다니 큰일이다.

몇 년째 장기적으로 계속되는 경제난에 따른 가정 파탄과 여성들의 경제력 신장, 그리고 성윤리가 해이해짐에 따라 이혼율도 급격히 늘고 있는 것이 아닌가 싶다. 그러니 아이들은 정 붙일 곳을 잃고 밖으로 배회하다가 비행의 유혹에 빠질 수밖에 없지 않은가?

내가 이 학교에서 마지막 공직을 마감하고자 전근을 희망해 왔지만 부임한 지 두 달 만에 전 임지 학교 아이들과 너무나 대조적인 면에서 실망감을 갖지 않을 수 없다. 극히 일부의 아이들이겠지만 생활지도에 어려움이 너무나 많음에 나도 모르게 자꾸만 비교를 하게 된다.

분리 수거해 놓은 휴지 더미에 불 지르는 녀석, 방과 후 늦은 시각에 복도의 정수기에서 물 먹고 싶다고 잠긴 창문 유리를 깨고 들어와 물을 먹고는 꼭지를 잠그지 않아서 밤새 복도가 물바다가 되게 해 놓고 도망간 녀석, 담장 옆 향나무에 불을 질러서 이웃집 민가에 화재를 일으킬 뻔했던 한 녀석, 교내의 소화기를 훔쳐들고 나가서 터뜨리며 놀다가 붙들려 들어온 녀석, 화장실 문짝, 변기 거울 때려 부수는 녀석, 대형 두루마리 화장지를 통째로 들고 나가 풀어놓는 녀석, 일부러 변기에 이물질을 집어넣어서 막히게 하는 녀석, '수신자부담 공중전화'에서 학교로 전화 걸어 욕하고 끊어버리는 녀석….

참 짓궂은 행동의 종류도 가히 토픽감이다.

얼마 전에는 두 녀석이 가출을 해서 경찰에 가출 신고를 하고 전단지까지 제작하여 배포했더니 열흘 만에 돌아와서 안도했던 일도 있었으니 이런 일에 비하면 위에 일들은 애교로 봐 줘야 하는 것인지도 모르겠다.

말년이 되면 사고가 걱정되어 아이들의 현장학습 내보내는 것까지도 꺼린다고들 하더니 내가 너무 지나치게 과민반응을 보이는 것일까? 아직도 2년이 넘게 남은 임기를 이렇게 신경쓰다보면 흔히들 하는 말처럼 '복지부동'의 공무원이 될 텐데….

크고 낡은 건물에 1,800여 명의 인원을 관리하자니 가스사고, 전기사고, 화재사고, 추락사고, 붕괴사고, 교통사고, 폭행, 절도, 강도, 강간, 가출 등 이루 헤아릴 수 없이 많은 사고의 요인들에 노심초사 하면서도 '소신껏 일 해야겠다'고 다시 한 번 다짐해 본다.

새소리 요란한 학교 숲

예전엔 의학이 발달하지 않아서 병명조차 없었던 것인지 아니면 그런 환자가 없었는지 모르겠으나 아무튼 내 기억으로는 최근에 이르러서 알레르기성질환의 환자가 참 많아진 것 같다.

그리고 나 또한 시골에 살 때에는 몰랐었는데 도시로 이사를 온 후 언제부터인가 알레르기성비염을 앓기 시작하여 해마다 이맘때만 되면 연중행사처럼 콧물 재채기로 곤욕을 치른다.

계절의 여왕이라 일컫는 5월이 되어 미루나무, 버드나무의 꽃씨가 날리고 송화 가루가 날리면 예외 없이 증상이 나타난다.

줄줄이 재채기가 나고 콧물이 흐르기 시작하면 나중에는 눈물까지 나와서 남들 앞에 나서기도 곤란할 정도가 된다.

그런데 나뿐만 아니라 주변에 나와 같은 사람들이 많아졌다는데 심각성이 있는 것 같다. 왜냐하면 옛날이라고 미루나무, 버드나무 꽃씨가 없었고 소나무 꽃가루가 없었던 것이 아니다. 그런데 유독 근래에 와서 알레르기 환자가 많아졌으니 말이다.

옛날보다 잘 먹고 잘 입는데도 호흡기 질환자는 더 늘어만 가고 있으니 당연히 공기의 오염 탓으로 돌릴 수밖에 없지 않을까?

어느 지방자치단체에서는 꽃씨가 날리는 버드나무 대신 은행나무, 벚나무 등으로 가로수를 바꾸기도 한다고 하는데 나의 입장에서만 본다면 참 반가운 일이다.

그러나 모든 사람들이 다 내 마음과 같을지는 의문이다. 수종(樹種)을 선택하고 심는 일이란 그리 간단치 않기 때문이다.

나무를 심어서 키우기까지는 한두 해에 되는 일이 아니요 더구나 커다란 나무를 옮겨 심는 일은 많은 경비가 소요되기에 더욱 그렇다.

요즈음 내가 학교에 숲을 만든답시고 조경업자와 함께 밖에 나가 살다시피 하고 있는데, 새로 숲을 만드는 것이니 그리 간단치가 않다.

교육과정과 미관을 함께 고려한 수종 선택에서 심는 위치와 배열, 방법, 가지치기, 그리고 빠듯한 예산한도 내에서 최대한 많이 심자고 업자와 밀고 당기는 흥정을 하고 작업을 감독하자니 그리 만만치가 않다.

더구나 오랜 세월이 흐른 후에, 그래서 나무가 컸을 때에도 많은 사람들에게 "뭐 이런 나무를 심었냐?"고 욕먹지 않고 "참 좋은 숲이로구나" 하면서 찾아오도록 만들어야 하겠기에 더욱 신중할 수밖에 없다.

지금 이 학교에 심어져있는 나무 중에 향나무가 많은데 교사(校舍) 바로 앞에 너무 밀식(密植)되어 있고 키가 커서 운동장으로의 시야가 가려질 뿐 아니라 서로 맞닿아서 가지가 삭으니 솎아 내야 할 형편인데 그러자면 많은 예산이 소요되기에 난감하다.

또 예산 형편이 여유가 있다고 치더라도 수십 년 된 나무를 함부로 옮기다가 죽으면 동문들이나 학부형들의 지탄을 받을 것이 뻔하니 선뜻 용기를 내기가 어렵다. 그냥 그럭저럭 시간 보내다가 퇴직하면 그만이긴 하지만….

하기야 옛날부터 "학교에 심어진 나무는 교장이 바뀔 때마다 옮겨지다가 죽는다"는 말이 있을 정도로 교장이 독선적으로 자기 취향에 따라 나무를 이리저리 옮기기도 했다. 하지만 요즈음에는 전 직원들의 의견과 학교운영위원회의 심의를 받아서 처리하니까 혼자 십자가 질 일은 줄었다.

급격히 도시화되어 주변이 온통 콘크리트 숲으로 둘러싸여 가는 이 학교에나마 푸른 숲이 우거지고 새들이 찾아드는 쾌적한 학교를 만들어 놓고 싶어 그저께 밤에도 어젯밤에도 잠자리에서 고심하다가 잠들었다.

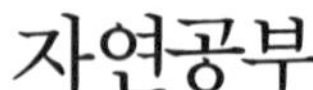

자연공부

근래에 전국의 도로는 휴일만 되면 교외로 나가려는 차량 행렬 때문에 도로변에 농토를 가진 애꿎은 농민들이 피해를 호소하는 일이 많아졌다. 생기는 것 없이 도로변의 논밭에 나가려면 경운기 하나도 지나다니기 어렵고 쓰레기나 내던져지기 일쑤니 말이다.

반면에 도시민들의 입장에서는 빡빡한 일정을 콘크리트 숲에 갇혀서 소화해 내다보면 숨이 막힐 것 같이 답답하니 틈만 나면 한적한 자연의 숨결을 느껴보고 싶어 기를 쓰고 나가는 것이 당연한 현상이라 생각된다.

더구나 소득의 향상으로 삶의 질을 높인다고 공무원들까지도 주 5일 근무제를 법제화함으로써 '5도(都)2촌(村)'이라는 용어까지 생길 정도이다. 그러니 대다수의 도시민들이 쾌적한 자연의 품을 찾아 나서는 차량 행렬을 탓할 수만도 없지 않은가?

우리나라 기후특성상 이번 주가 휴가철의 최절정기이니 말 그대로 전국의 도로가 교통지옥이라고 해도 지나치지 않을 것 같다.

젊은 어미와 떨어져서 외가의 아파트에 갇혀 지내는 외손녀 민주가 베란다에 금붕어 몇 마리 가져다 놓은 것을 틈틈이 들여다보면서 뭐라고 쫑알대는 모습을 보니 귀여우면서도 불쌍하고 측은하다.

왕성한 활동력과 무한한 호기심에 닥치는 대로 만져보고 뜯어보고 두드려보고 올라서고 구르고, 말 그대로 어디로 튈지 모르는 럭비공 같은 것이 아이들이다. 그래서 자연 속에 멋대로 놓아줘야 할 존재를 흙 묻을세라 다칠세라 콘크리트 공간에 가둬 놓으니 때로는 베란다 난간을 붙잡고 서서 바깥 풍경을 보며 혼자 조잘대는 모습이 마치 새장에 갇힌 새를 연상케 한다.

그러니 대부분 요즘 아이들의 자연공부라는 것이 교사의 설명과 교과서에 의존한 그림으로, 혹은 전자 매체의 화면을 통해서 간접 체험으로 얻는 것이 전부이다. 그러니 남과 타협하고 배려하고 양보하려는 인간미는 점점 상실될 수밖에 없지 않을까? 어찌 보면 문명의 발달과 경제 성장으로 생활이 편리해지는 만큼 인간성의 상실은 비례해 가는 것 같다.

어렸을 때 자연과 함께 하면서 나 스스로 터득한 자연의 이치들과 의아해 했던 것들이 많았음을 지금도 기억한다.

올챙이나 물고기의 헤엄치는 모습을 보고 나룻배의 노를 저어 앞으로 나아가는 이치를 연관시켜 생각하게 되었고, 실개천 상류에 살던 내가 학교 앞 강가에 나가 동글동글한 수마석을 보고 우리 동네의 거칠고 각이 진 냇가의 돌과는 왜 다른지 의문을 품었다가 나중에 학교 수업을 통해 그 이치를 깨달았다.

장마철 불어난 냇물에 들어갔다가 흐르는 물살의 위력을 경험하고서야 급류를 경계하게 되었고, 풀밭에서 벌집을 건드렸다가 벌에 쏘여 보고 쐐기에게도 쏘여보고서야 곤충들도 자기 방어를 위한 무기는 다 가지고 있다라는 사실을 깨달았다.

은행나무는 밤나무에 비해서 같은 굵기라도 훨씬 더 여리다는 사실을 나무에 오르내리며 자연스럽게 터득하였고, 콩과 팥을 뽑아보고 조와 피를 뽑아 보면서 자연스럽게 쌍떡잎식물의 곧은 뿌리와 외떡잎식물의 수염뿌리를 알게 되었다.

칡뿌리, 뚱딴지(돼지감자), 메를 캐 먹으면서 덩이뿌리 식물은 싹이 트기 전에 캐 먹어야 양분이 저장되어 있어서 맛있다는 사실을 알았고, 새 둥지를 찾아다니면서 춥지 않은 여름철에 새끼를 기르기 위해 봄에만 알을 낳는다는 사실도 알게 되었다.

동네 뒷산에서 간혹 볼 수 있었던 고령토 찰흙을 채취해 가지고 놀면서 적당한 함량의 수분과 오랜 반죽이 점질을 강하게 한다는 것을 터득하였고, 버들피리 만들기와 송기 꺾어 먹기를 통해서 봄이 돼야만 식물은 목질부와 껍질 사이로 물을 흡수한다는 것을 알았으며, 동네 무덤가의 비탈에서 볏짚을 깔고 앉아 썰매를 타면서 짚단을 세로로 타야만 마찰이 적어 잘 내려간다는 것과, 굵은 철사, 식칼처럼 납작하고 긴 철 띠, 군용 실탄 통 뚜껑 등 각가지 재료로 얼음 썰매를 만들어 타면서 곧고 얇은 쇠붙이일수록 마찰이 적어서 잘 나간다는 것도 알았다.

대장장이 흉내를 내서 큰 못을 달구고 두들겨 장난감용 칼을 만들다가 쇠붙이는 불에 달구면 연해지고 급랭 시키면 강해지는 것도 깨달았다.

그런가 하면 납이 든 총알을 주워 화롯불에 녹여 메달을 만들면서 납은 불에 잘 녹고 연하다는 사실도 깨달았지만 무서운 독성은 몰랐던 어리석음도 있었고, 무서운 독사를 잡거나 아주 높은 나뭇가지 끝까지 올라가 새집을 꺼냈던 위험도 많이 겪었지만, 그런 자연 속에서의 체험을 통해 깨달은 이치들이 어찌 이뿐이랴?

방학 전 4학년과 6학년이 가평의 산골에 있는 수련원으로 2박 3일의 수련활동을 갔다 온 후 자녀가 모기에 물렸다고 화를 내며 항의하는 전화를 학부모로부터 받고 아연실색하기도 했다. 여름철 모기에게 물리는 것이 그렇게도 대단한 일이란 말인가?

그 부모의 그 아이가 불쌍한 생각이 든다. 그 아이야말로 자연 공부는 교과서를 통해서만 해야 할 아이가 아닐까?

이렇게 무더운 날 밤에 때 묻지 않은 쾌적한 시골 마당에 멍석을 깔고 외손자 손녀들과 누워서 별을 보았으면 좋겠다. 모깃불 쑥 향기 맡으면서 날아가는 반딧불도 보고….

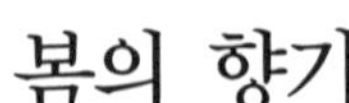

봄의 향기

얼마 전에는 삼십 몇 년 만의 혹독한 꽃샘추위라고들 법석을 떨었는데 어느덧 3월 하순에 접어들고 보니 요즈음 며칠은 제법 포근하기 짝이 없다.

며칠만 더 지나면 이곳 중부지방에도 온갖 꽃들이 흐드러지게 필 것이다. 어릴 때 내 고향의 정취가 그대로 느껴지는 시조라서 감명 깊게 읽었고, 그래서 아직도 잊혀지지 않는 시조가 또 생각나겠지….

살구꽃 핀 마을은 어디나 고향 같다.
만나는 사람마다 등이라도 치고 지고
뉘 집을 들어서본들 반겨 아니 맞으리.

그러나 근래에는 봄이라 해도 옛날과 달리 황사, 매연 등의 연무로 해맑은 날이 드물며 변덕스런 날씨가 많다. 그러다 보면 또 어느새 날씨가 더워져서 여름이 금방 왔다고들 한다. 우리나라의 자랑거리인 뚜렷한 사계절의 구별이 어려워진 것이다.

더구나 야채나 과일 등의 먹을거리조차 계절의 구분이 없어졌으니 계절에 따른 특유의 맛과 향기를 느낄 수가 없어서 안타깝다.

오늘 아침 아내의 정성이 깃든 밥상에는 냉이국과 달래무침이 올라왔지만 아무리 음미해 봐도 옛날의 그 맛과 향을 찾을 수가 없었다.

흔히 자연산이 아닌 재배한 것은 맛과 향이 적다고들 하지만 아무리 재배를 한 것이라 해도 이렇게 맛과 향이 없을 수 있을까? 내 생각에는 재배한 것이냐 자연산이냐의 차이보다 기름진 음식과 조미료에 길들여진 입맛 탓이 아닐까 하는 생각이 든다.

옛날 어렸을 때, 겨우내 묻어두었던 구덩이를 이른 봄에 헤치고 노오란 싹이 돋아난 것을 어머니께서 꺼내어 칼로 까 주셨던 생무우 맛에서는 달콤하고 매콤하면서도 향긋한 흙냄새 같은 것이 느껴졌었고, 봄볕에서 길쌈을 하며 겻불에 묻어 구워주시던 자주감자에서는 알키하면서도 구수하고 달콤한 맛과 엄마의 냄새가 났었다.

그래서 작자는 물론 시 구절도 거의 다 잊었지만 옛날 내가 평교사 시절에 국어교과서에 나오던 '감자'라는 시에 "할머니가 보내셨구나. 이 많은 감자를…"로 시작해서 "감자를 구우면 할머니 냄새가 나는 것 같다"라는 구절에 이르러서는 나도 무척이나 공감하면서 '이 작가는 어쩌면 나하고 똑같은 느낌을 가졌을까?' 하고 감탄하기도 했다.

어머니 치맛자락에 매달려서 논두렁 밭두렁으로 또는 뽕밭으로 잡초밭으로 바가지와 호미를 들고 허리를 구부려 찾아다니면 어쩌다가 하나 둘씩 눈에 띄는 발그레한 달래 싹을 찾아 온종일 캐봤자 한 줌도 안 되는 것을 속에서 파낸 메주와 함께 장에 넣어 보글보글 끓여놓으면 그렇게도 맛있을 수가 없었고, 형들과 함께 양지쪽 비탈진 산기슭에서 어렵게 칡뿌리를 캐면 먹기 좋은 길이로 잘라서 껌이라고 하면서 씹던 그 맛은 정말로 껌보다 더 맛있었다.

설탕이 없어서 인공 감미료를 써서 식품을 조리했고, 인공 조미료가 일본으로부터 처음 들어와서 일본말 그대로 '아지노모도'라고 불리면서 보급되기 시작할 때에 마치 신이 주신 선물인 양 온 국민들이 신기해하면서 애용하던 그때 그 시절의 입맛에 무엇인들 맛있지 않았을까마는, 메, 뚱딴지(돼지감자), 칡뿌리를 비롯해서 송기, 찔레, 삘기 등 모든 것들의 독특한 맛과 향이 잊혀지지 않는다.

연어가 수천 수만 리 밖에서도 냄새로 자기가 태어난 모천을 찾아온다고 하듯이(사실인지는 모르지만…) 어릴 때 익혔던 맛과 향은 영원히 지워지지 않는 것인가 보다.

기념일

올해부터 법정 기념일이 또 하나 늘었다. 이름 하여 '부부의 날'이라나? 5월 21일을 '둘이 하나 되라'는 뜻으로 부부의 날로 정했단다. 마치 아이들이 11월 11일, 즉 1자가 네 개라 해서 막대 모양의 '빼빼로'라는 과자를 주고받는 날이라고 하듯이….

다른 나라 사람들도 그런지 모르겠으나 참으로 무슨 날들이 그리도 많은지? '3월 3일은 삼겹살 먹는 날, 5월 2일은 오리고기 먹는 날, 9월 9일은 닭고기 먹는 날'이라며 고기소비 촉진을 목적으로 몇몇 사람들이 지어내서 떠들더니 드디어 정부에서는 '부부의 날'이라는 법정기념일을 또 하나 만들어 내고 말았다. 이러다가 일 년 삼백육십오일 모두가 무슨 이름 있는 날로 되지나 않을지 모르겠다.

온 나라의 모든 교육자들을 촌지 수수나 하는 집단으로 몰아붙여서 사기를 꺾어놓고, 그래서 차라리 금품수수의 원흉이라는 '스승의 날을 없애자, 학년 말인 2월로 변경 시키자' 등등 법석을 떨고 마침내 많은 학교들이 차라리 하루 조용히 쉬도록 해 달라는

다수 교사들의 요구에 의해 학교장 재량으로 '스승의 날'에는 휴교를 실시하는 학교가 많아지니까 이제는 왜 하필 스승의 날에 쉬느냐고 또 야단이다. 참으로 약하고 불쌍한 자들이 교육자들이다. 이러면 이렇다고 야단, 저러면 저렇다고 불호령….

오늘 어느 교육청 홈페이지에는 스승의 날이라 어쩔 수 없이 담임교사에게 '선물을 사 줬더니 받더라'며 처벌해 달라는 어느 학부모의 고발성 글이 올라온 것을 보았다. 도대체 어쩌자는 건가?

받은 교사가 문제일 수도 있겠지만 교사 망가뜨리기 위한 작전이었던 말인가? 미끼에 독약 발라서 먹여 놓고 목을 조르는 학부모와 어떻게 자식 교육을 논 할 수 있겠는가? 세상을 이렇게 서로가 믿을 수 없는 '불신의 세상'으로 만들어가고 있는 마당에 이런 저런 기념일이나 만들어 놓는다고 없었던 믿음이 생기고 사랑이 돈독해질 것인가?

몇 년 전까지도 초등학교 도덕과 교과서에 '진정한 친구는 이런 친구다'라는 것을 자식에게 보여 주기 위해서 아버지가 살인을 저지른 척 하고 친구를 불러서 의논하자, 함께 걱정하고 숨겨주려는 모습을 보여 준 내용의 글이 실리기도 했었다. 물론 살인을 미화해서는 안 된다는 내용도 강조하면서 자기의 위험을 무릅쓰고 곤경에 빠진 친구를 도우려는 친구가 진정한 친구라고 학생들을 교육했지만, 요즈음의 방식대로라면 즉시 경찰에 신고해야 한다고 가르쳐야 맞다.

직장 내에서도 이웃 간에도 '정의'를 내세워 고자질을 미화하는 세상이니 손톱만큼이라도 켕기는 일이 있는 사람이라면 아무도 믿지 말아야 할 것이다. 그리고 기념일 만들어서 만든 취지대로만 된다면 일 년 내내 이름 있는 날로 만들었으면 좋겠다.

4

횡설수설 잡기

비정상적인 사회 속의 정상인

요즈음 사회는 하도 삐뚤어지다 보니 정상적인 사람의 정상적 행위가 비정상적으로 비춰져 세인의 주목을 받기도 해서 안타깝다.

수년전 어느 여름에 친구들 몇 가정이 식구들과 함께 야외나들이를 갔었다. 오랜만에 바람을 쐬러 나가니 간단한 취사 준비를 해 가자고 해서, 닭 두어 마리와 약간의 술, 음료, 과일을 준비해 가지고 갔다.

숲 속 공기는 그야말로 향긋하다 못해, 할 수만 있다면 싸 가지고 가고픈 충동을 일으킬 정도였다. 거기다 1급수의 맑은 냇물과 아름다운 경치까지 더하니 그동안의 찌들고 긴장 되었던 심신의 피로가 단번에 풀리는 듯했다.

뼈가 저리도록 차가운 냇물에 발을 담그고 준비해간 음식과 술로 친구들과 가족이 한데 어우러져서 정담을 나누면서 시간을 보내다가 아쉬운 귀갓길에 올라야 했다.

안식구들은 취사도구를 챙기는 동안에 우리가 버린 쓰레기와 앞선 행락객들이 버리고 간 빈병 등을 비닐봉지에 주워 담고 있으니 친구 중의 한 녀석이 참 한심하다는 듯이 그걸 뭐하러 줍고 있느냐는 것이다. 그냥 놔두면 어차피 입장료도 받았으니 관할 관청에서 치울 것이라면서…. 거기다가 '선생의 티를 낸다'고까지 했다.

참 어이없는 말에 본의 아니게 약간의 노기를 띠우며 '자네 같은 마음을 온 국민이 다 가지고 있다면 10년 안에 우리나라는 모두 쓰레기로 뒤덮일 것이다'고 응대했더니 그 친구는 조금도 물러서지 않고 내 행위를 이해 못할 비정상적 행위로 몰아붙이고 있었다.

결국 나는 이 친구가 술에 취한 때문이라고 치부해 버리고 말았다. 하지만 후에 아무리 생각해 봐도 그 친구는 정말 실언을 할 정도로 취한 것은 아니었으니 나와의 사고방식 자체가 달랐던 것이 분명했다.

나는 정말 그 친구말대로 교육자이기 때문에 쓰레기 줍는 행동을 했을까? 나도 교육자가 아니었다면 쓰레기를 마구 버려 놓고도 거리낌 없이 그냥 왔을까?

그렇다면, 그래도 우리나라는 교육자들의 힘이 막강하게 미칠 수 있는 여지가 많구나 하고 자위했다. 적어도 우리 교육자들 대부분은 나 이상의 곧은 양심을 가지고 있으면서 제자들에게 그렇게 가르치고 있을 것이기에….

며칠 전에는 내 차를 두고 버스로 출근을 했다.

승차 요금을 아끼려고 1,200원짜리 고급 좌석버스를 지나쳐서 600원짜리 일반버스를 뛰어가서 타는데 출발을 막 하다가 나를 보고 세워줘서 겨우 탔다. 차에 오르면서 "고맙습니다" 하고 인사를 했더니 "어서 오십시오" 하고 운전기사가 인사를 하니 고마운 마음이 더욱 더해졌다.

룸 밀러를 통해 운전기사의 얼굴을 유심히 보니 계속 밝은 표정을 하고 있었다. 그런데 그는 정류장마다 타는 사람, 내리는 사람에게 모두 일일이 인사를 했지만 대답하는 사람은 내 목적지에 도착할 때까지 한사람도 없었다. 내리는 사람은 뒷문으로 내리니까 거리가 먼 것을 감안해서 큰 소리로 "안녕히 가십시오" 하고, 타는 사람에게는 작은 소리로 "어서 오십시오"했지만….

나는 오면서 약간의 갈등을 겪어야 했다. 나도 내릴 때 아무 대꾸도 없이 내릴 것인가? 아니면 기사에게 들리도록 큰 소리로 응대를 할 것인가? 그러면 다른 승객들의 반응은 어떨까?

고민하다 보니 목적지에 도착했다. 만원은 아니지만 퍽 많은 승객들이 탄 버스에서 내리며 "안녕히 가십시오" 하는 인사에 나도 큰 소리로 "고맙습니다. 안녕히 가십시오"라고 소리치면서 재빨리 주변의 몇 사람 표정을 둘러보니 '별난 사람 다 보겠다'는 듯이 나를 쳐다봤다.

그 순간 얼굴이 화끈했다. 그러다 다시 생각해 보니 내가 왜 부끄러워해야 했는지 참 한심한 생각까지 들었다. 이상한 눈으로 쳐다봤던 그 사람들이 정말로 이상한 사람들인데….

그날, 나는 아침 조회시간에 훈화로 어린이들에게 그 이야기를 했다.

오늘 아침의 나 같은 행동을 이상하게 쳐다보는 이 없이 당연한 행위로, 모든 국민이 다 같이 실천하는 사회를 만들자고…. 그래서 하루 빨리 우리 사회가 비정상적인 사람이 정상적인 사람을 이상하다는 듯이 쳐다보는 사람이 없는 사회를 만들자고….

자동차 운전을 하면서 내 앞에서 안전거리를 충분히 확보하고 천천히 가는 차에게 불평을 해대던 나 자신도 비정상인이 정상인을 탓하는 경우요, 교통 신호등이 있는 횡단보도나 교차로에서 교통 신호를 하는 분들도 정상적 행위는 분명 아니다. 교통 신호를 모두가 잘 따르면 그분들이 나서지 않아도 될 텐데, 그렇게 나설 수밖에 없도록 만드는 운전자들이 그런 비정상을 빚어내게 하는 비정상인들이 아닌가?

"정의로운 사회를 만들겠다, 정직한 사람이 대접받고 잘 사는 사회를 만들겠다" 등등의 구호를 외치던 역대 대통령, 관계부처 장관, 국회의원들이 정말로 정의로웠고 정직했는지 묻고 싶다.

요즈음 신문마다 방송마다 거의 날마다 정치인들의 비리 이야기만 터져 나온다. 과연 이런 비정상적인 사회 구조 속에서 정상적인 사람들의 정상적인 행위들이 정상적으로 인정받을 수 있을까?

보신갈망(補身渴望)

누구나 건강을 염원하는 마음은 똑같다. 그러니 건강하게 오래 살기 위해서는 열심히 운동하고 몸에 좋다는 것은 앞 다투어 먹으려 할 수밖에 없겠지.

그런데 특히 우리나라 사람들은 오랜 한의학의 영향인지 입에서 입으로 구전되어 오는 민간요법이 많고 특히 보신에 좋다는 동식물이 참 많기도 하다.

"무엇이 어디에 좋다더라" 하는 소문만 들으면 닥치는 대로 뜯어가고 캐가고 잡아간다.

곰, 산돼지, 오소리의 쓸개, 사슴뿔, 사향(궁노루 생식기) 따위는 예로부터 한약재로 쓰여 왔으니 그렇다 치고, 전혀 근거도 없는 뱀, 개구리, 도롱뇽 그리고 그것들의 알, 굼벵이, 까마귀, 붕어, 가물치, 잉어, 자라 등을 정력제로 또는 어떤 병의 치료제로 좋다 하여 닥치는 대로 포획하고 있다. 심지어 죽은 노루가 썩어서 구더기가 파먹고 남은 뼈가 신경통에 좋다는 소문에 산골마다 밀렵꾼이 쳐 놓은 덫과 올무로 노루가 수난을 겪는 등 각종 동식물들이 멸종 위기에 몰리고 생태계 파괴 현상까지 우려되어 뒤늦게나마 정부에서 법으로 포획을 금지하는 조수(鳥獸)의 종류를 정해놓고 있는 실정이다.

동물뿐 아니다. 최근 간 해독에 좋다하여 헛개나무(지구자나무)가 수난을 겪고 있는가 하면, 느릅나무, 산뽕나무의 뿌리, 오가피나무, 옻나무, 엄나무 등도 마구 캐고 잘라가는 실정이며 둥글래, 삼지구엽초, 당귀, 천궁, 창출 등의 한약재들도 눈에 띄게 개체수가 줄어들고 있다.

또 수액(樹液)이 몸에 좋다고 보도가 되면서 수요가 증가하니 산골 마을에서는 온 동네가 공동으로 포장 시설까지 갖추고 이른 봄에는 고로쇠나무에 구멍을 뚫어 물을 빼냄으로써 나무를 온통 상처투성이의 기형을 만들고 있다.

그뿐이랴? 무공해 산나물이 좋다고 참취, 곰취, 참나물, 모싯대, 고사리, 고비, 비비추, 어아리, 우산나물, 미역취, 벌개미취, 곤드레, 더덕(사삼), 도라지(길경), 잔대, 삽주(창출)싹, 밀대, 미나리 싹, 두릅, 약쑥, 인진쑥, 질경이 등등 종류도 셀 수 없이 다양하건만 그 모든 것의 개체수가 급격히 줄어만 가고 있다.

십여 년 전에는 난데없이 쇠뜨기풀이 무슨 약에 좋다고 소문이 나서 길가에 쇠뜨기를 보기 드물게까지 되다가 잘못 먹으면 해롭다는 보도가 있고 나서야 쇠뜨기 뜯는 사람이 없어졌다. 그래서 나는 쥐처럼 해로운 동물과 돼지풀같이 없애야 할 공해 식물이 사람들에게 좋다고 소문이 나면 쉽게 없앨 수 있지 않을까하는 공상을 해 보기도 했다.

무엇이든 자연산과 재배 또는 양식한 것은 차이가 있다.

이상하게도 씨앗을 받아서 밭에 재배하면 향과 맛이 적으니 너도 나도 자연산을 찾아 산으로 가는 것을 탓할 수만도 없지 않은가?

누구나 자동차가 있고 산속 깊은 곳까지 임도(林道)가 개설되어 쉽게 접근할 수 있다. 거기에다 경제 침체로 갑작스레 늘어난 퇴직자들은 건강을 위해 너도 나도 산으로 몰려드니 몸에 좋다는 것은 남아있을 수 없지 않은가?

더구나 요즈음에는 야생화 기르는 취미까지도 유행하여 약삭빠른 업자들은 야생화 채취에도 열을 올리니 무엇인들 남아날 건가?

건강을 위해 산을 찾는다며 산의 건강은 나날이 노쇠하게 하고들 있으니 산도 물도 다 죽으면 어디로들 갈 것인가?

등산로마다 쌓여가는 온갖 쓰레기를 보면서 시청에서 '등산로 쓰레기줍기 대회'라도 해 보았으면 어떨까? 하는 엉뚱한 생각도 해 본다.

전쟁세대와 전후세대

오늘이 6·25전쟁 54주년이다. 구리시 재향군인회에서 주관한 6·25전쟁 기념식에 다녀왔다.

세인들은 관심도 갖지 않는 갖가지 훈장을 자랑스럽게 낡은 양복에 주렁주렁 달고 그 훈장이 무거운 듯 자유롭지 못한 노구를 이끌고 나온 7~80대의 노병들과 그 세대의 미망인들, 그리고 자의든 타의든 월남전에 참여했던 내 또래의 참전용사들….

식전(式前)에 이제껏 수없이 많이 보아왔던 6·25전쟁 기록영화를 또 다시 보면서도 숙연한 마음으로 숨죽이고 있는 그분들의 모습에서 통한의 답답함이 읽혀졌다.

나는 6·25세대라고는 하지만 그 당시에 겨우 다섯 살의 어린 나이였으니 전쟁으로 인한 비극이 또렷하게 기억나는 것이 많지는 않지만 감정이 여려서인지 수없이 보아왔던 영화를 다시 볼 때마다 눈시울이 뜨거워지는데, 이 노병들과 그 미망인들의 마음은 오죽할까?

두 손을 뒤로 해서 철사에 꽁꽁 묶인 채 고꾸라진 양민의 주검들, 피난길에 그 누군가가 버리고 간 바구니 속 갓난아기가 처절하게 울부짖는 모습, 부모 잃은 벌거숭이 아기의 절규, 굶주림에 지쳐 죽음만을 기다리며 쓰러져있는 어머니와 그 어머니의 젖을 물고 울어대는 아기의 모습, 마치 가뭄에 지쳐 시들어가는 새 순에 다닥다닥 붙은 진딧물처럼 열차 위에 매달려서 엄동 추위를 몸으로 맞으며 내달리는 피난 행렬….

모든 것이 내 모습이었던 것처럼, 볼 때마다 가슴이 미어지고 울컥 감정이 복받치는 것은 단순히 감정이 여린 나만의 현상일까?

재향군인 회장님의 식사(式辭)에서 '보안법 철폐', '주한 미군철수' 등의 부당함을 주장하며, 몇 해 전에 훈련 중인 미군 장갑차에 치여 사망한 두 여중생을 추모하는 촛불 집회에는 수만 명의 군중이 모여 반미(反美)감정을 부추기고, 철천지원수였던 북한을 지원한다며 야단법석을 떨면서도 오십 년 넘는 세월을 전쟁에서 입은 상처로 신음하고 누워있는 노병들에게는 따뜻한 눈길 한 번 안 주는 이 사회와 국가에 대한 서운함을 울먹이며 절규하는 모습에서 연민의 정을 떨칠 수가 없었다.

역사는 흐르게 마련이고 세대는 싫든 좋든 바뀌는 것이다. 아무리 원통하다, 억울하다 울부짖은들 무슨 소용이 있을까마는 해마다 어김없이 찾아오는 6월 25일이면 생생하게 떠오르는 전장의 참화를 지울 수 없어 이렇게라도 하소연해 보고자 하시는 이분들 틈에서 '전우야 잘 자라' 노래를 목이 메어 눈시울을 적시면서 힘껏 불러 보았다.

1. 전우의 시체를 넘고 넘어 앞으로 앞으로
   낙동강아 잘 있거라 우리는 전진한다.
   원 - 한의 피에 맺힌 적군을 무찌르고서
   꽃잎처럼 떨어져간 전우야 잘 자거라.

2. 우거진 수풀을 헤치면서 앞으로 앞으로
   추풍령아 잘 있거라 우리는 돌진한다.
   달빛어린 고개에서 마지막 나누어 먹던
   화랑담배 연기 속에 사라진 전우야.

우리나라 인구의 70% 이상이 전후세대인 지금에 와서 전쟁을 경험하고 공산당의 만행을 직접 당해 봤던 노인세대들이 후세들을 염려하여 "주한 미군의 철수는 안 된다", "국가 보안법을 철폐하지 마라" 하고 외치며 지나친 노파심으로만 몰아붙인들 세계정세의 흐름을, 아니 세대의 교체를 어찌 막을 건가? 다만 그 전쟁세대 노병들의 염려가 한낱 기우에 그치기만을 바랄 수밖에….

오늘이 마침 음력 오월 초파일날, 내 생일인데 잔뜩 찌푸린 날씨가 후덥지근하고 답답하다. 기념식장에서 드리워진 어두운 마음이 오늘 내내 가셔지지 않을 것 같다.

사람의 입성

우리 인간의 생존에 기본적으로 꼭 있어야할 것을 '의식주'라고 일컬으면서 그 중에서도 옷을 제일 앞에 꼽는다. 흔히 호강한다는 것의 대명사로 '호의호식(好衣好食)' 이라는 말이 있는 것을 보면 옷이라는 것이 몸을 보호하는 목적 외에도 예쁜 옷, 멋있는 옷을 입어서 남에게 과시하고픈 욕구, 입음으로써의 편안함, 입는 목적에 따른 기능성 등 여러모로 그만큼 중요함을 의미하는 것이다. 오죽하면 '입은 거지는 얻어먹어도 벗은 거지는 굶는다'는 속담까지 있을까?

물론 불가(佛家)에서나 옛날에 청빈(淸貧)함을 자랑으로 내세웠던 선비들은 좋은 옷 입는 것을 오히려 수치로 여겼겠지만 어찌되었든 일반적으로 좋은 옷 입기를 원하는 것이 우리네 인간들의 보편적인 욕구일 것이다. 그래서 섬유산업은 나날이 번창했고 그 기술도 무궁무진하게 발전하고 있는 것이다.

옛날의 겨울과 여름에는 외출복 각 한 벌씩과 작업복 정도로 단순했던 의복종류가 이제는 추위를 막기 위함뿐 아니라 여름철 더위를 막는 기능, 방수기능, 땀을 방출하는 기능 등의 다양한 기능성 옷감에서 염색무늬, 섬유소재, 그리고 옷의 디자인에 따라 계절별, 활동목적별로 옷을 갖춰 입는 추세로 발전하니 개인별 옷가지 수가 나날이 늘어만 갈 수밖에 없다.

입는 옷맵시에 따라 나이 몇 살은 더 들어 보일 수도, 덜 들어 보일 수도 있고, 잘 입으면 준수해 보이고 잘못 입으면 천박해 보일 수도 있으니 TV 방송국에서 옷 골라 입히는 전문가(코디네이터)까지 있음은 어쩌면 당연지사라 하겠다.

나처럼 옷맵시 보는 눈이 어두워서 사 입고 보면 곧 후회하기 잘 하는 사람을 위해서라도 옷 매장마다 진정으로 소비자의 입장에 서서 조언해 주는 전문 코디네이터가 있었으면 좋겠다.

내가 어렸을 때에 우리 집에서는 주로 목화를 심어서 가내수공업으로 실을 잣고 무명천을 짜서 그 천으로 옷을 만들어 입음으로써 자급자족했다.

겨울용 동복에는 솜을 놓아서 옷을 만들고 여름용 하복은 홑겹으로 만들어 입었다. 그것도 천이 귀하므로 한두 벌로 한 계절을 입어야 했으니 자주 빨아 입을 수가 없었다. 낡아서 뚫어지면 누덕누덕 기워 입을 수밖에 없었다. 그러니 때를 안타기 위해서 어린이들의 옷에는 주로 검정색으로 염색을 해 입히는 지혜를 발휘하기도 했다.

물론 누에를 길러서 비단을 자가생산하여 옷을 만들어 입는 이도 더러 있었지만 비단은 고가(高價)이며 생산 과정도 복잡하고 번거로워서 식구가 많은 집에서는 엄두를 못 냈다.

비교적 과정이 쉬운 무명천도 목화를 따서 '씨아'로 씨를 빼고 솜틀집에 가서 솜을 틀어다가 '고치'(길이가 40cm 정도 되는 매끈한 수숫대로 가래떡 모양으로 솜을 말아놓은)를 만든 다음 '물레'로 실을 뽑고, 그 실에 풀을 먹여서 '베틀'에 앉아 천을 짜고 염색하여 옷을 만들었다. 기계가 아닌 손으로 하는 것이니 올이 굵고 거칠어서 옷맵시가 날 수가 없는 것은 당연했다.

어린이들에게 여름철에는 시원하기도 하고 옷감도 적게 들일 목적으로 짧은 바지를 해 입혔으니 바짓가랑이가 넓어서 잘못 앉았다가 밑천을 다 보여 놀림을 당하기도 일쑤였다.

내가 초등학교 4학년쯤에 어머니께서 추석빔으로 광목천으로 고무줄 허리띠를 넣어 만든 긴 바지 하나를 사 주셨다. 그걸 입어 보며 좋아서 입이 얼마나 벌어졌던지 이웃집 아주머니의 놀림까지 받았던 기억이 난다. 요즈음에는 광고용 현수막으로나 쓰는 천을….

며칠 전 친구들과 부부동반으로 중국여행을 했다.

소문과 언론을 통해 많이 듣기는 했지만 막상 가서 보니 우리나라와의 생활수준에 많은 차이가 있음을 보았다. 물론 안내원의 말대로 그들은 옷보다도, 집보다도 가장 중요시하는 것은 먹는 것이라고 했다. 하지만 정말 옷차림이 남루하고 상점에서 파는 옷들도 아주 허름하기 짝이 없었다.

그런데 좀 큰 상점에서 파는 비단옷은 비단의 종주국답게 품질이 우수하고 좋아 보였다. 그러나 중국 상인들이 하도 품질과 가격에서 속이는 정도가 심하다고 하여 사지는 않았으나 돌아와서 생각하니 아내에게 예쁜 옷 한 벌 안 사준 것이 후회도 된다.

밖에 나가는 남편과 자식들의 입성만 걱정 하느라 자기 몸치장은 늘 뒷전인 아내에게 '속는 셈 치고 예쁜 옷 한 벌 사 입힐 걸' 하고 잠시 후회도 해 보았다.

신분(身分)의 변화

얼마 전, 외부 기관에서 우리 학교 운동장을 빌려서 큰 행사를 했다. 나도 초청을 받아서 개회식부터 참석을 하였다.

식순(式順)에 따라 '국기에 대하여 경례, 순국선열에 대한 묵념, 애국가 제창' 등을 모든 사람들이 태극기가 있는 쪽을 향해 부동자세로 서서 하고 있는데, 그 앞에서 큰소리로 잡담을 하고 왔다갔다 하는 사람들이 있는 것을 보며 참 한심하다 싶은 생각이 들었다. 어찌 몰라도 저렇게 모를 수가 있을까 하고 말이다.

비단 이번의 그 행사에서 뿐만이 아니라 내가 반평생을 넘게 공직에 근무하면서 수없이 많은 행사를 치르면서 보아 왔던 풍경이지만 이제 가만히 생각해 보면 그도 무리는 아니라는 생각이 들기도 한다.

학교라는 제도권 안에서의 교육이라고는 받아 보지도 못했거나, 잠시 교육은 받았어도 자연인의 신분이 되어 살아오면서 공식적인 행사에 참여해 본 경험이 없는 그 사람들의 그런 행동을 어찌 탓할 수 있겠는가?

1980년대 초까지 오후 다섯 시(하절기에는 여섯 시) 정각이면 전국에서 일제히 방송되는 애국가에 맞춰 국기가 내려지고 그러면 길 가던 사람들도 모두 국기가 있는 쪽, 또는 애국가 소리가 들려오는 쪽을 향해 부동자세로 서 있도록 교육받았고 학생들을 교육시켜 왔던 나는 골수에 박힌 자동적 행위이다. 그러나 나도 이제 몇 년 후 공직에서 물러나면 과연 여생동안 몇 번이나 공식적인 의전행사에 참석할 기회가 있을 것이며, 저 몰상식하게 보이는 저 사람들처럼 되지 않으리라고 장담할 수 있을까? 그러니 사람은 처한 위치에 따라 보이는 모습이 다르다는 말이 틀림없겠다.

며칠 전, 친구와 부부동반으로 소주잔을 곁들여 저녁을 먹는 자리에서 아내가 무의식중에 밥그릇을 젓가락으로 툭 쳐서 내 앞으로 밀며 퉁명스럽게 "밥 드슈!" 하는 언행에 나는 발끈하면서 불손하게 행동한다고 나무랐다. 그랬더니 아내와 친구 부인이 합세하여 직장에서 아랫사람들에게 우대받던 습관이 있어서 집에서도 그와 같이 받들어 달라고 한다며 반박을 해왔다.

사실 나는 직장에서처럼 우대받겠다는 것은 아니었다. 다만 부부지간에도 지켜야 할 최소한의 예의는 지키자는 의도였는데 그렇게 나오니 참으로 어이가 없었다.

그러면서 내 행동이 가정에서도 무의식적으로 공인(公人)의 행세를 하지나 않았나, 또 나는 과연 부부지간의 예의를 제대로 지켰나 하고 반성도 해 보았다. 그리고 한편으로는 지금도 이 사람이 이렇게 무례한 행동을 하니 앞으로 퇴직하고 나면 더욱 무시하고 불손해지지나 않을까 하는 생각까지 하게 되니 내가 너무 속좁은 탓일까?

전에 어떤 이가 말하기를 "교장선생님들이 퇴직하고 나면 급속히 늙는데 그 원인 중 하나가 주변인들로부터 우대 받다가 갑자기 우대해 주는 이가 없어지므로 허탈감에 휩싸이기 때문"이라고 했다. 일리 있는 말이기도 할 것 같다.

옛말에 '입은 거지는 얻어먹어도 벌벗은 거지는 굶는다'고 했듯이 대개의 사람은 외모에서부터 그 사람의 품성을 읽어 내려고 하는데, 공식적인 행사나 대중 앞에 나설 일이 없으면서 양복을 입기에는 불편하니 퇴직 후에 양복을 모두 버렸다는 친구의 말을 듣고 이 또한 신분에 따라 다가오는 큰 변화임을 또 한 번 실감하였다.

그러니 이 모든 부정적 요소들을 극복하기 위해서는 마음가짐이 가장 중요할 것이며 넉넉해진 시간들을 규모 있게 소일해야만 할 것 같다. 그리고 비록 퇴임은 했어도 교장으로서 갖추었던 품위를 잃지 않도록 유념하면서 말이다.

역맛살

늘 분주하게 멀리 돌아다니는 사람에게 '역맛살'이 끼었다고 말한다.

그런데 정상적인 사람이라면 역맛살의 액운을 타고나지 않은 사람이 과연 몇이나 될까 하는 생각을 했었다. 다만 이런저런 사정으로 역맛살의 액운을 이용하지 못할 뿐이라고….

즉, 대다수의 사람들은 이 고장, 저 마을, 전국 방방곡곡을 비롯해서 전 세계를 고루 다 가보고 싶지 않은 사람은 없을 것이다. 다만 그렇지 못한 이유야 여러 가지겠지만 경제적 여건이 가장 큰 이유일 것이다. 그 다음이 시간적인 여유가 없기 때문이 아닐까? 그리고 건강이 허락지 않는 이유도 큰 비중을 차지할 것이다.

근래 몇 년 사이에 여행자 수가 크게 늘었고 따라서 여행사업이 호황을 누리고 있는 것도 경제적 여유가 생겼다는 반증일 것이다.

며칠 전 신문에 어느 서양인이 65세가 넘은 나이에 4년여 세월 동안 도보로 대륙을 횡단하여 유럽에서 중국까지 여행했다는 기사를 보고 감탄했다.

그 사람 말고도 거의 평생 동안 여행으로 세월을 보내는 사람이 많다지만 대단한 용기와 인내, 그리고 건강과 경제력이 뒷받침 되는 극소수의 사람들이겠지 하고 생각해 왔다.

내가 1989년도 이전까지는 주변에서 자가용 승용차를 사서 타고 다니는 사람들을 보면서 내 능력으로는 평생 자동차 사서 타고 다닌다는 것은 불가능할 것으로 생각했다. 그래서 나와는 무관한 일로 여겼다. 날더러 운전 배우라고 하면 "내가 자가용차 타면 개가 웃을 일이다"라고 나를 비하하면서 관심을 안 가졌었다.

그러다가 우연한 계기로 그해 말쯤에 운전을 배웠다. 이어서 자동차를 선뜻 사고 말았더니 주변에서 "자동차만 있으면 저절로 굴러가는 줄 아느냐?"면서 손가락질까지 하는 사람도 적지 않았다.

모아놓은 재산도 없고 남들처럼 부부가 맞벌이도 안 하면서 분수에 맞지 않는 일을 저질렀으니 염려해서 하는 말들이었다. 하지만 원 없이 여행을 해 보고 싶어서, 자동차만 있으면 자유롭게 여행을 할 수 있을 것 같아서 앞뒤 가리지 않고 덜컥 일을 저지른 것이다.

그러나 그렇게 마음먹은 대로 되지 않았다. 시간이 없어서 여행을 못한다고 내 스스로에게 변명을 하다가도 막상 방학을 하여 시간여유가 있어도 또 이런저런 사유를 들어 못 다니고 만다.

그러고 보니 '역맛살'이라는 것은 정말로 아무에게나 다 있는 것이 아니구나 하는 생각을 이제야 하게 된다.

경제력이다, 시간여유다, 건강이다 등등 모두가 다 핑계일 뿐이다. 문제는 의지와 용기가 있어야 하지 않을까? 이 용기와 의지가 바로 '역맛살'이 아닐까?

마음속으로는 아내와 예고 없이 훌쩍 떠나는 여행을 자주 하고 싶지만 용기와 의지를 동반한 '역맛살'이 나에게는 없는 것 같다.

어떤 이는 국내의 유명 관광지만이 아닌 방방곡곡을 골고루 누비면서 지방 특유의 풍류를 체감한다는 말을 듣고 부러워하면서 나도 퇴직 후에는 실컷 좀 다녀봐야겠다고 마음먹지만 역맛살이 발동해 줄지 의문이다.

기껏해야 벼르고 별러서 여럿이 여행사에 거금을 주고 해외에 며칠간 '소경이 장 구경하듯' 다녀오는 것으로 만족하고 있으니 그것도 여행이라고 해야 하나?

멸치와 같은 아버지의 존재

요즈음 몇 년 사이에 여성들의 입김이 세어지면서 여권신장이다, 양성평등이다 등등 성차별 문제가 급격히 자주 거론되더니 급기야는 호주제 폐지 법안이 여성정치인들을 중심으로 국회에 상정되려는 움직임이 있어서 찬·반 양론이 첨예하게 대립되고 있다고 한다.

우리나라 호주제의 역사적인 배경은 잘 모르겠으나 오랜 세월을 부계(父系)사회로 이어오다가 갑자기 부모 양쪽의 어느 쪽 성을 따르든 상관없게 하자니 특히 유림(儒林)들의 반대는 상상을 초월한다.

솔직히 나 또한 남자의 입장에서 자칫 모계사회로 뒤바뀔 수도 있을 호주제 폐지론에 선뜻 호감이 가지는 않는다는 것이 솔직한 심정이다.

'가족'이라는 뿌리가 흔들릴 수도 있다. 그래서 가문의 계승은 사라질 것이요, 그렇지 않아도 남자들(아버지들)의 존재가치가 급격히 흔들려가는 현대사회에서 호주라고 하는 이름 하나로 그나마 가장의 자리를 지탱하고 있는데 이마저 없어진다고 하면 남자들의 존재가치는 그야말로 씨 뿌리고 버림받는 수컷(?)에 불과한 동물 신세로 전락되지 않을까 염려된다.

요즈음 "아빠, 힘내세요. 우리가 있잖아요!"라는 동요가 유행이듯 불황과 그 고통의 중심에는 늘 아버지가 있는 것처럼 남자들(아버지들)이란 젊어서는 제 몸 돌볼 겨를 없이 죽어라고 가족을 부양했지만 늙고 병들어 쓸모없으면 천덕꾸러기로 변하기 십상인 요즈음에….

그야말로 아버지란 국물을 우려내고 나면 모양도 맛도 없어서 미련 없이 개밥 통에 내버려지는 마른 멸치요, 화로에서 연기나 피워 눈을 아리게 하는 냉과리처럼 파내 던지고 싶은 존재가 아닌가?

남성 우월적 호주제는 폐지하자면서 국민연금법의 유족연금 관련조항에 유족연금 1순위는 배우자이다. 그런데 기존 배우자가 사망할 경우 남자가 연금을 불입했다면 부인은 당장 받을 수 있다. 하지만 남편은 60세 이상이 되어야만 받을 수 있다는 조항, 고용보험법 시행규칙의 1차 수급권자인 배우자는 성별에 따라 수급 받을 수 있는 나이가 남자는 60세 이상이나 여자는 55세 이상이면 받을 수 있는 조항, 광주민주유공자예우에 관한 법률과 국가유공자 등 예우 및 지원에 관한 법률, 그리고 독립유공자예우에 관한 법률 모두에서 양로보호 대상의 연령을 남자는 65세 여자는 60세로 하고 있는바, 평균 수명이 여자보다도 짧은 남자에게 연금과 기타 서비스는 더 나이가 들어야만 받을 수 있도록 한단 말인가.

이는 곧 남성들은 암묵적으로 60~65세까지 부양의무자로 간주하고 있다고 어느 여성학자가 한 말을 신문에서 읽었는데, 참 모순도 이런 모순이 또 있을까 하는 생각이 든다.

늙으나 젊으나 현실 사회에서 벌어먹고 살 수 있는 기회는 그래도 여자에게 더 많은데….

내 어릴 때에는 오월 팔일을 '어머니날'이라고 했었는데 아버지들의 반발로 어찌어찌해서 아버지와 어머니를 총칭하는 뜻으로 '어버이날'이라 개칭하여 전해오고 있다. 하지만 기실 나를 비롯한 대개의 사람들은 아버지보다는 어머니에 대한 정이 더 애틋한 것은 부인할 수 없는 사실일 것이다.

나에게도 아버지께서는 자식들은 감히 범접할 수 없는 위엄으로 가족 간의 위계를 흩트리지 않도록 교육하셨던 분, 그리고 지독한 가난 속에서 가족들의 생계를 위한 처절한 몸부림으로 찌드셨던 초라한 모습만이 뇌리에 남았을 뿐, 다정다감하고 인자하셨던 기억은 그리 많지 않다.

굳이 꼽는다면, 아주 어렸을 때의 어느 겨울밤, 열이 몹시도 많이 나면서 끙끙 앓는 나를 품에 안고 도닥거리시며 오과탕(박속과 밤 대추 인동덩굴 등을 넣고 달인 민간요법의 감기약)을 떠먹여 주시던 그날 밤의 아버지 냄새, 무더위와 모기의 극성으로 잠을 이루지 못해 뒤척이던 나에게 옷가지로 모기를 쫓으면서 등을 긁어 주시던 나무껍질과도 같이 거칠던 아버지의 손길, 꼬박 하루가 걸리도록 무척이나 먼 산에 안장되신 할아버지 산소에 벌초하러 데리고 가셔서 점심 대용으로 가져간 노랑참외 두 개를 낫으로 까서 내 입에 먼저 넣어 주시던 자상함 등의 추억만이 남았을 뿐이다.

대다수의 자식들에게는 이처럼 어머니에 비해 아버지의 이미지는 약하게 각인되는 것이다.

어머니는 자식을 잉태하여 피와 뼈를 주고 살을 붙여 낳아서 밤낮 품에 안고 길렀으니 주로 밖에 나가 일하는 아버지의 정보다는 모정(母情)이 더 강할 것이요, 그러니 여성들의 호주제 폐지 주장도 지나치지는 않으리라.

남자들이란 통상적으로 늙으면 여자들보다 더 지저분하고 추해지니 자식들인들 늙은 아버지를 그리 좋아할 것인가? 그나마 단돈 몇 푼이라도 벌면 다행인데 한 푼 벌지도 못하는 주제에 잔소리나 늘어놓거나 망령이나 부리면 길거리로 쫓겨나지만 않아도 다행이리라.

젊어서 돈을 좀 저축해 둔 노인들은 실버타운이라는 좋은 노인 수용시설에 들어가서 여생을 보낸다고 하지만, 거기 들어가는 노인들이 정말로 가고 싶어서 가는 사람이 몇이나 될까? 아무리 시설이 좋고 대우를 잘 해준다고 해도 아들딸, 손자 손녀들과 오순도순 사는 것만 하겠는가?

그래서 나는 과거 평교사 시절에나 교장·교감으로 임용 되어서도 늘 효(孝)교육을 강조해 왔다. 하지만 내 자신이 효를 실행하지 못했으니 어찌 내가 자식들에게 효도하기를 바라겠는가?

감히 하늘을 보기가 부끄러울 따름이며, 특히 요즈음 우리나라가 장기간의 경제 불황에 빠지다보니 사회 곳곳에서 부모를 학대하고 내다 버리는 등, 패륜을 저지르는 자식들의 소식을 접하면서 미래의 나를 보는 것 같은 서글픔을 금할 길 없다.

그래도 나는 내 앞으로 나올 연금이라는 미끼가 있으니 미련 없이 버려지는 마른 멸치가 아니라 쥐덫의 미끼용으로라도 쓰일 북어대가리는 되지 않을까 자위해 본다.

정이 많아서 모임도 많은 한국인들

누군가 "우리나라 사람들은 모임 만들기를 참 좋아한다"고 하는 얘기를 들은 적 있다. 정말 우리나라에서 사회생활을 하는 성인들 치고 모임 한두 군데 가입 안 한 사람은 없을 것이라 생각된다.

나 자신을 생각해 봐도 소속된 모임이 많다. 초등학교부터 대학까지의 동창회 모임을 비롯해서 여러 학교를 옮겨 다니면서 함께 근무했던 직원 중에 뜻이 맞아서 만든 모임, 같은 지역에서 근무하는 대학 선후배 동문들의 모임과 동기생들의 모임, 고향 친구들 모임, 그리고 고교 선후배 모임 등등…. 아마도 열 손가락이 모자라게 꼽힐 것 같다.

이 많은 모임은 물론 자의로 가입한 모임도 있고 타의에 의해 어쩔 수 없이 끼게 된 모임도 있게 마련이다.

시골에서 농사를 짓는 분들도 동네 친목계 한두 개씩은 다 들었을 것이다. 학교 동창회, 노인회, 부녀회 등, 공적이든 사적이든 각종 모임 몇 곳씩은 다 가입 되었을진대, 대체로 그 모임들은 순수한 친목을 목표로 한 모임도 있겠지만 그 속내를 들여다보면 무언가 모임을 통해서 득을 보려는 이기심에서 조직되고 가입하는 사람들도 적지 않다.

'○○상가 번영회', '○○업 협회' 등과 같이 동종업자들끼리의 권익보호를 목적으로 조직된 단체들도 대개 정관(회칙)의 첫머리 '목적'에는 '회원 상호간의 친목을 도모하고…'라는 문구는 빠지지 않는다.

그런데 친목을 도모한다는 취지와는 달리 세월이 흘러 단체의 기금이 많아지게 되면 분란이 자주 일어난다. 운영진에서 기금을 횡령한다든지 어느 회원에게 대출해 줬다가 떼였다든지 등등의 이유로 인해서 친목의 목적이 반목으로 이어지는 것을 종종 보게 된다.

특히 조상에게서 물려받은 종중 땅이나 재산을 어느 한 자손이 팔아먹거나 횡령하여 할아버지와 손자가 또는 아저씨와 조카 간에 온갖 욕설이 오가며 법정 싸움까지도 마다않는 종중도 있으니 그놈의 재물이 혈족의 연(緣)도 끊어지게 하는 더러운 것이 아닌가?

그래서 나는 내가 소속된 각종 모임에서 기금이 많이 저축되는 것을 반대하는 사람 중의 하나다. 그 많은 모임의 회비 부담도 크고 영리목적이 아닌 순수한 친목 단체라면 구태여 기금이 많을 필요가 있겠는가?

공직에 있는 사람이든 사기업에 근무하는 사람이든 학연(學緣), 지연(地緣) 등을 매개로 하여 모임단체를 만들고 거기에서 서로의 어떤 이익을 얻고자하는 경향이 특히 우리나라 사람들에게는 강한 것 같다.

몇 년 전에 우리나라 군부에 장교들이 '하나회'라는 이름으로 육군사관학교 출신들 일부의 모임을 만들어서 각종 인사나 근무여건에서 자기들끼리 밀어주고 끌어주기를 하다가 언론에 보도되어 온 나라가 떠들썩했다. 그러하듯이 우리나라 정관계는 물론 사회 도처에서의 혈연, 지연, 학연 등에 의한 편 가르기는 유독 정이 많은 우리나라 사람들만의 병폐가 아닐지?

정관계 고위 공직자를 보면 특정학교 출신들, 특정지역 출신들이 많은 것은 과연 그 학교 그 지역에서 유독 우수한 인재가 많이 배출되기 때문일까?

정권이 바뀔 때마다 학연이나 지연을 배제한 인재 등용, 그리고 지역의 균형발전을 외치고 있지만 막상 지내보면 그 나물에 그 밥이니 믿을 만한 정치인이 과연 있겠는가?

한 달여 전에 대통령이 고교 동창생들을 청와대에 불러들여 다과회를 베풀었다는 보도에 곱지 않은 시선을 보냈던 국민들이 많았다. 하지만 순수한 고교 동창생의 신분으로 만나는 것이야 누가 나무랄 이유가 없지 않은가? 대통령의 신분이니 이제까지의 '팔이 안으로 굽는다'는 정(情) 때문에 불신당하는 정치인의 불행이리라.

개 박살

오늘 새벽에 산책을 나갔다가 개똥을 밟았다. 이른 새벽부터 똥을 밟고 보니 기분이 언짢았다. 그런 와중에 개를 데리고 산책 나온 사람을 보니 내가 밟은 똥의 주인공이 아닌데도 공연히 미운 생각이 들었다.

자기는 개가 좋아서 기르지만 최소한 남에게 피해를 주거나 혐오감은 주지 않도록 해야 한다고 언론에서도 또는 공원의 안내판이나 아파트 승강기에까지도 애완견 관리에 대한 안내문을 게시한다. 그러나 개똥 치울 준비는 고사하고 줄도 매지 않고 데리고 나아서 제멋대로 배설을 하도록 내버려두는 사람이 있으니 한심하다. 남이 뭐라고 하기 전에 알아서 처신해야 할 기본적인 공중도덕인데 말이다.

몇 달 전에는 전동차 내에서 자기가 데리고 나온 개가 차내에 싼 똥을 치우지 않아서 이를 나무라는 다른 승객에게 오히려 화를 내며 그냥 가버린 아가씨가 인터넷에 '개똥녀'라는 제목으로 사진과 함께 그의 인적사항까지 올려졌다. 그래서 그는 사회적으로 매장당함에 인터넷의 문제점이 이슈화되는 일도 있었으니 정말 상식 이하의 그 아가씨 얼굴을 나도 한 번 보고 싶었다. 도저히 있을 수도 없는 행위를 정당화 하려고 했던 아가씨의 철면피를….

아주 어렸을 때의 기억이 희미하게 떠오른다.

우리 집은 동네의 맨 위쪽에 자리 잡고 있어서 다른 동네에서 들어오는 어귀와는 떨어져 있었다. 그런데 어느 날 동네 어귀로부터 누군가 "개백정 왔어요!" 하는 고함소리에 아버지께서 서둘러 풀어 놓았던 개를 밧줄로 기둥에 묶어 놓았던 기억이 난다.

며칠 전 어느 일간신문에 실렸던 '개 규칙'이란 제목의 칼럼에 의하면, 1907년에 대구에서 일본인이 미친개에게 물리는 사고가 있었다. 이를 계기로 거리에 떠돌아다니는 개를 모두 잡아 없애라는 명령이 경찰로부터 내려져서 많은 개들이 비명횡사 했다.

당시에는 식량이 귀하니 개에게도 설거지한 뜨물에 쌀겨나 타서 먹였다. 그래서 일부러 풀어놓아서 인분도 먹고 쥐나 벌레도 잡아먹게 할 목적으로 풀어 놓아 길렀다. 그러다 개 소탕령에 따라 개 기르기가 어려워지니 그야말로 개 값이 '개 값(?)'으로 됐다.

그 후 전국의 개들은 개의 모양, 종류, 연령, 주인의 성명과 거주지 등을 적어 경찰서에 등록하고 주인의 성명과 거주지를 적은 개 목걸이를 달아야만 하는 전대미문의 '개 규칙'이 제정 공포 되었다. 그로 인해서 목걸이 없는 개들은 보이는 대로 박살나고 권력 있는 세도가들의 개들은 활개치고 다녔으니 개에게도 주인이 누구냐에 따라 신분차이가 생겼다고 한다.

그 '개 박살령'이나 '개 규칙'이 언제까지 유효했는지는 모르겠으나 아무튼 해방이 된 후 나 어렸을 적에도 보기조차 소름 끼치도록 무시무시했던 뾰족한 쇠갈고리에 시뻘건 피를 묻힌 채 들고 다니는 개백정을 가끔 보았었다. 그들은 묶어놓지 않아서 떠돌아다니는 개는 닥치는 대로 그 쇠갈고리로 찍어 죽여서 끌고 갔지만 아무도 이의를 제기하지 못했다.

지금 생각하니 확실치는 않지만 광견병의 확산을 막기 위하여 매어놓지 않아 돌아다니는 개들은 아무나 잡아가도 이의제기를 할 수 없도록 허용되었던 것이 아닌가 싶다.

우리나라를 헐뜯을 구실이 없으면 으레 '개를 잡아먹는 국민들'이라고 들고 나오는 서양 사람들이 봤다면 기절할 일이었을 것이다. 잔인성으로 말하자면 우리 민족의 몇 십 배도 더할 서양인들이….

한 가족처럼 여겨 애지중지하는 애완견을 보면서 그 끔찍한 '개박살'의 기억을 떠올리는 나에게도 인정이 없고 포악한 본성이 잠재된 것은 아닌지 모르겠다. 아무튼 귀엽고 좋아서 기르는 개라지만 남들에게는 혐오감을 줄 수도 있음을 제발 잊지 말아 줬으면 좋겠다.

이 글을 쓰고 난 한 달 후, 2007년부터 모든 개들에게는 목줄을 매야 하고 주인의 연락처가 표시된 인식표를 달아야 하며 밖에 데리고 나올 때에는 배설물 수거봉투를 지참해야 하는 등의 여러 가지 애완동물에 대한 규제가 법제화 된다는 보도가 나왔다. 옛날에 있었다던 '개 규칙'이 되살아나는 셈이다.

내 개인적인 의견으로는 참으로 반가운 소식이기에 그 법이 꼭 시행되기를 바라면서 이렇게 써 놓았던 글에 덧붙여 쓴다.

사라져버린 명절의 즐거움

추석 명절의 연휴가 끝났다. 예전과 달리 학교장에게 주어진 재량권으로 추석 연휴 전날과 다음날까지 휴교를 해서 5일을 쉬었다.

먼 곳까지 다녀와야 할 학생들을 생각해서 내린 조치였지만 불만이 없었던 것도 아니다. 특히 맞벌이 부부로 아이들만 남겨둔 채 출근을 해야 할 학부모의 입장이라면 불만이 있을 수밖에 없었으리라.

그래서 학교의 도서실도 개방하고 몇몇 교사들은 출근해서 등교하는 학생들을 지도하도록 조치도 취했다. 하지만 학교로 찾아오는 아이들은 없으면서 '못 먹는 감 찔러나 보자'는 식의 불만 표출 행동이었을 뿐이다.

긴 연휴 끝인데도 나를 비롯한 대부분의 선생님들이 연휴를 즐긴 밝은 표정이 아니다. 별로 즐거운 휴일이 아니었다는 것이리라.

언론에서 명절의 시장 분위기가 어떻다는 등, 귀성길이 어떻다는 둥, 또는 각 회사의 추석 상여금이 어쩌고 제수용품 비용이 어쩌고 등등 요란하게 떠벌려서 덩달아 마음만 들뜨게 할 뿐이지 막상 명절을 맞고 봐도 예전처럼 훈훈하고 넉넉함이 느껴지지 않음은 나뿐만이 아닌 것 같다.

고향을 찾아도 예전처럼 어렵사리 대중교통을 이용해서 하루 종일 또는 며칠씩 걸려서 찾아가는 것이 아니다. 또한 몇 달, 몇 년 만의 귀향이 아니라 자가용 승용차로 수시 찾아가는 고향이요, 전화로 수시 대화하다가 만나는 가족이니 상봉의 기쁨은 그만큼 반감된다. 거기다 일상적으로 인스턴트식품이나 맛난 음식을 먹던 입이니 모처럼의 고향 어머니 손맛인들 옛 맛이 날 것인가?

옛날에는 차례(茶禮)를 지내면서도 상위에 놓인 음식에만 눈이 갔었지만 지금의 아이들이야 관심이나 갖는가?

나 어릴 적에야 추석빔으로 무명옷 한 벌 얻어 입어도 좋아서 입을 다물지 못했지만 지금의 아이들이 그렇게 헐벗었겠는가?

그러니 모처럼 찾아간 아버지의 고향이지만 아이들에게는 답답하고 심심한 시골일 뿐이다. 그러니 빨리 집에 가자고 졸라대는 아이들을 핑계 삼아 뺑소니치듯 돌아와서 낮잠이나 자고 아이들은 전자오락이나 컴퓨터 게임에 빠지는 것이 현실이다. 결국 명절인들 아무리 요란을 떨어도 훈훈하고 풍족함을 느낄 수는 없을 것이다.

아이들 얘기가 나왔으니, 옛날에는 흔히 아이들 버릇을 할아버지 할머니가 망가뜨린다고들 했다. 이는 그만큼 할머니 할아버지가 손자 손녀를 감싸기 때문이라 했지만 지금 아이들을 그렇게 늙은이들이 감쌀 기회나 있는가?

어쩌다 잔칫집의 먹을 자리에라도 가는 날이면 원근 거리 막론하고 꼬질꼬질하게 때에 찌든 손수건에 떡이며 약과 한 조각이라도 싸다가 손자 손녀 입에 넣어 주던 정성을 지금의 뉘 집 자식에겐들 베풀 기회가 주어지는가?

그러니 명절이라고 아버지의 고향을 또는 외갓집을 찾아간들 애틋하게 보고 싶던 할아버지 할머니가 아닌 냄새나는 늙은이에 지나지 않을 뿐이겠지.

명절이라고 좋은 것이 무엇인가? 역시 먹을 것이 풍족하고 새 옷 입고 오랜만에 반가운 가족과 친척들을 만난다는 기대와 즐거움이 있어야 하지 않겠는가?

그런데 그런 것들이 특별히 명절 때에만 이루어지는 것이 아니라 늘 이루고 사니까 특별하지 않은 것은 당연하다.

그저 하루 이틀의 공휴일이 더 있어서 좋다는 것일 뿐….

겨울 농사

과거에는 외국인들의 대표적 혐오식품 중 하나가 김치였다. 김치를 주식으로 먹다시피 하는 우리도 솔직히 남이 먹고 나서 트림을 하거나, 여럿이 모인 공공장소에서 풍기는 김치 냄새를 좋아할 사람은 없을 것이다.

그런데 몇 달, 몇 년 동안 푹 삭힌 김치나 청국장 따위의 발효식품들이 냄새는 역겨워도 '소화가 잘 된다', '항암 효과가 있다' 또는 '비타민이 풍부하다' 등등 갖가지 예찬론을 펴면서 요즈음은 외국인들까지도 김치사랑에 끼어들어 연구를 하고 제조·판매를 하기까지 이르렀다. 정말 김치가 우수해서인지 아니면 국력신장의 덕분인지는 모르겠다.

요즈음 인건비와 모든 물가가 싼 중국에서 우리나라 사람들의 입맛에 맞춘 김치가 마구잡이로 수입된다. 그러다보니 발암물질의 농약 또는 기생충 알까지 검출되는 비위생적인 김치가 들어와서 온 나라가 떠들썩하고 있다.

국제무역의 급격한 증가 추세와 저렴한 생산비 때문에 일상생활용품에서 식품, 의류, 그리고 각종 원자재까지 종류를 불문하고 저질의 물건들이 중국을 비롯하여 동남아시아의 개발도상국들에서 헐값으로 마구 들어오고 있다. 과거의 '국산품을 애용하자'고 외치던 국민계몽 구호가 아련한 추억이 되어버렸다. 너·나 없이 앞 다투어 비싸더라도 국산품을 사겠다고 아우성이라 웃어야할지 울어야할지 모르겠으니 말이다.

요즈음 중국산 활어(活魚)에서 '말라카이트그린'이라는 발암물질이 검출되었다고 보도되어 시끌벅적하던 끝에 이번에는 중국산 김치에서 기생충 알까지 검출 되었다고 온 나라가 떠들썩하였다. 중국 당국에서도 보복의 차원에서 한국에서 수입된 김치와 된장, 고추장 등에서도 기생충 알이 나왔다며 자국으로의 금수(禁輸) 조치를 내려 자칫 무역 분쟁의 기미까지 보이고 있는 실정이다.

흔히 기생충은 채소밭에 인분을 줌으로써 분뇨에 섞여있던 기생충 알이 채소에 묻어 다시 사람에게 감염 되는 것으로만 알고 있던 나로서는 인분은 사용하지도 않는 우리나라 농산물, 그것도 잎줄기채소는 쓰지도 않는 고추장 된장에서까지 기생충 알이 검출 되었다고 우기는 중국인들을 나로서는 이해할 수가 없어 혼란스러웠다. 그런데 이번에는 또 국산 김치의 일부에서도 기생충 알이 발견 되었다는 정부 발표에 그야말로 온 국민은 누구를 믿고 무엇을 먹어야 하느냐고 아우성이다.

그렇지 않아도 요즈음 어린이들은 김치를 잘 안 먹어서 학교 급식에서나마 김치를 꼭 먹이도록 강요하고 있다. 그런데 이런 기생충 파동이 났으니 급식비를 안 내고 버티던 염치없는 어떤 학부형에게서 "이런 급식을 하고도 돈 내라는 거냐?"고 큰 소리로 으름장 놓는 어이없는 경우까지 당하고 있다.

이제껏 조용하다가 앞뒤 구별 없이 마구잡이로 터뜨리는 폭로성 발표가 정치적인 어떤 목적이 개입된 처사인지, 아니면 무능한 정부의 단면도인지 구분이 안 된다. 그러니 국민들은 모여 앉았다 하면 어려운 경제 현실에서부터 불투명한 미래의 걱정과 현 정권의 불평불만만 난무하지 않는가?

아무튼 조속히 국민생활의 가장 기본인 먹을거리 문제부터 신뢰를 줄 수 있도록 특단의 대책이 나와야 하지 않을까 싶다.

모르면 약이고 알면 병이라던가?

옛날에 김장배추 씻을 물도 충분치 않아 대충 씻고, 배추 재배조차도 인분을 거름으로 써서 길렀건만, 기생충이 어떻고 하는 말 없이 잘도 먹고 살았다. 그러나 이제는 나부터도 옛날 우리의 모습처럼 지저분한 중국인들의 모습을 보고는 선뜻 그들이 생산한 음식물들을 먹을 마음이 내키지는 않는다.

입동이 지나고 갑자기 기온이 하강하니 이번 주말에는 이제껏 하던 대로 큰댁으로 가서 왁자지껄 요란 떨면서 김장을 해야겠다. 큰댁들의 김장, 우리 김장, 조카딸들, 그리고 우리 딸들의 김장까지 올 겨울 농사를 밟이나.

지금은 농업기술, 종자개량, 농산물 저장기술 등이 발달하고 그에 따라 사시사철 아무 때에나 싱싱한 채소를 구입할 수 있다. 그리고 김치를 비롯한 각종 완제품 반찬들을 집에 앉아서도 전화 한 통화로 주문 배달해 먹을 수도 있다. 그러기에 옛날처럼 김장을 겨울 농사로 여기며 많이 하지 않는 추세이다. 하지만 우리는 아직도 큰댁의 배려로 배추 한 포기 사지 않고 해마다 한데 모여 겨울 농사 김장을 담그고 있다.

힘들어도 오순도순 둘러앉아서 배추포기 갈피마다 양념과 사랑을 채우던 향수를 못 잊어서….

명품국민들의 아량

지금부터 약 15년 전쯤으로 기억된다.

퇴근한 나에게 아내가 의기양양한 표정으로 꿀 한 병을 아주 싸게 샀다고 자랑하기에 얼마나 어떻게 싸게 샀느냐고 물었다. 아내가 이야기 한 사연은 이랬다.

어느 시골 할머니가 아주 난감한 표정으로 우리 집으로 찾아 들어와서 알지도 못하는 아이의 이름을 대면서 집을 가르쳐 달라고 하기에 모른다고 하자, 묻지도 않은 혼잣말처럼 '홍천 산골에서 딸네 집을 찾아왔는데 찾을 수가 없으니 큰일 났다'라고 중얼거리며 좌불안석이더란다.

문득 늙으신 친정어머니와 돌아가신 시어머니 생각에 마음이 약해진 아내는 식은 밥이나마 점심까지 대접하면서 함께 걱정을 했더니 "사위 주려고 집에서 직접 채취한 토종꿀을 한 병 가져 왔는데 돌아갈 차비나 하게 삼만 원만 내고 사라"고 해서 샀다면서 흐뭇해했다. 당시에 1.8리터들이 토종꿀 한 병이면 십만 원 이상은 줘야 살 수 있었으니 싸기는 무척 쌌다.

그런데 며칠 후 동네 아주머니들과 이야기를 나누다 보니 다른 집에서도 똑같은 수법으로 팔고 갔던 사실이 드러났으나 이미 엎질러진 물이었다. 벌집 부스러기와 죽은 토종벌도 한 마리 넣어진 그 꿀은 100% 설탕 시럽이었다.

가짜 꿀의 역사는 어제 오늘의 이야기가 아니건만 속이는 수법이 너무나도 교묘하게 동정심까지 유발시키는 데에는 특히 순진한 내 아내로서는 속지 않을 수 없었으리라.

가짜가 어디 꿀뿐이던가?

볶은 보릿가루 섞어 만든 가짜 냉면, 병든 소나 수입 소 또는 젖소고기가 둔갑한 가짜 한우고기, 값싼 다른 부위의 살을 붙여 만든 가짜 삼겹살, 다른 첨가물이 들어간 가짜 참기름, 버려진 희나리에 색소를 넣고 빻아서 만든 가짜 고춧가루 등등….

그뿐인가? 유해한 약품이 첨가된 식품은 얼마나 많던가?

석회 가루가 첨가된 두부, 농약을 뿌려 기른 콩나물과 숙주나물, 유해 색소로 물들인 과자, 염산을 뿌려 기른 김, 음식 찌꺼기 다져넣은 만두, 사료용으로 수입하여 만든 음식물들, 표백제 섞은 연근, 도라지, 깐 밤 등등 이루 헤아릴 수 없이 많다. 이와 같은 식품들을 우리는 단속에 걸리고 언론에 공개 돼야만 "저런 나쁜 놈들!" 하면서 치를 떨지만 돌아서면 까맣게 잊고 살지 않는가?

식품뿐이 아니다. 소위 명품이라는 값비싼 외제 유명 상품의 모조품은 또 얼마나 많은가?

명품이라면 누구나 껌뻑 하여 소위 '짝퉁'이라고 하는 공개된 모조 명품까지 나돌고 있으니 우리국민들은 가히 세계적 '명품국민'은 아닌지 모르겠다.

동남아시아 국가들로 여행을 가보면 한국 사람들을 겨냥한 진주 판매 상인들이 아예 서툰 한국말로 “진주 싸요, 싸요”를 외치며 호객하는 모습을 많이 본다. 진주 목걸이, 팔찌, 귀고리, 반지, 브로치 등의 액세서리에서 진주화장품, 의약품에 이르기까지 종류도 다양하다.

어디 진주제품뿐이던가?

가짜 골동품에 가짜 수공예품, 가짜 의약품, 가짜 식품 등 그야말로 모조품 만드는 기술이 어쩌면 그렇게도 정교한지 전문가들도 식별이 어려울 정도란다. 그러니 일반인들이야 싼 멋에 마구 사가지고 오지만 오면 결국 후회하기 마련인 것을….

나는 워낙 보석에 대한 식견이 없어서 볼 줄도 모른다. 모르니 너무나도 싼 값에 속는 것 같아서 보석 종류를 아예 사지도 않지만 참 많이 잘들 사는 사람들을 보면서 ‘정말 진짜인데 저렇게 싼 것을 나는 모르고 안 사는 게 아닌가?’ 하고 돌아서서 잠깐 후회도 해 보지만 역시 나중에는 안 사기를 잘 했다고 결론이 난다.

귀국해서 후회하던 사람들이 나중에 다시 해외여행을 나가면 또 충동구매하는 것을 보면서 여행지에서 좀처럼 지갑을 잘 열지 않는 나하고는 소비습관의 차이 때문이라고 생각했다.

분명히 저질이거나 가짜, 또는 바가지 쓴다는 것을 알면서도 사는 사람들이 있으니 장사꾼이 있는 것이다. 그래서 경제활동은 이루어지는 것이 아닐까?

가짜 천국의 국민들이 알게 모르게 가짜에 속아주는 아량이 참으로 너그럽기도 하다.

서민들의 음주, 유흥문화

1960년대 말, 성인으로서 처음 술을 배우기 시작해서부터 오늘날에 이르기까지 내가 보거나 겪은 음주문화 내지는 유흥의 형태도 참 많이 변했다.

나는 시골에서 교직을 시작하여 상당기간을 시골에서 근무했었다. 그러기에 1970년대 말까지는 술 생각이 나면 퇴근 후에 주로 동료 선생님 댁이나 숙직실, 또는 동네의 구멍가게에서 주전자에 막걸리를 사다가 김치 안주로 한두 잔 하면서 세상사를 논하다가 헤어지고, 간혹 어떤 계기로 인하여 큰맘 먹고 아가씨가 있는 술집에라도 가게 되면 가무(歌舞)와 온갖 추태들을 다 부리며 놀기도 했다.

젓가락으로 상머리, 주전자, 쟁반, 닥치는 대로 소리 나는 건 뭐든지 다 두드려 장단 맞추고, 또는 골이 패인 빨래판이나 빈병으로….

노는 것도 재주라 유난히 장단을 잘 맞추며 흥을 돋우는 이가 있게 마련이었다.

그 와중에 막걸리의 양을 속이고, 술집 안주 값을 비싸게 매기고, 또는 술과 안주의 숫자를 속인다. 술집 아가씨들은 매상 올리기 위해 안주를 부지런히 먹어 치우고, 팁을 우려내기 위해 갖은 수단방법을 다 동원한다. 그래서 손님과 주인은 신경전을 벌이다가 싸움으로 번지기도 하고…. 그러니 술집이 밀집되어 있는 동네는 밤에 항상 시끄러웠다.

으레 남자라면 술자리를 피하지 않고 잘 먹어야 남자 대접을 받을 수 있는 풍조가 만연했다. 그래서 술자리에서 술잔을 사양하면 양복 주머니에 술을 부어주는 장난도 서슴지 않았다. 또한 많이 마시는 것을 자랑으로 여겨 술잔을 젓가락으로 받쳐서 층층이 쌓아놓고, 맨 위에서 부어 넘치면서 맨 아래의 잔까지 차고 나면 위에서부터 쉬지 않고 연거푸 차례차례로 잔을 들어다 마시면서 주량을 과시하는 이도 있었다.

이런 막걸리 시대를 거쳐, 80년대 들어서면서부터 서서히 소주가 대중적 주류(酒類)로 변하기 시작했다.

이때까지도 맥주는 경제적 여력이 있는 계층에서나 즐길 수 있는 주류로 여겨졌으며 맥주 전문 판매점에 가서도 병맥주는 비싸시 생맥주를 주문하면 냉대하는 풍조까지 있었다.

요즈음에는 맥주가 아주 대중화되었지만 그래도 소주의 소비가 절대량을 차지하는 것 같다. '소주방'이라는 주점도 심심찮게 눈에 띄는 것만 봐도 알 수 있듯이.

그런데 한 가지, 소주를 왜 '쏘주' 또는 '쐬주'라고들 하는지 귀에 많이 거슬리는데 이 근래에는 심지어 방송에서도 쌍시옷 발음을 하는 것이 가끔 들린다.

이렇게 서민들이 즐기는 주류가 달라졌듯이 유흥 문화도 많이 변했다.

앞서 거론했던 것처럼 주로 남자들이나 어쩌다 한 번씩 유흥 주점에 가서 즐기곤 했는데 80년대 중반쯤부터 지방 중소도시에도 일본에서부터 시작 되었다는 '가라오께'라고 하는 녹음된 반주에 맞춰 마이크를 들고 노래하는 것이 등장했다. 90년대 초부터는 노래방기기기 등장하여 요즈음에는 노래방업소가 너무나도 많이 보급됨으로써 남녀노소가 함께 즐기는 건전문화로도 한 몫하고 있다.

그런데 법규를 몰라서 '노래방'과 '노래연습실'의 영업 한계를 어떻게 구분해야 하는지 모르지만 어떤 집에서는 술을 절대로 팔지 못한다고 하며, 어떤 집에서는 손님이 요구하는 술은 뭐든지 다 팔기도 한다.

술뿐만 아니라 남자들끼리 가서 여자를 요구하면 어디에 전화해서 금방 대령하기도 한다. 함께 놀아주는 대가로 시간당 얼마씩 주면서, 거기다가 사람에 따라 잘 흥정(?)이 되면 2차(성매매)까지도 이루어진다고 한다.

언론보도나 소문에 의하면 대도시에서는 주부나 여대생들도 부업으로 그 짓을 한다고 하는데 직접 경험해 보지는 않았으니 사실 여부는 모르겠다.

아무튼 8~90년대 들어 급속한 경제 성장을 겪으면서 농촌·도시를 불문하고 유흥업계와 관광업계가 호황을 누렸다.

근래 몇 년간 극심한 경제 불황을 맞으면서 주춤하지만, 어쨌든 우리 국민들은 너 나 할 것 없이 그동안 너무나 흥청망청하지 않았나 하는 생각이 든다.

엊그제 어떤 계기로 지역 유지와 학부형 몇이 어울려 저녁 식사를 할 기회가 있었다. 반주로 몇 잔 먹은 술기운 탓에 으레 2차 유흥을 즐기러 가자는 강권을 못 이겨 노래방엘 갔다. 술까지 들여와 마시며 두어 시간의 흥을 즐겼으나 역시 나이를 먹으니 젊은 학부형들과는 잘 어울려지지 않음을 실감하는 계기였다.

이제껏 열거한 일들은 내 경험 내지는 나의 주변을 중심으로 한 이야기들이지만, 상류계층들의 음주 · 유흥 문화는 들리는 소문만으로도 혀를 찰 뿐이다. 너무나 엄청난 고액의 비용과 지나친 향락행위에….

하기야 요즈음은 농촌 부녀자들까지 빚을 얻어서라도 국내외를 가리지 않고 관광 여행을 다니는 판인데 돈 많은 상류계층들이 자기돈 쓰면서 즐기는데 누가 뭐랄 수 있겠는가?

다만, 자라나는 어린 세대들에게 남의 눈을 의식하지 않고, 남의 입장은 조금도 배려할 줄 모르는 극단의 이기심만 물려주게 되지 않을까 걱정이다.

'오늘 점심은 어떻게 해결해야 하나, 오늘밤 잠자리는 어디서 해결해야 하나' 하고 걱정하는 노숙자들이 즐비한 요즈음의 현실에서 한쪽에서는 너무나 흥청대는 이 모습이 안타깝다.

기뻐서 먹고, 슬퍼서 먹고, 화나서 먹고, 즐거워서 먹고….

먹는 핑계도 다양한 술, 한잔 마셨으니 즐기고, 스트레스 풀자고 즐기고, 내일을 위해 즐기자.

이런저런 이유로 술과 유흥은 어차피 이 사회의 필요악일 수밖에 없으리라. 다만, 조금씩만 남을 의식하는 배려가 아쉬울 뿐이다.

자주감자와 막국수

지금은 농업기술과 식품저장기술이 발달되어 각종 채소와 과일을 계절에 관계없이 늘 먹을 수 있게 되었으나 여러 가지 이유로 가격의 변동이 심해서 도시의 서민들과 농민들을 웃기고 울린다.

며칠 전 작은딸이 뭘 해먹겠다며 가게에 가서 감자 두개를 사들고 오더니 너무 비싸다고 혀를 내두르기에 "얼마를 줬느냐"고 물어 봤다. 애들 주먹만 한 감자 두 개에 2,000원을 줬다고 해서 나도 깜짝 놀랐던 일이 있다. 쌀 한 되 값이 넘으니 말이다.

작년 여름에 농가에서 감자 15Kg짜리 한 상자에 3,000원밖에 받을 수 없으니 생산비는 고사하고 포장상자 값과 운송비가 안 된다며 판매를 포기하던 기억이 나기에 더욱 놀라지 않을 수 없었다.

이튿날 신문에서 감자를 '金자'라고 제목을 달아서 많이 오른 물가에 대한 기사가 난 것을 보고 감자 값이 비싸다는 사실을 확인했다. 너무나 비싼 감자 값 때문에 서민들이 즐겨 찾는 '감자탕' 집에서 장사를 못하겠다는 기사도 함께 실려 있었다.

감자라는 식물이 원래 서늘한 기후에서 잘 되므로 예로부터 강원도 산골 고랭지의 특산물로 여겨 왔었다. 그래서 강원도는 '감자바위'라는 별명을 얻기도 했는데, 이제는 제주도에서 봄에 햇감자가 생산되니 겨우내 땅 속에 갈무리했던 강원도 감자는 경쟁력이 약해졌다는 소식에 강원도 사람으로서 속이 상하기도 하다.

어릴 때 먹었던 감자는 껍질이 보라색을 띠며 눈(芽)이 많고 옴폭옴폭 패인 '자주감자'라는 것이었다.

여름에는 매 끼니마다 자주감자를 까 넣고 지은 꽁보리밥이 먹기 싫다고 투정을 부려 부모님께 꾸중을 듣다가도 동무들과 냇가에서 멱 감으면서 인근 감자밭에서 몰래 캐다가 찜을 해 먹던 그 감자 맛은 왜 그리 좋았는지?

냇가에 납작한 돌을 괴어 터널을 만들고 그 위에 굵은 모래를 덮고 모래에 감자를 묻은 다음 터널 밑에 불을 때서 돌과 모래가 달궈지면 우리 벌거숭이들은 고무신짝으로 물을 퍼다 끼얹어서 그 수증기로 감자가 익기를 기다렸다.

기다리기 지루함을 잊기 위해 엉덩이를 찰싹찰싹 때리며 노래도 하고, 물장구를 치며 한참 놀다 나와서 감자를 꺼내 먹으면 덜 익어서 설겅설겅 해도 그렇게 맛있을 수 없었다.

그런데 감자를 그런 방법으로 익히는 지혜를 어디서 얻었는지, 누구의 아이디어였는지 모른다. '궁하면 통한다'고 자연발생적으로 얻어진 아이디어였던 것 같다.

그렇게 맛있던 자주감자는 수확량도 적고 아린 맛이 나는 눈을 파내며 까먹기가 번거로워 요즈음에는 심는 이가 별로 없는 것 같다.

그리고 수확량 많고 잘 생긴 개량종 감자가 보급되어 강원도 정선, 평창 등의 고랭지에서는 한 농가에서 수백 톤씩도 생산한다.

내가 강원도의 어느 고랭지 학교에 근무할 때 그 학교의 분교 선생님도 학교 실습지에 감자를 심어서 백여 가마 이상 캐서 묻어 두었다가 봄에 팔아서 목돈을 벌었다고 자랑하던 기억이 난다.

감자와 함께 요즈음 '건강식품'으로 인기를 모으는 것이 막국수(메밀로 만든 국수)다.

감자와 메밀은 원래 구황작물(救荒作物)로서 경지면적이 적은 강원도 산골의 토질이 척박한 화전(火田)에서 주로 재배되어 대용식량으로 연명하던 것이다.

지리적 여건상 화전을 일굴 수 없었던 우리 고향에서 메밀의 생육기간이 짧은 특성을 이용하여 가뭄이 심해서 모심기 시기를 놓친 천수답(빗물에만 의지하는 논)이나 수해를 입었으나 복구하지 못한 논밭에서 재배하였으니 양은 그리 많지 않았다. 또한 노력에 비해 수확량이 많지 않고 칼로리도 높지 않은 식물이니까 별미로 먹기 위해서나 심는 정도였다.

그런데 영양 과다섭취로 많은 사람들이 비만을 걱정해야 하는 지금은 칼로리가 적고 맛있으면서 포만감을 즐길 수 있도록 조리법이 개발된 막국수는 호평을 받을 만하다.

나도 막국수를 자주 즐기기는 하지만 사실 메밀 자체는 맛있다고 느낄 수 없다. 앞서 말한 대로 현대인들의 입맛에 맞도록 다른 재료가 첨가되고 조리법을 개발하고, 양념을 여러 가지 넣으니까 맛있게 먹는 것이다.

어릴 때 먹었던 메밀 음식 중 나깨로 만든 국수가 제일 먹기 싫었다. 메밀껍질을 벗기기 위해 맷돌에 갈면 껍질이 벗겨져서 메밀쌀이 되는 것도 있고 부서져서 가루로 되는 것도 있게 마련이다. 그것을 굵은 체로 쳐서 껍질을 분리하고 다시 키질로 메밀쌀을 분리해 낸 뒤 날려 나간 가루가 나깨다.

거기에는 껍질가루도 함께 섞이고 맷돌 가루도 섞였지만 더 이상 분리할 수는 없고, 버리기는 아까워서 반죽하여 칼국수를 만드는데 워낙 끈기가 없으니까 손가락만 하게 굵게 썰어서 야채와 장을 함께 넣고 끓인다.

끈기가 없으니까 젓가락으로는 먹을 수도 없고 숟가락으로 떠먹으면 돌가루가 으적으적 씹혀서 먹기가 곤혹스러웠다. 그러니 배고픈 터에 굶을 수는 없고 혹, 식은 보리밥이라도 있으면 형제간에 서로 먹으려고 하다가 부모님께 꾸중 듣기 일쑤였다.

메밀쌀은 잘 두었다가 명절 때나 제사 때 갈아서 부침개나 또는 그 부침개에다 무생채, 김치, 두부, 고기 등의 속을 넣어 둘둘 말아서 먹었다. 그것을 내 고향에서는 젬병(전병)이라 불렀다. 요즈음 음식점에서는 촌떡, 또는 총떡이라고 부르지만 사전에도 없으니 어느 것이 표준말인지는 모르겠다.

막국수 집에 가서 '촌떡'이라는 것을 주문하니 분량에 비해 값이 만만치 않았다. 하기야 어릴 때 생각을 하면 그렇게 귀하게 여기던 메밀쌀을 갈아 만든 것인데 비쌀 수밖에 없겠지….

현대인들의 과다한 영양섭취로 어린이들까지도 비만과 성인병을 고민하게 된 현상을 보면서 저칼로리의 메밀음식과 가미되지 않은 구운 감자를 많이 먹게 하면 어떨까하는 공상에 잠시 젖어보았다.

먹을거리 문화

인간을 포함한 모든 동물에게 공통된 욕구가 있다면 아마도 식욕과 성욕(번식 본능)일 것이다. 그 중에 성욕은 일정 연령층에 국한 되겠지만 연령에 구애받지 않는 욕구는 식욕일 것이니 예로부터 나라마다, 지방마다 독특한 음식 문화는 끊임없이 발달해 왔다.

우리나라 좁은 땅덩어리에서도 지방에 따라 특색 있는 먹을거리 종류도 참 다양하다.

마산 아귀찜, 충무 김밥, 전주 비빔밥, 춘천 막국수와 닭갈비, 원주 통닭과 추어탕, 강릉 초당두부, 안동의 헛 제삿밥과 간 고등어와 안동 소주, 진도 홍주, 경주 법주, 경기 문배주, 이동 막걸리와 갈비, 수원 갈비, 암사 해물탕, 평양냉면, 함흥냉면, 속초 오징어순대, 병천 순대, 천안 호두과자, 안흥 찐빵, 포항 과메기, 흑산도 홍어, 목포 세발낙지, 기장 붕장어, 풍천 장어, 평창 송어, 강화 밴댕이, 영광 굴비, 영덕 대게, 서해 꽃게, 광천 새우젓, 서산 어리굴젓, 순창 고추장, 양평 된장….

언뜻 생각나는 대로 열거한 것이지만 이밖에도 각기 자기 고장마다 대표적이라고 내놓을 먹을거리 한두 가지는 다 있을 것이니 그 숫자조차도 헤아리기 힘들 것이다.

음식 문화는 대체로 예로부터 호남 지방이 발달 되었다고 자타가 공인하지만, 각기 그 지방의 기후, 특산물, 대대로 내려오는 생활 습관 등에 따라 달라지기도 하고, 근래에는 요식업자들과 요리 연구가들이 연구, 개발한 새로운 먹을거리가 자꾸 등장하니 앞으로도 유명세 타는 음식의 종류는 계속 늘어날 것이다.

가령 어느 곳에서 한두 사람의 특정 음식이 잘 팔리니까 너도나도 원조, 시조, 태조 등으로 간판을 내걸고 개업을 하다 보니까 '어디어디의 ○○'라는 유명세를 얻기도 하고, 아무도 돌아보지 않던 하찮은 음식재료가 특유의 맛을 내는 음식으로 개발되어 유명해지거나, 예전에는 보잘것없던 음식이 현대인들의 입맛을 사로잡아 언론에 소개되기까지 하는 행운을 얻은 우연한 경우도 있을 것이다.

그리고 포항 과메기, 풍천 장어, 영광 굴비, 평창 송어 등과 같이 지리적 여건상 그 지방에서 많이 생산되고 품질이 타 지방의 것보다 우수해서 명성을 날리는 경우도 있듯이 이런저런 이유로 까다로워진 현대인들의 입맛을 사로잡을 먹을거리는 자꾸 늘어날 것이다.

음식이란 원재료 고유의 맛과 향을 살려 깊이 음미하면서 천천히 먹어야 하거늘, 현대인들은 깊고 은근한 맛보다 강하고 얕은맛을 선호하는 경향이 있다. 그 때문에 좀더 자극적이고 강한 맛과 향을 내기 위해 많은 양념과 조미료를 쓴다.

강렬하고 자극적인 음식에 길들여진 입맛은 다시 색다른 맛을 추구하게 되고 그런 반복으로 점점 더 강하고 자극적인 조미료의 사용 탓에 식재료 고유의 깊은 맛은 잃어가고 있는 것이 아닌가 생각된다.

근래에는 간혹 식재료(食材料) 고유의 맛을 찾아 재현하고 그것으로 승부를 걸고자 하는 음식점도 있기는 하지만 잘 운영이 되는지는 의문스럽다. 나부터 화학조미료에 길들여져서 '건강을 위해서'라며 조미료를 안 쓰려는 아내와 가끔 설전을 벌이기도 하며 외식을 즐기려 하니 말이다.

오늘 아침에 어느 TV프로에서 "설탕이 나쁘니 설탕을 좋아하는 어린이들의 식습관을 고쳐야 한다"고 하는 것을 보았다.

길들여진 입맛을 고친다는 것이 그리 쉬운 일이 아닐진대 어떻게 해야 옛날에 느끼던 그 맛을 되찾을 수 있을까?

화장실 문화

짐승이든 인간이든 생존을 위해서는 필수적으로 이루어지는 것 중의 하나가 배설작용이다. 여느 짐승과는 달리 인간은 그 배설현상을 품위 있게 그리고 위생적으로 처리하기 위해 마련한 곳이 뒷간, 측간, 변소, 정낭, 정낭간, 또는 절에서는 근심을 해결한다는 뜻으로의 해우소 등 여러 가지 이름으로 다양하게 불리는 것이 요즈음 가장 보편화된 이름의 화장실이다.

그런데 나도 평교사 시절에 청소 담당구역으로 그 화장실을 배정받으면 참 반갑지 않게 생각했다.

아이들의 심리가 남이 안 보는 나 혼자만의 공간이라는 안도감으로, 내재 되었던 욕구나 불만들을 낙서로 표출하고자 하는 경향이 있다. 또한 더러운 곳이라는 선입견 때문에 침을 뱉고 휴지를 아무렇게나 버리는 등의 행위로 여간해서는 청결유지가 힘들었기 때문이다.

냄새나고 더러운 곳의 대명사로 치부되어 오죽하면 "뒷간과 사돈집은 멀수록 좋다"라는 속담까지 있을까?

1980년대 중반부터 겨우 수세식으로 바뀌기 시작한 학교 화장실은 초창기에 사용법 지도에도 무척 애를 먹었다.

관할 교육청 관내에서 비교적 부유층이 모여 산다는 모 학교로 근무지를 옮겨 시설을 둘러보면서 걱정했던 것 중의 하나도 역시 모두 양변기로 설치된 화장실 유지관리였다. 이제까지 근무했던 모든 학교에서는 장애자용으로 한 층의 남녀 화장실에 각각 한 칸씩만 설치되어 있는 양변기도 제대로 관리되지 않아 골치를 앓았던 경험이 있었기에 그렇다.

툭하면 막히고, 고장 나고, 심지어 양변기에 올라가 쪼그리고 앉아서 변을 보다가 오물 묻혀놓고, 용변 후에 물 안 내리고, 그래서 청소 관리가 잘 안 되고…. 그래서 아예 양변기가 있는 곳은 폐쇄하여 쓰지 못하게 하기도 했었다.

어린이들의 양변기 사용이 그럴 수밖에 없었던 것이 대개의 농촌 화장실은 일명 잿간이라 하여 커다란 돌 두 개를 놓고 그 위에 쪼그리고 앉아서 일을 본 후 앞에 쌓아둔 재를 삽으로 묻은 다음 뒤쪽으로 밀어 놓았다가 봄에는 논밭에 내다 펴서 거름으로 썼고, 도시에서는 드럼통이나 콘크리트 탱크를 땅에 묻고 그 위에 역시 쪼그리고 앉아서 볼 일을 보던 습관이 몸에 뱄으니 양변기 위에도 올라가 쪼그려 앉는 것을 탓할 수만도 없었다.

그런데 이 학교는 1층부터 4층까지 108칸의 변기가 모두 양변기로 시설되어 있으니 걱정을 안 할 수 없었다.

부임하여 몇 달간 부지런히 화장실을 점검하였는데 다행히 걱정하던 것만큼의 어려움은 없었다. 역시 학생들의 100%가 아파트에 거주하니까, 그래서 양변기 사용이 생활화 되었으니까 크게 문제되지 않는 것 같았다.

많은 고민 끝에 화장실 청소를 외부 용역에 맡기고 나니 더욱 깨끗하고 편해졌다. 한편 생각하면 청소도 교육활동의 일부인데 남에게 맡긴다는 것이 좀 개운치는 않았지만….

어찌되었든 지금 우리학교 어린이들이 다른 학교 어린이들에 비해서 화장실 사용문화는 위에 열거한 이유 때문인지 수준이 높은 것 같다. 낙서하는 일, 더럽히는 일, 남이 안 보는 곳이라고 나쁜 짓하는 아이가 별로 없으니 말이다. 물론 아주 없다면 거짓말이겠고, 이만한 재적수에 화장실 유지보수비가 이렇게 적게 든다니 그동안 내가 걱정했던 것이 한낱 기우였던 셈이다.

양변기 이야기를 하다 보니 생각나는 것이 있다.

1970년대에 시골학교에서 모시던 고 황○○교장선생님께서는 공상(公傷)으로 한족 다리를 잃으시고 허벅지 부위부터 의족을 하셨던 분인데 양변기가 없는 재래식화장실을 그냥 사용하실 수가 없으니 각목으로 만든 어린이용 의자를 가로지른 부위만 제거하여 변기 대용으로 사용하셨다.

학교 화장실의 짧은 추녀 밑에 두고 겨울에 눈이 얼어붙어 있거나, 여름 장마철에 비를 맞아 곰팡이가 피어 있어도 어쩔 수 없이 용변시마다 그것을 들고 들어가셔서 사용하셨는데 비좁은 화장실 안에서 낮고 각목 테두리만 있는 의자에 다리를 뻗고 앉아 용변을 보셨으니 얼마나 불편하셨을지 짐작이 가건만, 이제야 젊은 놈이 왜 배려해 드리지 못하고 보고만 있었을까 새삼 죄스럽다. 의자 높이만이라도 좀 높여 드렸더라면, 각진 테두리에 헌 천 조각이라도 감아 드렸더라면 얼마나 편리하셨을까?

화장실 수준을 보면 그 나라의 문화수준을 알 수 있다고 하면서 몇 년 전부터 정책적으로 추진한 화장실문화 개선의 노력으로 독특하고 쾌적한 공중화장실이 많이 생기고, 공공시설, 기관, 학교, 기업체, 개인건물 등에도 화장실환경이 많이 좋아졌다. 음악이 흐르고 꽃향기가 풍기고 좋은 글귀와 그림이 있고 위생시설이 갖춰지고….

옛날이라고 화장실 환경미화에 신경을 안 썼던 것은 아니다.

나의 고교 시절에도 교장선생님의 지시로 화장실 코너에 작은 선반을 드리우고 깡통에 꽃을 꽂아 놓았던 기억이 난다. 지독한 냄새로 깡통이 며칠 안 가서 녹이 나는 재래 화장실에 그나마 눈요기라도 하면서 용변을 보라고 취했던 조치이지만 의식수준이 낮았던 학생들에게는 '돼지 목에 진주목걸이' 격이었다.

가정에서도 학교에서도, 공공시설 어디를 가도 재래식 화장실이요, 그래서 화장실은 '더러운 곳'의 대명사로 여겨졌던 시절에 그나마 깡통에 꽃이라도 꽂아놓게 하셨던 교장선생님께서는 선진문화수준을 걷고 계셨던 분이라는 걸 지금에서야 깨닫게 되었다.

재적수에 비해 턱없이 모자라게 얇은 판자로 지어진 화장실 밖에서 순서를 기다리지 못하고 옹이가 빠진 구멍으로 안을 향해 오줌발을 들여 갈기다가 안에서 오줌벼락을 맞은 고학년 누나에게 붙들려 따귀를 맞았던 개구쟁이 초등학교시절의 화장실부터 초현대식이라고 콘크리트 분뇨탱크 위에 벽돌로 지어진 화장실까지 분뇨가 차면 인력으로 퍼다 버려야 했던 것이 불과 몇 년 전이었다. 그런데 시골에서도 많은 농가들이 수세식으로 개량되었으니 우리네 주거문화는 많이도 좋아졌다.

물론 아직도 도시의 빈민가와 다수의 농가에서는 재래식화장실을 쓰고 있지만 그래도 화장지만은 신문지를 탈피한 상태이니 짧은 세월에 많이 발전한 것이다.

1960년대 초까지도 농가에서는 종이가 없어서 볏짚이나 옥수수껍질로 뒤를 처리했었다. 그래서 '속곳(속옷) 밑에 똥도 긁어모으면 거름'이라는 속담까지 있었다. 전용 화장지가 아닌 자녀들의 다 쓴 공책이나 신문용지를 그나마도 아껴 쓰느라고 32절 크기로 잘라 썼던 것이 80년대 후반까지도 대다수였다. 그런데 이제는 '화장지로 닦는 화장실에서 물로 씻는 화장실로'라고 광고하면서 '비데'라는 물 세척기를 만들어 업체마다 급속히 보급시키고 있으니 얼마나 좋아졌는가?

80년대 초반까지 시골학교에 근무할 때이다. 어린이들에게 실과의 교과 학습 단원 중 주택의 평면도 그리기 학습을 지도하면서 현대식 주택은 한 건물 안에 화장실이 붙어 있다는 사실을 아무리 설명해도 더러운 화장실을 어떻게 집 안에 함께 짓느냐고 이해를 못했는데….

그래서 도시의 공중화장실은 더럽기 짝이 없고 청소년들의 온갖 비행의 장소이기도 했는데, 환경이 깨끗해지고 화장실 사용 예절을 교육한 덕에 나날이 화장실 문화는 좋아지고 있음에 나도 일조했다고 자위하며 보람을 느낀다.

이제는 화장실이라는 곳이 배설의 욕구를 해소하는 장소로만이 아니라 휴식의 공간이요, 문화와 사색을 즐기는 장소로 탈바꿈해

가는 추세에 맞춰 학교 화장실에도 더욱 혁신적인 개선이 필요하지만 아직은 재정문제에 봉착하여 안타까울 뿐이다.

그러나 학교 교육이 살아 있는 한 언젠가는 가정은 물론, 전국의 어느 공중화장실을 가더라도 낙서는 고사하고 향기만 넘쳐나리라. 그래서 깨끗하고 늘 감미로운 음악소리만 흐르고 아름다운 그림이 모든 이의 눈길을 사로잡을 쾌적한 화장실로 바뀔 날이 오리라고 기대해본다.

가정의례(家庭儀禮)

예로부터 "딸 셋만 시집보내면 기둥뿌리까지 빠진다"는 말이 있었다. 혼수품뿐만이 아니라 사돈댁에 대한 예물에서부터 하객 접대음식까지 준비하다보면 그만큼 가계 부담이 컸다는 의미이다.

어렸을 때 형님들의 결혼식, 부모님의 회갑연 등을 회상해 보면 대사를 앞두고 몇 달 전부터 잠을 못 이루시어 초췌하시던 부모님의 모습이 지금도 눈에 선하다.

살림이 어려워서 먹을 식량조차 걱정을 해야 했던 시절이라 지금으로서는 우스운 예물용 버선 한 짝도 부담스러웠으니 잠 못 이루실 만도 했다.

잔치 며칠 전부터 음식을 준비하고, 하루 이틀 전이면 먼 곳에 계시는 친척들이 오시고, 전날부터 당일, 그리고 그 이튿날까지는 이웃집의 온 식구들까지 모두 와서 일을 도우며 먹고 마셨으니 웬만큼 큰맘 먹지 않으면 일을 치르기 어려웠다.

그래서 연세 높으신 부모님을 모시는 자식은 돌아가셨을 때의 장례식 걱정도 무척 컸다. 7일장이다 9일장이다 하여 술을 담가서 발효되어야 그 술로 접대하면서 장례절차를 밟았으니 그 장례기간에는 동네의 모든 주민을 먹여 살리는 셈이라 일 치르고 나면 웬만큼 사는 집 아니면 빚을 질 수밖에 없었다.

아버님의 회갑을 앞두고 고민하시는 어머니께 "왜 그렇게 어려운 일을 벌이려 하시느냐?"고 철없는 소리를 했다가 얼마나 심한 꾸중을 들었는지도 모른다. "부모의 회갑 잔치는 자식들이 열어드리는 것인데, 너희들이 나서서 준비는 못할망정 무엇하려하느냐고?" 하시며 노여워 하셨다.

그 시절에는 회갑잔치를 잘 차리느냐 못 차리느냐의 차이는 있을망정 누구나 온 동네 주민과 일가친척을 초청하여 베푸는 것을 당연시 했으니 나의 철없는 말에 어머님의 노여움을 사고도 남았으리라.

우리 형제들 결혼식도, 누님은 6·25전쟁이 채 끝나기도 전에 결혼하셨으니 언급을 생략하고, 유엔군과 북한의 휴전회담으로 어수선하던 때의 큰형님 결혼은, 우리 집보다도 더 어려우신 이웃마을의 친정에서 걸어오신 형수님과 마당에서 전통혼례식 시늉만 내어 예식을 올리던 모습이 어렴풋하다. 작은형님의 결혼식은 추운 겨울에 하였다. 소형트럭을 빌려서 새신랑인 형님은 조수석에, 친구 몇 분과 함께 나는 적재함에 타고 먼 곳 깊은 산골짜기의 형수님 댁에 가서 전통예식을 올리고는 그 트럭으로 형수님을 모셔오던 모습이 생생하다.

나와 내 누이동생 결혼식은 그나마 현대식 예식장에서 식을 올리고 피로연은 집에 와서 했다. 그리고 막내 누이동생은 서울 '대왕 코너'(지금의 청량리역 앞 롯데백화점)라는 건물에 가서 예식을 올렸으나 며칠 후 그 건물에 발생한 화재로 인하여 막내 동생은 결혼식 기념사진도 없다.

그 어느 때에나 가정의 대사 전후에는 후유증을 오래 앓아야 했다. 그러면서도 푸근하고 넉넉한 인정은 오래도록 느낄 수 있었다.

이렇게 관혼상제(冠婚喪祭)로 인한 민생의 고통이 심하니 허례허식을 없애자는 취지로 한 때는 정부에서 '가정의례준칙(家庭儀禮準則)'을 법제화하여 가정의 각종 대소사(大小事)를 간소화하려 했으나 제대로 뜻을 이루지 못했다.

지금도 공직자들은 축의금이나 조위금의 상한선을 제시하며 지키도록 독려하지만 이 또한 잘 안 지켜지는 것으로 안다. 그만큼 우리 조상 대대로 상부상조하면서 이웃들과의 정을 돈독히 하던 가정의례 관습이 단시일 내에 인위적으로 고쳐지기가 어려운 모양이다.

해마다 4~5월과 9~10월의 결혼 시즌에는 주말마다 날아오는 결혼 청첩에 정신이 없다. 거기에 간간히 전해져 오는 부고(訃告)까지….

나 또한 딸을 둘씩이나 시집보냈으니 받은 부조 갚기에만도 바쁜 것은 당연하다.

직장 출퇴근의 편리를 위해 임시로 남양주에 이사를 와 있다 보니 대부분의 청첩은 고향 춘천에서의 예식이라서 오고가기에도 부담스러운 게 또한 사실이다.

그러나 오래간만에 만날 수 있는 친지들이 있을 거라는 기대감으로 참석해 보면 너무나도 의례적인 순서에 입각하여 혼주와 악수하고 축의금 봉투 내고, 예식장 한 번 들여다보지도 않은 채 피로연 장소가 어디인가 확인 후 바로 가서 음식 먹고, 먹으면서 만나는 몇몇 친지들과 악수하면서, "어디 근무하나?"

퇴직한 분이면 "어떻게 소일하시나?", "건강은 좋으신가?", "댁내 모두 평안하신가?", "애들 출가 안시키나?", "○○는 어디 취직했나?"

지극히 상투적인 대화 끝에 "다음에 또 만나세" 하고 헤어짐으로써 며칠간의 기대감을 접고 돌아와야 한다.

언제부터 이렇게 삭막한 인간관계로 변질 됐는지? 살아가는 일상이 늘 그렇게들 바쁜 것인가? 아니면 '너와 나 사이에는 별 볼 일 없다'는 것인가?

하기야 가만히 생각해 보면 내가 강원도에서 경기도로 직장을 옮기고 나서는 오랜 교분을 가졌던 분들과의 만남이 뜸해졌으니 못 만났던 세월만큼 거리도 멀어진 것 같다.

지금은 정부에서 의도하던 가정의례준칙 대로는 아니지만 모든 것이 편리하게 돈만 주면 음식에서 혼수용품, 폐백용 음식까지 척척 공급되니 십여 분 만에 결혼식 끝내고, 한 시간 남짓한 순간에 하객의 피로연까지도 해치우니, 회갑연 돌잔치 등 어떤 연회도 수고로움이 없어 좋은 반면, 끈끈한 인정미까지 상실되는 것 같아서 아쉽다.

어린이의 꿈

예나 지금이나 '어릴 때에는 큰 꿈을 가지라'고 흔히 말들 하지만, 그렇게 시키지 않아도 유아기(乳兒期)부터 "너 이 다음에 커서 무엇이 될래?" 하고 물으면 실현 가능성을 떠나서 동경(憧憬)하는 목표점을 누구나 한두 가지씩은 모두 들먹인다.

대통령, 경찰, 군인, 축구선수, 야구선수, 가수, 탤런트, 화가, 음악가 등등 구체적으로 어떤 존재인지 알지도 못하지만 마음속에 크게 그려지는 인물을 거명한다.

동경하는 인물이나 직업은 요즈음 초·중등학생들에게 가장 선망의 대상으로 연예인이 떠오르듯이 시대의 환경에 가장 영향을 많이 받고 독서나 부모님, 선생님, 친구 등 주변인물의 영향에 따라 수시로 변하기도 한다.

나도 초등학교 시절에 어느 선생님으로부터 '검사와 여선생'이라는 영화 이야기를 듣고 난 후에 '변호사가 되겠다'는 헛된 꿈을 잠시 가졌었듯이….

유명인물 중에는 어려서부터 간직해 오던 꿈을 실현하기 위해 오직 한 우물만 파서 성공했다는 사람도 더러 있지만 '어릴 때부터'라는 것이 구체적으로 몇 살 때부터였는지는 아무도 모른다. 그러니까 '나는 꾸준히 한 곳만을 바라보며 노력함으로써 성취했다'는 것을 강조하기 위한 변(辯)일 것이다. 즉 '어쩌다보니 운이 좋아 이렇게 됐다'고 하기에는 자존심이나 체면 때문에 솔직하게 말할 수 없어서 둘러댄 변명이 아닐까?

유아기에서 초등학교 저학년, 고학년 그리고 중학생, 고등학생으로 성장해 가면서 자기의 목표가 점차 구체화되어가다가 대학생이 되고 졸업이 가까워지면 초조해지고, 졸업하여 취업이 안 되면 몇 번씩 좌절감을 맛보고, 최후에는 '에라 모르겠다. 이거라도 해야지' 하면서 꿈꾸던 바와는 전혀 다른 엉뚱한 직업에 안주하고 마는 이들이 우리나라 사람들 대부분의 현실이 아닐까?

우리 국민들의 대다수인 서민들 중 어려서부터 '나는 평범한 서민으로 살겠다'는 꿈을 가졌던 사람은 별로 없을 것이니 말이다.

어떤 전직 대통령은 중학생 시절부터 책상머리에 목표를 '대통령'이라고 써 붙여놓고 열심히 노력하여 꿈을 이루었노라고 언론에 보도되기도 했지만 그거야말로 믿어야 할지 의문이다.

오늘 어느 장사꾼 손님이 '표준화 심리검사'라는 것을 가지고 찾아 왔다. 행동발달 · 적응능력, 진로 · 적성, 지능검사, 인성검사 등을 종합적으로 하는 검사지라고 한다.

비용이 수반되는 것인데 학교의 예산에는 미리 반영되지 않았으니 학교운영비로는 못하고, 학생들의 자부담(自負擔)으로 하려면 학교운영위원회의 심의를 받아야 되는 사항이라 해보고 싶어도 당장 할 수 없으니 후에 두고 보자며 돌려보냈다.

그런데 이것이 얼마나 신뢰할 수 있는 것인지는 모르겠다. 정말로 개개인의 특기와 적성을 정확히 검사하고 진로의 방향을 제시해 줄 수만 있다면 거금(巨金)이 들더라도 누구나 해보고 싶어 할 것이다.

어릴 때에 진로를 결정하여 그 방향으로 정확히 안내만 된다면 그렇게 치열한 입시 경쟁도, 엄청난 사교육비의 소모도 없을 것이 아닌가?

우리나라 학부모들의 대부분은 내 자녀의 능력을 과신하거나 막연한 기대감에서 일류대학으로의 꿈을 꾸며 어릴 때부터 경제적, 시간적 정력을 낭비하고 있으니 말이다. 자기의 특기와 적성을 일찌감치 발견하여 그 방향으로의 꿈을 품고 노력하면 우리나라 국력의 신장에도 크게 도움이 될 텐데….

저울로 몸무게를 달고 신장계로 키를 재듯이 인성, 적성, 지능 등 인간의 내재된 모든 것들을 정확히 알아낼 수 있는 도구가 있다면 얼마나 좋을까 하고 잠시 공상에 젖어 봤다.

옥시기

'옥시기'란 사전적 용어로는 옥수수, 강냉이, 또는 옥촉서(玉蜀黍)라고도 나와 있는 곡식의 강원도식 사투리다.

토질이 척박하고 돌투성이의 비탈 밭에서도 잘 자라기 때문에 예로부터 강원도 산골에서 많이 재배해 왔으며 지금까지도 옥수수와 감자는 강원도의 대표적인 특산물로 손꼽히고 있다.

특히 강원도산 찰옥수수는 전국에서도 알아주는 간식용으로서 지금은 저장 기술이 발달하여 일 년 내내 갓 수확한 것 같은 풋옥수수의 맛을 볼 수 있다.

한때 식량 증산의 일환으로 수확량이 많은 미국산 황옥(노란색을 띠며 알이 굵고 속이 가늘어 수확량이 많음)을 많이 재배하기도 하였으나 지금은 식용보다는 가축 사료용으로 많이 쓰이고 있는 것으로 안다.

그리고 풋옥수수를 간식용으로 먹거나 팔기 위해서는 찰기가 많아서 쫀득쫀득한 토종 찰옥수수를 심어야만 하는데 꽃가루 교배가 워낙 잘 되는 식물이라 반경 2Km 이내에 다른 품종의 옥수수 밭이 있으면 잡종이 진다고 한다. 그래서 흰 옥수수에 검거나 노란 옥수수 알이 섞여 있는 것을 자주 보게 되는 것이다.

여름날 저녁, 마당에 멍석을 깔고 누워 쑥으로 모깃불을 피워놓고 이웃들과 이야기꽃을 피우며 옥수수 알을 뜯어먹던 어린 시절이 생각난다. 구수하고 쫀득쫀득한 찰옥수수의 맛은 아무리 먹어도 싫증이 나지 않아 과식을 하기 일쑤다. 그래서 어린이들은 제대로 소화도 못 시키고 배설하는 볼썽사나운 꼴들은 그리 흉이 되지도 않았다.

지금 북한에서는 옥수수를 주식(主食)으로 하고 있으나 그나마도 모자라서 기아(飢餓)에 허덕인다는 소식을 들으면 불과 이삼십년 전의 우리 모습을 떠올리게 된다.

풋 찰옥수수를 간식용으로 쪄 먹을 땐 구수하고 쫀득쫀득해서 맛있는데 마른 옥수수를 방앗간에서 껍질을 벗겨 만든 '옥수수쌀'로 밥을 하면 참 먹기가 안 좋았다. 특히 식으면 모래알 씹히듯 까끌까끌하고 씁쓰름해서 노인이나 어린이들은 더욱 먹기가 어려웠다. 그래서 개발한 옥수수 요리도 여러 가지가 있다.

옥수수를 갈아서 시루떡도 해 먹고, 엿을 고아 먹기도 하고, 전분으로 찐빵도 해 먹고, 술도 담가 먹었지만, 찰옥수수가 아닌 메옥수수를 갈아 자루에 넣고 걸러서 그 물을 끓이면 걸쭉한 풀이 되고 그 풀을 찬물 위에서 구멍이 숭숭하게 뚫린 바가지에 쏟으면 구멍으로 흘러나온 풀이 찬물에 식으면서 국수가 되는데 마치 올챙이 같다고 해서 올챙이국수, 또는 올챙이묵이라고 부르는 음식도 있다.

처음 먹어보면 끈기 없고 흐물흐물하여 별로 맛없이 느껴지는데 먹는 횟수를 거듭할수록 깊은 맛이 느껴진다. 집에서 담근 간장에 매운 풋고추와 파를 썰어 넣은 것으로 간을 맞추고 열무김치를 곁들여 먹어야 제 맛이다.

근래에 '올챙이국수'라는 이름이 무색하게도 상인들 사이에는 현대인들의 기호를 맞추기 위하여 전분을 첨가하여 끈기 있고 국수 가락처럼 길게 만들어 판매하는 경우도 있는 것 같다.

또 찰 풋옥수수 알곡을 따서 물을 넣지 않고 되게 갈아서 반으로 접은 칡잎에 싸서 시루에 쪄내어 먹기도 했다. 칡잎의 향이 은은하게 배어나는 그 맛은 또 색다른 별미이다. 만드는 과정이 번거로워서 자주 못 해먹지만 70년대 말 우리 애들이 어렸을 때에 산골에 살면서 해먹었던 그 맛을 지금도 우리 딸들은 잊지 못하며 얘기한다.

올 여름이 다 가기 전에 딸들을 모두 모아놓고 옛날처럼 해먹어 봐야겠다. 어김없이 찾아온 옥수수의 계절에 옛 맛을 되새겨 보기 위해서….

애완동물

경제적으로 먹고 살만 하니까 사람들의 관심이 애완동물 쪽에도 많이 쏠리는 것 같다.

나는 개나 고양이 등의 애완동물을 집 안에서 기르는 것을 좋아하지 않으니까 아파트의 이웃집에서 개를 기르는 것을 혐오한다. 지나친 결벽증이라고들 할지 모르지만 냄새가 나고 온 집안에 털이 날릴 것을 생각하면 밥맛조차 없어질 것 같아서이다. 그리고 몰지각한 사람들이 개를 끌고 나와 길가, 놀이터, 공원, 심지어 아파트 옥상 등 가리지 않고 아무 곳에나 배설물을 방치하는 것을 보면 더우 혐오스럽다.

그런데 새, 물고기, 거북, 집게, 다람쥐, 풍뎅이, 사슴벌레 등은 고사하고 뱀, 이구아나, 악어 등의 혐오스러운 파충류까지도 애완용으로 길러지고 있음을 이해하지 못하는 나는 무엇이 부족해서 그럴까?

봄철이면 초등학교 정문 근처에 갓 깨어난 병아리를 가져와서 파는 떠돌이 상인들을 자주 볼 수 있다.

어린이들은 병아리의 앙증맞고 귀여움에 이끌려 상인 앞에 쪼그리고 앉아서 들여다보다가는 부모님이 군것질용으로 준 꼬깃꼬깃한 용돈을 털어서 한 마리 사 들고 만다. 사 봐야 사흘도 못 넘기고 죽어서 어린 동심을 멍들게 할 뿐이지만….

이렇듯 때 묻지 않은 어린 동심은 살아 숨 쉬는 작은 생명체에서 그 무엇인가의 동질성을 찾으려하는 본능인지 모르겠다.

나의 어린 시절을 회상해 보면 나 또한 애꿎은 생명체를 많이도 죽였다.

초등학생 시절, 녹음이 우거지기 시작하는 오뉴월에는 들로 산으로 새집을 찾아서 많이 싸다녔다.

우리 동네에 많던 큰 밤나무, 냇가의 미루나무, 뒷산의 소나무 등을 쳐다보며 다녔고, 들판의 풀밭, 보리밭도 뒤지고, 냇가의 절개지에 뚫린 구멍도 뒤져서 새집을 찾아냈다.

종족 보전을 위해 우거진 잎 사이에 교묘히 숨겨 지은 집을 목이 아프도록 나무를 쳐다보며 찾아냈고, 또는 보리밭 사이에 심은 콩 싹을 밟는다고 어른들께 꾸중을 들으면서도 보리밭 풀밭을 뒤져 종달새 집을 찾아냈다. 추락 사고의 위험도 무릅쓴 채 까마득하게 높은 나무 위에도, 산비탈 절개지에도 용케 올라가 새집을 뒤졌다.

주로 여름 철새인 때까치, 콩새, 꾀꼬리, 종달새, 물총새 등, 그리고 텃새 종류의 참새, 무당새, 박새, 산비둘기, 새매, 올빼미, 소쩍새 등 가리지 않고 집을 찾기만 하면 새끼가 부화할 때를 기다렸다가 둥지를 떠날 때쯤 되면 꺼내왔다.

먹이의 습성도 모르고 얼마나 먹여야 되는지도 모르면서 새끼새를 꺼내다가 기른답시고 벌레 잡고 물고기, 개구리를 잡아다 먹였지만 사흘 넘기지 못하고 죽은 것이 대부분이었다. 아마도 어미에게서 떨어진 스트레스와 공포감, 그리고 부족한 먹이로 굶어서 죽은 것이리라.

좀 오래 기르다가 날려 보낸 것은 비둘기밖에 기억이 없다. 곡식을 먹는 비둘기는 기르기가 좀 수월했으니까….

그 뿐이랴?

관상용 어항이 없던 내가 깡통에 가두어서 죽인 붕어, 버들치, 미꾸라지, 가재 등은 얼마나 많은지 모른다. 장난감 없고 철없었던 나의 어린 시절에 저지른 크나큰 죄악이었다.

며칠 전, 외가에 와서 크고 있는 세 돌도 안 된 외손녀 민주가 외할미 치맛자락에 매달려 시장에 나갔다가 살아 있는 다슬기 한 개를 상인에게 얻어 왔다.

접시에 물을 부어 배춧잎과 함께 담가 놓고 들여다보면서 마치 자기하고 뜻이 통하기라도 하는 듯 틈틈이 들여다보며 뭐라고 종알대다가, 며칠 후 죽으니까 눈물을 글썽이면서 서운해 하는 모습을 보니 제 어미를 그리는 마음을 읽는 것 같아 가슴이 찡했다.

그리고 새삼스레 나의 어린 시절 모습이 문득 떠오르기도 했지만 털 가진 짐승을 방에서 기르고자 하는 마음의 여유가 생기지 않는 것은 역시 정서가 메말라서일까?

자녀들을 향한 독백

지독히도 무덥던 여름 한낮, 시골 셋방에서 처음으로 출산을 경험한 네 어미는 돈 아깝다는 생각에 병원에까지 갔다가도 고집을 부리고 집으로 돌아와 너를 낳다가 죽을 고비를 넘겼다. 그럼에도 불구하고 난산으로 인해서 몰골사납던 네 모습이 예쁘게 제 모습을 찾으니 그야말로 천하에 둘도 없는 딸을 얻은 것만 같아서 네 이름도 '자랑'이라고 지었단다.

동료, 선배, 이웃들 모두 "이름이 자랑이가 뭐냐?"고 핀잔을 줬지만 애비는 고집을 꺾지 않고 그대로 출생신고를 했지. 이 세상에서 네가 제일 예쁜 것 같고 자랑스러웠기에….

그리고 3년 후, 이번엔 지독하게 추운 겨울날 아침, 천정으로 별이 훤하게 내다보이는 허름한 방에서 둘째 보람이는 첫째와 달리 쉽게 낳았지.

출산을 돕기 위해 오셨던 네 할머니께서는 네가 태어나는 순간 "잘난 지지배(계집애) 낳느라고 이 법석이었냐?"고 아들이 아님에 서운함을 표하셨단다. 그러나 애비는 네가 참 대견스러웠다.

딸이면 어떻고 아들이면 어떠랴? 내 분신인데….

막내에게는 서운하게 들리겠지만 난 너희 자매만으로도 만족하려 했단다. 그런데 너희 엄마의 고집과 한에 못 이겨 5년 만에 막내 슬기를 잉태하였다. 엄마를 임신중독증으로 힘들게 하다가 어렵사리 병원에서 낳아 인큐베이터 신세까지 지고 나왔지만 솔직히 참 좋기는 좋더라.

함께 근무하던 딸만 있던 동료 선생님들의 부러움을 사면서 엄마와 누나들은 너를 땅에 닿을 새 없이 교대로 안고 업고 애지중지 길렀단다. 그리고 너희들 교육을 위해서라며 천신만고 끝에 산골 마을을 탈출하여 춘천으로 이사를 왔지만 남과 같이 그 흔한 과외 공부 한번 변변히 시켜 보지도 못한 것이 못내 아쉽고 한이 되는구나.

어느 여름이었던가, 가을이었던가? 자랑이의 남자 친구라며 불쑥 나타났던 큰 사위 영준아!

내 딸이 이렇게 장성했구나 하는 뿌듯함과, 이제 내 품을 떠날 때가 되었구나 하고 가슴이 철렁함을 함께 맛보게 했지.

장인과 때마침 집에 놀러 왔던 장인의 친구가 따라주는 술잔을 거절하지 못하고 과하게 받아 마신 후 슬며시 밖에 나가 토하기까지 했던 네 모습에서 언뜻 순진하면서도 성실함이 엿보여 흡족했단다.

짝지어 주고 나니 나름대로 열심히 살면서 아들을 세 녀석이나 낳았음에 대견스러우면서도 한편 걱정도 되는구나. 요즈음처럼 어려운 시기에 하나도 힘들다는 양육과 교육비를 어떻게 대처해 나

갈지? 외할애비가 능력이 된다면 아낌없이 보태주고도 싶다만 마음뿐이로구나.

언제인지 기억이 잘 나진 않는다마는 넙데데하게 생긴 놈이 싱글거리며 둘째 사윗감이라며 나타난 은석아!

보람이의 결혼 연령으로는 좀 이른 감이 있어서 꺼림칙했지만 나이가 서른 살이라니 급하겠다 생각이 들었다. 거기다 반죽 좋고 속이 드인 놈으로 보여 쾌히 승낙을 했나.

부부의 연을 맺어 귀하게 얻은 딸 하나를 어쩔 수 없이 외할미에게 맡기고서 살아보겠다고 발버둥치는 너희를 보면 측은하기도 하고 대견스럽구나. 한 직장에서 만나 맺어진 부부이니 함께 근무한다는 것이 좋은 점도 있겠지만 때로는 불편함도 많겠지. 그러나 어떤 어려움도 사랑으로 승화시킬 줄 믿는다.

그런데 첫째사위 영준아, 첫째답게 가정에 충실하고 애들도 잘 돌봐 줘 내 딸의 고생을 덜어주니 고맙다마는 네 가족만 말고 주위의 사람들도 둘러보는 아량을 좀 더 베풀어 보렴.

내 새끼, 내 마누라가 우선이기는 하지만 부모 형제, 나아가 삼촌, 사촌들 모두가 다 소중한 가족이란다. 어려울 때 허심탄회 얘기라도 털어 놓고, 그래서 함께 기뻐하기도 하고 함께 걱정도 해 줄 사람들이니까….

둘째 은석이, 속 트이고 활달하여 놀기 좋아해서 주변에 친구가 많은 너에게는 내가 욕심을 낸다면 가정에도 조금만 더 신경을 써 줬으면 좋겠구나.

그리고 조금만 더 영악해지고 내 욕심도 좀 차려 보렴. 지나치게 욕심이 없고 남들에게 '사람 좋다'는 말을 많이 듣는 것이 내 가족에게는 손해가 되고 가족 모두가 속상할 수도 있으니까 말이다. 딸을 빼앗긴 게 아니라 하나밖에 없던 아들이 둘이나 더 생겼다고 자부하던 내 마음 변치 않게 되길 바란다.

현겸, 민주, 유겸, 민겸이, 너희들은 모두 나에게 똑같이 소중한 외손들이다. 그리고 훗날 언젠가는 생겨날 너희 외사촌을 포함해서 모두가 피를 나눈 형제임을 잊지 말아야 한다.

지금은 억척스런 개구쟁이 소리를 듣는, 그래서 엄마에게 꾸지람도 많이 듣는 현겸이도, 아직 형제가 없고 엄마 아빠와 떨어져 외가에서 사는 게 가여워 '오냐 오냐'해 주니 다소 독선적인 데가 있는 민주도, 그리고 엄마가 너를 잉태하고 당뇨병이란 몹쓸 병이 생겨 잘 먹지도 못하고 예기치 않았던 동생까지 일찍 태어나고 보니 유난히 허약하여 애처로운 유겸이도, 지금은 제일 튼튼하고 야무지게 생긴 민겸이도, 모두가 외할애비의 이 글을 읽을 때쯤에는 내가 이 세상에 없을지도 모르겠다마는 서로를 위하고 사랑하여라.

시도 때도 없이 외손자 녀석들이 보고 싶고, 또는 술 한 잔이 생각나면 너희들에게 달려가고 싶고, 너희들이 와 줬으면 하고 기다려지는 이 아비의 마음이 지나친 욕심이겠니?

마음을 비우고 자식들을 홀가분하게 훨훨 날려 보내야 한다는 걸 알면서도 공연스레 이따금 이렇게 공염불을 늘어놓게 되는구나. 머지않아 민주도 어미 품으로 되돌려 보내고 나면 이 주착이 더 심하겠지?

이밥, 보리밥

이밥이란 입쌀밥, 즉 쌀밥의 또 다른 이름이다.

어렸을 때, 그러니까 초등학교 1~2학년 때쯤에 하도 보리밥이 먹기 싫어서 '요렇게 생긴 쌀밥 좀 먹었으면…' 하는 생각에 보리밥알의 가운데를 숟가락으로 쪼개다가 어머니께 심한 꾸중을 들었던 기억이 난다.

여름 한철에는 주로 감자 섞은 보리밥과 수제비, 칼국수 등의 잡곡, 가을에 접어들어야 좁쌀에 드문드문 박힌 쌀 구경하다가 겨울부터 봄까지는 김치, 시래기, 산나물 등을 함께 넣어 만든 죽을 자주 먹고 자랐다.

논이 귀한 산골 우리 동네에서 그토록 먹고 싶은 밥, 이밥은 아주 부잣집에서나 마음 놓고 먹을 수 있는 밥이었다. 그러니 농지를 매매할 때 당연히 논 값이 밭 값보다 훨씬 비쌌다. 그러나 이제는 우리나라 어느 지방을 가도 정 반대로 밭 값이 논 값을 앞지르니 그만큼 쌀의 가치가 떨어졌다는 반증이다.

1968년도의 쌀 한 가마 값이 3,000원 정도 했는데 나의 첫 월급은 쌀 세 가마 값인 9,300원이었다.

그러나 요즈음은 공무원 초임이라도 한 달치 월급으로 쌀 예닐곱 가마는 넉넉히 살 수 있을 터이니 쌀이 얼마나 푸대접 받고 있는가? 하기야 식생활이 서구화되고 쌀 소비량이 급감하면서 초등학교에서도 비만과 성인병을 걱정하게 되었으니 무슨 말이 더 필요하겠는가?

1980년대까지도 시골에서 농사를 지으며 공무원으로 근무하는 사람은 부러움의 대상이었다. 우리 생활에서 식비의 비중이 컸으니 농사를 지어 식량을 자급자족할 수 있는 집은 월급을 고스란히 저축할 수 있는 부잣집, 그래서 동네에서는 급전이 필요하거나 사채를 쓸 일이 있으면 당연히 그 집으로 달려갔으니 말이다.

그런데 어렸을 때 내가 그토록 먹기 싫어하던 보리밥, 수제비가 이제는 건강식으로 인기를 끌면서 곳곳에 보리밥, 수제비, 칼국수 전문 음식점이 우후죽순처럼 생겨나고 있으니 이 무슨 아이러니인가?

나도 당뇨병 환자로 판정받고 나서 "내가 너무나 먹기 좋은 음식만 골라 먹은 대가(代價)가 아닌가?" 하고 자문해 보기도 한다.

며칠 전, 경북 안동에서 2,800여 년 전에 만들어진 것으로 추정되는 저수지 유적이 발굴되었다고 보도되었다. 그렇다면 우리나라 벼농사는 2,800여 년 전부터 지어졌다는 것이다. 그렇게 오래 전부터 우리 민족의 식생활에 주를 이루었던 쌀이 이토록 급격하게 인기를 반감할 수 있단 말인가?

어린이들이 따끈한 아랫목에 앉아 다리를 뻗어 서로 가랑이 사

이에 끼우고 손으로 다리를 두드리면서,

> 고모네 집에 갔더니 암탉 수탉 잡아서
> 기름이 동동 뜨는 걸 나 한 순갈 안 주고
> 우리 집에 와봐라 수수팥떡 주나 보자.

하고 부르던 전래동요도 있었듯이 닭고기를 삶아서 기름이 동동 뜨는 뽀얀 국물에 하얀 이밥을 말아 먹으면 이 세상 최고의 음식이었던 시절이 엊그제 같았다. 요즈음 어린이들에게는 내가 어릴 때 먹기 싫었던 보리밥만큼이나 아주 맛없는 음식으로 전락하고 말았다.

고깃국에 밥을 말아서 들고 쫓아다니며 먹이려고 애 쓰는 외할미와 안 먹겠다고 쫓겨 다니는 외손녀를 보면서 잠시 옛날 생각에 젖어 보았다.

세상에서 제일 똑똑한 내 새끼

많은 부모들이 유치원 또는 초등학교 입학할 즈음에는 내 새끼가 세상에서 제일 똑똑한 것으로 착각하기 쉽다.

가정이라는 한정된 울타리 안에서 남의 애들과 비교할 기회가 별로 없는데 하루가 다르게 변화하는 행동이나 어휘력에 놀라 신동이라도 나온 것이 아닌가 하고 흐뭇하게 바라보면서 대견해 하기 마련이다.

그러다가 몇 달 학교에 다니면서 남의 애들과 비교가 되고 또는 학습 결과를 보면서 차츰 실망하기도 한다. 그래서 때로는 초조한 마음에 아이를 닦달질하고 학원이다 과외다 하며 야단법석을 떨기 마련이다.

나 어릴 때의 기억을 잠시 더듬어 본다.

읽을거리도 없고 볼거리도 없이 기껏해야 부모형제들로부터 식구들 이름이나 생일 가르쳐 주고 가끔 잊지 않았나를 확인해 보던 것이 가정학습의 전부요, 자나 깨나 먹고 살기에만도 바쁘니 자식들 배 안 곯으면 다행으로 여기면서 교육은 학교에 보내는 것만으로도 감지덕지했을 따름이라 주변의 교육 여건은 극히 제한적일 수밖에 없었다.

어쩌다가 간식용으로 볶은 콩알이라도 먹으면서 형님으로부터 "콩 열두 알 중 다섯 알 먹으면 몇 알 남니?" 하는 물음에 제대로 대답을 못하면 꿀밤 한 대 얻어맞던 것이 고작이었을 뿐이다.

워낙 공부에는 관심도 흥미도 없었던 나는 2학년이 되도록 한글 해득도 못했지만 역시 문맹이시던 부모님들로부터의 가정학습지도는 남의 집 일이었을 뿐, 간혹 공부 안 한다는 호통이 전부였다.

기억에 뚜렷이 남은 어머니의 꾸중은 어느 날 공부 안 한다는 호통 끝에 "그렇게 공부하기 싫으면 오늘부터 학교 그만두고 형 따라다니면서 나무나 해 오너라!" 하시면서 책 보따리를 아궁이에 태운다고 하시며 밖으로 가져가셨지만 정말 태우시지는 않을 것이라고 생각했다. 그런데 이튿날 아침 등교시간이 되었는데도 책을 안 주셔서 정말로 태워버린 줄 알고 울면서 빌었던 적이 있다.

초등학교 2학년 여름방학 때의 일이다.

1990년대에 들어서 없어졌지만, 방학 중에 과제학습용으로 '방학공부'라는 책이 얇게 제작되어 무료로 나누어졌었다. 그때에는 어디서 발행된 것이었는지 모르지만 내가 교단에 몸담은 후에는 교원들 단체의 하나인 '대한교육연합회'에서 배부했었던 것으로 기억된다.

아무튼 그 여름방학 책을 받아 가지고 와서 원두막에 앉아 뒤적이다가 '3. 비 온 뒤'라는 제재 아래 무지개가 뜬 벌판에서 어린이

둘이 뛰어노는 그림을 보고 한글을 깨우치지 못했던 내가 짐작으로 '3. 무지개' 하고 읽었더니 옆에 있던 작은형님의 친구가 웃으면서 "야, 인마, 그게 어디 무지개냐?" 하는 핀잔을 듣고 부끄러움에 얼굴이 발갛게 달아올랐던 기억이 난다.

이제 네 돌이 엊그제 지난 외손녀 민주가 외할애비는 2학년이 되도록 깨우치지 못했던 한글을 가르쳐 주지도 않았는데 제법 읽고 쓰는 것을 보면서, 대견하고 귀엽고 마치 세상에 둘도 없이 똑똑한 아이인 것만 같은 착각에 빠진다.

그래서 이런 착각이 자식 키우는 재미요, 희망인가 보다.

외할애비도 그런데 어미 애비야 오죽할까?

세뱃돈

어김없이 또 설이 내일 모레로 다가왔다. 어렸을 때에는 그렇게도 손꼽아 기다려졌던 설이….

그렇게 기다렸던 이유야 별것이었나? 맛있는 음식을 많이 먹을 수 있다는 것과 설빔 옷을 얻어 입을 수 있다는 두 가지 기대감 때문이었다.

설날의 아련한 추억을 잠시 더듬어 본다.

아침 차례를 지내고 나면 우선 부모님께 세배를 드리는 것이 순서다. 물론 세뱃돈이라는 것은 상상도 못했고….

그 다음 순서는 뒷산 높은 곳에 모셔진 할머니 산소와 큰아버지 산소에 성묘하고, 내려오는 길에 제일 먼저 지나치게 되는 '샘골' 마을에 아버님의 친한 친구이시자 동네 어른이시며 외가 쪽 먼 친척이신 유씨 댁에 들려 세배를 드린 후 세배 값으로 차려 주시는 음식을 먹었다.

그리고 집에 돌아와서는 친구들과 어울려 온 동네의 집집마다 세배를 드리러 돌아다녔다. 그렇게 온 동네를 세배 드리러 다니다

보면 간혹 좀 넉넉한 댁에서는 아이들의 세배 값으로 후한 음식상을 차려주시기도 했지만 아주 간소한 과일 접시만 주거나 그냥 절만 받고 아무것도 안 주는 집도 많았다. 청년 이상의 성인들께는 대개 술과 떡을 곁들인 상이 차려져 나왔지만….

아이들에게 차려 주는 후한 음식이란 만둣국을 비롯해서 떡, 부침개, 과일 등 차례 상에 올려졌던 음식을 골고루 차려주는 것이요, 간소한 과일 접시란 종잇장처럼 얇게 썬 사과와 배 몇 조각과 밤, 대추 그리고 다식, 약과, 산자 등의 한과 몇 조각을 얹은 접시이다.

그런데 아이들도 설날만은 여러 집을 거치면서 배불리 먹은 터라 상을 물릴 때에 보면 접시에 단골로 남는 음식이 있었다. 바로 대추와 송화 가루로 만든 다식이었다. 대추는 씹는 수고에 비해 별로 목구멍에 넘어갈 것이 없고 송화다식은 씁쓸한 뒷맛이 아이들의 기호에 안 맞았기 때문이다.

굶주리던 시절이니 과음 과식하기는 어른들도 마찬가지였다.

이미 고인이 된 고향 선배 한 분은 술을 얼마나 마셨던지 어느 어른께 절을 하느라고 엎드린 순간에 잠이 들어 코를 골면서 일어나지 못해서 동네의 웃음거리가 되기도 했었다. 또 어떤 이는 술주정을 하다가 몰매를 맞았는가 하면, 과음으로 백주 대로에서 토하기도 하여 온 동네에 소문이 나기도 했다. 이 모든 것들이 굶주림 때문이 아니었을까 생각된다.

하루 종일 세배를 다녔건만 간혹 어떤 외딴집을 빼놓았다가 나중에 부모님께서 아시고는 심하게 꾸중을 하셨다. 그렇게 일 년에 한 번은 동네의 모든 어른께는 인사를 드리는 것이 상례였다.

설을 지내고 학교에 가면 나를 비롯한 우리 동네의 모든 친구들은 또 기가 죽어야 했다.

다른 동네 대부분의 친구들은 화약총, 팽이, 딱지 등등 온갖 장난감과 사탕, 과자 등의 군것질을 하면서 저마다 "나는 세뱃돈을 얼마얼마 받았다"고 자랑하며 으스댔지만 가난의 대명사로 손꼽히던 우리 동네 친구들만 뒷전에 밀려나야 했기 때문이다.

세뱃돈은 주로 1환짜리나 5환짜리 혹은 10환짜리 지폐였지만 간혹 100환짜리 지폐라도 세뱃돈으로 받은 친구가 있으면 그야말로 왕처럼 모셔졌다. 혹 사탕이라도 사서 선심 쓸까 해서였다.

세뱃돈이라는 것의 유래는 모르겠으나 그렇게 내가 어렸을 때에도, 그 이전에도 아니 우리나라에 옛날부터 전해 왔었고 지금도 전해지고 있으니, 어찌 보면 우리 고유의 미풍양속이라고도 할 수 있겠으나 그것이 어른에게 부담감으로 여겨진다면 안 되지 않을까 하는 생각도 든다.

요 며칠간은 나를 비롯해서 많은 사람들이 금융기관에 잔돈을 바꾸려고, 그것도 신권(新券)으로 바꾸기 위해 줄을 서는 장면을 보면서 세배의 참뜻을 다시 되새겨 보게 된다.

멀리서 전화나 E-mail로 "바빠서 세배 드리러 못 가니 세뱃돈이나 통장으로 입금해 달라"고 하는 젊은이나 없었으면 좋으련만…

이발소 풍경

옛날에는 아이도 어른도 모두 머리를 길러서 땋거나 상투를 틀었다지만 언제부터인가 머리를 자르기 시작하면서 머리 깎는 기구도 생겨났다. 그래서 '이발사'라는 직업이 등장하여 오늘에 이르렀지만 요즈음에는 또 동네의 대중적인 이발소가 많이 줄어든 것 같다.

'이발소', '이발관' 또는 '이용소'라고도 간판을 내건 곳을 보긴 했지만 어떻게 다른지는 모르겠다. 아무튼 주로 남자들의 머리를 깎고 손질해 주는 곳을 '이발소'로 통칭한다.

이발소 주인들의 얘기에 의하면 손님을 미장원으로 많이 빼앗기기 때문에 이발소가 줄어들 수밖에 없다고 한다. 통상적인 '미장원은 여자들의 전용, 이발소는 남자들 전용'이라는 나의 고정관념이 깨져버린 것이다.

한창 이발소에 손님이 몰리던 시절에는 젊은이 늙은이 할 것 없이 머리에 '포마드'라고 칭하던 젤리 같은 기름을 발라 단정하게 빗어 넘기고 그 모양이 흐트러지지 않도록 다림질도 했었다. 하지만 지금은 머리를 깎은 후에 모발 전용샴푸나 세숫비누로 머리를 감아 툭툭 털어 말리고 나서 얼굴에 보습제 화장품 한두 가지 바르면 끝이니까 값싼 미장원으로 간단다.

요즈음 이발소에서는 그렇게 하고 나면 가장 값싼 '병'급 이발요금이 만 원인데 미장원에서는 육천 원에서 팔천 원이라니까 젊은 이들은 대부분 미장원으로 갈 수밖에….

내가 어릴 때에는 어린이들과 청소년들까지 대부분 집에서 삭발을 했다. 이발소에 가서 돈 내고 삭발을 하기에는 경제적 부담도 되고 또 구태여 그렇게 할 필요도 없어서 시골에도 많은 집들이 삭발 기계를 장만해 두고 있었다.

간혹 삭발 기계를 장만하지 못하거나 빌릴 수도 없었던 집 아이들은 바느질용 가위로 삭발을 하다 보니 머리카락 길이가 일정하지 않아서 얼룩이 진 우스꽝스런 모습으로 학교에 갔다가 놀림을 받기도 했다.

우리 집에도 두 손으로 잡고 집게질 하듯이 벌렸다 오므렸다 하면서 머리를 치밀어 깎는 기계가 있었는데 한 번 장만한 기계로 수년간을 이사람 저사람 온 동네로 돌려가며 쓰다보면 무뎌져서 잘 깎이지 않고, 머리카락의 반은 쥐어뜯기고 뽑히는 형편이라 집에서 이발을 한 번 하려면 눈물이 찔끔 나야 했다.

게다가 소독이라고는 할 줄도 모르고 또 할 수도 없이 이사람 저사람 공동으로 쓰다 보니 소위 '기계총(두부 백선)'이라고 하는 머리의 피부병도 많았다.

그뿐이랴? 비누도 없었고 멀리 떨어진 우물물을 길어다 쓰느라

물이 귀했으니 머리 감는 일은 몇 달에 한 번이라, 머리카락이 좀 길었다 싶으면 이가 득실득실했고, 정수리에는 때가 소 궁둥짝에 붙은 쇠똥 같았다. '머릿니'로 말하자면 머리카락 짧은 남자 애들도 그럴진대 긴 머리의 여자 애들이야 오죽했으랴?

그나마 나는 사춘기에 접어들어서야 맹물에라도 머리를 좀 자주 감았고, 그로 인하여 머릿니 사육장을 폐쇄하게 되었다. 그리고 고등학교를 졸업하고 나서야 머리를 기르기 시작하고 그래서 이발소 출입을 시작했다.

내가 드나들기 시작한 이발소라는 곳은 정식으로 허가받은 이발소가 아니라 돌팔이 이발사 '민씨 아저씨'가 공회당(마을회관)에 나무로 자작한 의자 한 개 놓고 동네 사람들의 머리를 깎아주던 곳이다. 물론 요금이 도회지에 허가받은 이발소보다 쌌으니까 그곳에만 단골로 다녔다.

지금까지 내가 기억하고 있는 그때 민씨네 이발소의 이발 도구는 삭발기계(가운데 용수철이 달려서 한 손으로 깎는) 하나, 가위 하나, 빗 두 개, 접이식 면도칼 하나, 칼갈이용 숫돌과 가죽 끈 하나, 그리고 면도 거품 바르는 솔 한 개와 수건 몇 장이다. 참, '고데'라고 부르는 집게 모양의 머리 인두 두 개와 그것을 달구는 화로도 하나 있었다.

이발 순서는 우선 딱딱한 의자에 앉으면 걸레보다도 더러운 보자기 천을 어깨에 두르고 머리를 깎은 다음 세탁비누 거품을 얼굴과 앞 뒷목에 칠한다. 겨울철에는 난로 연통에 먼저 문질러서 거품을 데우기는 하는데 어떤 때에는 너무 뜨거워서 기겁을 하기도 한다.

그 다음 접었다 폈다 하는 면도칼을 가죽 끈에 몇 번 문지르고 나서 면도를 시작한다. 어쩌다 바빠서 면도칼 손질이 잘 안된 날에 걸리면 한두 군데 베여서 피가 나기는 보통이다. 면도 후에는 이발사 아저씨가 코도 풀고 이사람 저사람 닦아 주던 수건으로 쓱쓱 문질러서 비누거품을 닦아 준다.

그리고는 내 손으로 세탁비누칠을 하여 머리를 감고 나서 여럿이 쓰던 공동 수건으로 물기를 닦고 의자에 앉아 머리 마르기를 기다렸다가 '포마드'라고 하는 젤리같이 끈적끈적한 머릿기름을 바른 후 머리 다림질을 한다. 때가 덕지덕지 앉은 빗으로 가르마를 가르고 집게처럼 생긴 인두를 불에 달구어서 머리카락을 집어 의도하는 모양으로 만든다.

인두가 너무 달궈졌다 싶으면 젖은 걸레에 문질러서 식히기는 하는데도 어떤 때에는 온도를 잘못 맞추어서 머리카락 타는 소리가 '부지직 부지직'하고 냄새가 날 때가 있다. 나중에 머리를 감다 보면 그때에 탄 머리카락이 부스러져서 꼴불견이 되기도 했다. 하지만 참 너그럽게도 동네 사람들은 그것을 항의하거나 탓하지도 않고 단골손님이 되어 주었다.

그렇게 오랜 기간을 벼르고 별러서 모처럼 이발을 하고 나면 그 머리 모양 흐트러지는 것이 아까워 잠 잘 때에도 신경을 썼으며 일주일 이상을 감지도 않고 비듬과 가려움증을 감내해야만 했다.

두어 서너 달에 한 번, 그러니까 일 년에 서너 번 하는 이발이니 추석이나 설 때에는 한꺼번에 몰려드는 손님들 때문에 밤을 새우다시피 해야 한다고 투덜대면서도 싫지 않아 하던 돌팔이 이발사 '민씨 아저씨'의 모습이 생각난다.

엇그제 섣달 그믐날 아침에 동네 이발소에 들러 이발을 하면서 손님이 없어 썰렁한 모습을 보며 이발사와 잠시 옛날이야기를 나누었다. 없어서 못살고 배고팠건만 그래도 그때의 명절모습이 그립다고….

관찰력과 기억력

우리는 일상생활에서 매일 접하게 되는 각종 사물이나 일들을 무의식적으로 지나치는 것이 있는가 하면 필요나 흥미에 따라 관심을 가지고 살피거나 대하는 경우가 있다.

예를 들어 매일 지나치는 출퇴근길 옆에 즐비하게 늘어선 간판들이 있지만 내가 이용했던 업소이거나 필요에 의해 찾는 업소의 간판이 아니면 관심을 갖지 않는다. 누군가 "어디어디쯤 이러이러한 상호(商戶)가 있지 않느냐"라고 설명해도 모른다고 하면 "그 길로 매일 출퇴근 하면서 그곳도 모르느냐?"고 핀잔을 듣는 경우도 있다.

오늘 동아일보 '여론마당'이라는 면에 모 대학교수가 "내가 옳다는 생각 이젠 접겠습니다"라는 제목으로 투고한 글을 읽었다.

그 내용은 자기 아내와의 대화 중 100원짜리 동전에 누구의 초상이 그려져 있는지를 아내가 모르고 있다는 사실에 놀랐고, 그래서 부부간에 논쟁을 벌이다가 밖에 나가서 사람들에게 같은 질문을 던져본 결과 모르는 사람이 대부분이더라는 사실에 "내가 상식이라고 알고 있던 것 중 상당부분이 그렇지 않을 수도 있다는 점을 받아들여야겠다"고 했다.

그는 덧붙여서 자기 강의를 듣는 학생들에게 평소에는 결석을 할 수도 있겠다고 이해하지만 자기가 발표해야할 시간에 안 나온다는 것은 도저히 이해도 용납도 될 수 없는 일이요, 책임 회피라고 생각해 왔는데, 평소에는 성실하던 학생이 발표에는 말문이 막히고 그래서 부담감이 너무나 커서 결석을 할 수밖에 없을 수도 있다는 사실을 이해하게 됐다고도 했다.

그래서 "자신에게는 너무도 자명해서 상식이라고 생각한 것들이 사실은 그렇지 않을 수도 있다는 것을 깨달아야 한다"는 것이었다.

이야기가 좀 빗나갔지만, 그 교수님의 생각은 동전에 그려진 초상화처럼 일상 대하는 것을 인지하지 못한다는 것이 이해가 안 되었다는 것이었다. 그런데 정말 무심코 대하는 사물이나 일상들을 낱낱이 이해하고 기억하는 사람이 몇이나 될까? 나처럼 기억력이 나쁘고 집중력도 없는 사람들에게나 해당될 변명인지 모르지만….

그래서 관찰력을 키워라, 창의력을 길러라, 집중력을 훈련시켜라 등등 좋은 말들은 많이 주문하지만 나를 거쳐 간 제자들에게 과연 얼마나 관찰력 집중력을 길러주었느냐고 묻는다면 나는 할 말이 없다.

내가 사는 아파트 앞에는 어떤 종류의 나무들이 몇 그루나 심어져 있더라? 우리 학교 교사(校舍)에 창문이 몇 짝이며 계단은 몇 계단이지? 학교 주변에 있는 학원들의 이름이 뭐더라? 교사 앞에 있는 동상들은 누구누구의 동상이었지?

간혹 TV에서 아주 어린아이가 지나가는 차량을 멀리서 봐도 차종을 척척 알아맞히는 아이나 수많은 전철역 이름을 차례로 말하는 아이 등 특별한 경우를 보기는 하지만, 나같이 둔한 사람이나 보통 사람들도 일일이 깊은 관심을 갖지 않아도 어려서부터 집중력과 관찰력을 길렀더라면 그런 아이들처럼 예사로 보아 넘겼던 사물을 모두 기억해 낼 수 있었을지 궁금하다.

혹자는 내 차량 번호나 자기 집 전화번호조차 얼른 생각이 나지 않는 경우가 있어서 혹 치매의 신호가 아닌가 하고 가슴이 철렁하기도 한다지만 기억력이 날로 쇠퇴해 감에 따라 자신감이나 매사의 의욕까지 감퇴하여 안타깝다.

잠시 전, 공문서를 결재하다보니 퇴직예정자의 사회적응교육 신청대상에 내가 해당되는 것을 보고 또 한 번 가슴이 철렁했다. 이제 퇴직이 눈앞에 다가왔음을 실감하게 되니까….

그리고 퇴직하고 나면 그나마 공문서 조각이라도 읽으면서 생각하던, 두뇌 활동 기회가 줄어들 것이니 내 기억력의 한계는 급속히 줄어들겠지?

그래서 어떤 유명인사는 매일 쓸데도 없는 세계의 산맥 이름, 강 이름 등을 외웠다고도 한다. 그런가 하면 화투놀이도 치매예방에 도움이 되니 열심히 하라고 어떤 이는 농담 삼아 말하지만, 이 모든 것이 두뇌활동을 쉬지 말라는 것이고 보면 죽을 때까지 뭔가를 배우긴 배워야 할 텐데….

일가(一家)와 가족(家族), 그리고 식구(食口)

*한 가정*을 이루는 구성원의 통칭(統稱)과 의미는 나라마다 다르다.

어느 신문에서 읽은 내용을 인용하자면, 영어의 패밀리(family)라는 말은 노예를 포함하여 한 집안에서 생활하는 구성원을 의미하는 라틴어의 파밀리아(familia)에서 유래되었다고 한다. 그리고 중국에서는 '일가'라는 용어를 주로 쓰는데 이는 한 지붕 밑에 모여 산다는 의미가 강하게 깔려있고, 일본인들은 '가족'이란 용어를 많이 쓰는데 여기서는 한 핏줄을 이어받은 무리라는 의미가 강하게 풍긴다고 했다.

그런데 우리나라에서는 '식구'라는 말을 많이 쓰고 있으니 여기에는 '한 솥밥을 먹고 사는 사람들'이란 의미가 강하게 배어있지 않은가 라고 했다.

우리 조상들은 예로부터 '밥상머리교육'을 강조하여 한데 둘러앉아 오순도순 밥을 먹으면서 충·효·예 등의 온갖 가정교육을 해왔고 부모자식간의 연줄도 다져왔다.

그러나 오늘날에는 어떤가? 각자의 일에 쫓기어 얼굴조차 대면하기 힘든 판이니 함께 둘러앉아 밥을 먹는다는 것은 더더욱 어렵지 않은가?

오늘이 '어버이날'이다.

퇴직할 때까지 편하게 살자고 임시로 이곳 남양주시에 이사 와 시 외손녀 민주를 데리고 사는 나는 일요일인 어제 춘천의 집으로 작은딸사위와 아들이 모처럼 한데 모였다.

그런데 오후가 되니 작은딸과 사위는 시부모님 모시고 외식을 하기 위해 나가고(큰딸은 멀리 떨어져 살기 때문에 안 왔고), 학교 다니는 막내아들은 제 애인과 데이트한다고 훌쩍 나가버렸다.

컴컴한 집구석에 달랑 아내와 단 둘만 남아서 서로의 얼굴만 쳐다보다가 찬밥 한 덩이로 허기를 메우자니 새삼 식구의 의미를 되씹어보게 한다. 굳이 내일의 '어버이날'이라는 명분은 차치하고라도 온 식구가 한데 앉아 밥 먹을 기회를 갖기가 이렇게도 어려울까?

먹는 얘기를 자꾸 하다 보니 문득 초임 교장으로 근무하던 어느 날 신출내기 여교사에게 무안을 당했던 일이 생각난다.

조그마한 관사에서 혼자 자취를 하고 있던 나는 나름대로 건강을 위한답시고 무슨 일이 있더라도 세 끼 식사는 거르지 않았다. 그러면서 나처럼 자취를 하고 있는 젊은 여교사들에게도 아침 인사를 '밥 해먹고 왔느냐'로 입버릇처럼 반복했다.

그러던 어느 날 한 여교사는 귀찮다는 투로 "교장선생님, 전 먹는데 그렇게 의미를 두지 않아요" 하고 냉랭한 어투로 대답하는 것이 아닌가? 순간 나는 주책없이 늙은이가 먹는 것만 밝힌다는 인상을 주었구나 하고 후회스러웠다.

그날 이후 굶든 먹든 상관하지도 않았고 회식자리를 함께 해도 많이 먹으라고 권하지 않았다. 하지만 언제나 회식자리에서 제일 많이 먹는 사람은 바로 그 교사였다. "저렇게 잘 먹으면서도 먹는 것에 의미를 두지 않는다고?"

이제 가정이라는 개념은 밤에 들어와 잠이나 함께 자는 구성원에 불과할 지경이다. 그나마 나는 오로지 식구들만 바라보며 집안 살림만 해 주는 전업주부(專業主婦) 아내가 있었기에 퇴근을 맞아 주고 출근을 배웅해 주는 정을 나누며 살아왔다. 그리고 애들이 어렸을 때까지는 비록 흥부네 밥상같이 청빈할망정 때 거르지 않고 상을 마주 대하며 살아 왔다.

어느 스님은 "오늘날 우리네 가정의 모습을 보고, 밖에서 낳고 밖에서 돌을 맞고 밖에서 결혼하여 회갑 칠순을 밖에서 치른 후 죽음도 밖에서 맞는 것이 오늘의 현실이라고 했다." 그렇듯이 조상과 부모의 체취가 배어 있는 방에서 함께 뒹굴고 살을 부대끼며 사는 식구의 연을 이어가기 위해서라도 가급적 집안에서 밥이라도 함께 먹어야하지 않을까?

그것이 가정의 해체를 막는 제1단계 순서라고 한다면 틀린 말이라고 할까?

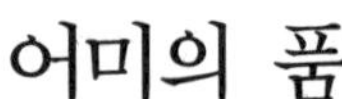

유원지로 나들이를 하거나 운동을 위해 산에 오르다보면 간혹 청소년이 부모와 동행하는 모습을 볼 때가 있다. 그런 모습을 접하면 '그 집은 애들을 참 반듯하게 잘 키우고 있구나' 하는 생각을 하게 된다.

내 자녀들도 그랬거니와 대부분의 아이들은 사춘기에 접어들면서부터 부모와 동행하여 나들이하기를 꺼리는데, 저렇게 청소년기 아이들이 부모와 함께 외출하고 운동을 같이하며 오순도순 대화를 나누니 그 아이들이 탈선할 리 없을 것이요, 부모가 바라는 바가 무엇이고 자녀가 생각하는 바가 무엇인지를 똑바로 알아 처신할 것이라 생각하면 얼마나 건전하고 화목한 가정일까 짐작이 간다.

사실 '자녀와 대화를 많이 하라'는 것이 자녀 교육의 제일 으뜸 조항이라는 것을 잘 알고 있으면서도 명색이 교육자라는 나부터도 실천을 못했다. 그러니 누구더러 감 놔라 배 놔라 하겠는가?

우선 세대차에 따른 화제의 공통분모 찾기가 어렵고, 아이들은 은연중에 아버지는 어려운 존재로 가까이하려 들지 않으니 말이다. 그래서인지 우리 애들이 클 때에는 그나마 어미와 곧잘 조잘대는 모습을 보면서 다소 위안을 받기도 했었다. 덕분에 탈 없이 잘 자라주었다고도 생각한다.

그러나 누구를 막론하고 사춘기 이전의 유・소년기에는 어미품에서 떨어지기를 두려워하는 본능이 있으니 나도 어릴 때를 생각해 보면 초등학교 저학년 때까지 어머니와 무척 떨어지기 싫어했던 기억이 난다.

동생이 둘이나 있었는데도 어머니께서 외가나 또는 친척집 잔치에라도 가시려면, 아니 이웃집에 마을가실 때에도 기를 쓰고 따라가기 위해 울고불고 했었던 기억이 희미하게 난다.

잠시 어머니의 나들이 풍경을 회상해 보면, 여느 날과 달리 긴 시간 동안 옹기 자배기 물에 머리를 감고 비누도 없이 세수를 하신다. 그리고 온 집안 식구가 공동으로 쓰기 위해 귀퉁이에 고리를 달아 방구석에 걸어놓은 삼베 수건으로 젖은 머리를 비벼 말리고 얼레빗으로 빗은 후 동백기름을 발라서 다시 참빗으로 곱게 빗고는 젓가락이나 가락꽂이로 가르마를 갈라 쪽을 지르신다.

깨지고 얽은 거울조각을 들여다보시며 가르마를 가르면 나보다 머리숱이 많으셨던 어머니의 머리 중앙에는 신기하게도 하얀 가르마 줄이 나타나는 것을 보며 '엄마는 원래 저렇게 머리에 하얀 줄이 있나보다'라고 생각했었다. 달리 화장이라곤 생각지도 못했으니 평소에는 아껴 두었던 알루미늄으로 만든 비녀로 쪽을 지르는 것으로 몸단장이 끝난다.

덮개도 없는 횃대에 미리 동정을 달아 걸어 두었던 흰색 무명치마 저고리를 갈아입고, 볏짚 수세미로 빨래비누칠을 해서 하얗게 닦은 고무신을 봉당 끝에서 내려 신고 사립문을 나서신다.

그쯤 되면 나와 동생은 따라가겠다고 칭얼대던 콧노래가 발악으로 변해 악다구니를 쓰고, 어머니께서는 떼어 놓으려고 달래다가 한계에 다다르면 회초리를 드신다. 결국에는 회초리의 따끔한 맛을 본 후에야 엄마 등에 업혀가는 막내 동생을 부러운 시선으로 바라보며 바로 밑에 동생과 함께 떨어지던 일이 생각난다.

어미 아비의 직장생활 때문에 갓난아기 때부터 데려다 키우던 외손녀 민주가 커가면서 어미의 정을 너무나 그리워한 나머지 애정결핍 증세까지 보임에 여섯 살이 되면서 어쩔 수 없이 돌려보냈다. 그간의 정 때문에 아내와 나는 허전함이 이루 말할 수 없었지만 당사자인 민주가 그렇게도 좋아하는 걸 어쩌랴? 아무리 정성들여 키워도 어미 아비만 못한 것을….

어미 품으로 돌아간 지 3주 만인 어제, 직장일로 2~3일간 다시 외가에 맡겨지러 와서 어미와 떨어지기 싫다고 소리 없이 흐느끼는 모습을 보니 제 어미는 물론 내 가슴도 찡하다. 한편으로는 그동안 온 정성을 다했는데 저토록 어미만 찾는 모습이 야속하다는 속 좁은 생각이 들기도 하면서….

아무리 정성을 기울인들 어미의 품만 하랴? 천륜인 것을….

동생을 둘씩이나 둔 여덟 살배기 사내아이가 풀기 머금은 어머니의 무명옷 냄새, 찌든 땀 냄새, 그리고 비릿한 젖 냄새까지도 행여 동생에게 빼앗길까 시샘하여 그토록 치맛자락 놓기를 두려워했던 나는 환갑을 넘긴 지금도 그 냄새가 그리운데 다섯 살배기 민주의 심정이야 오죽할 건가….

술(酒)

술의 종류를 꼽는다면 아마 우리나라도 세계의 어느 나라에 뒤지지 않을 만큼 많을 것 같다.

주재료가 아니라 약간의 향료만 들어가도 이름을 달리 붙이니 그 가짓수는 헤아릴 수 없이 늘어난다. 재료뿐만이 아니라 담그는 방법, 먹는 시기, 빛깔 등등 만든 이나 먹는 이에 따라 마음 내키는 대로 붙인 이름은 얼마나 많을까?

엊그제 어떤 신문을 읽다보니 술을 연구하는 모임에 관한 이야기가 있었다. 이른바 '수울 연구회'란다.

회원들의 연구 동기도 가지가지이다. 시어머니의 솜씨를 계승 발전시키기 위해서라는 이도 있고, 우리나라 전통 민속주의 명맥 유지를 위해서, 또는 어디어디에서 먹었던 술맛을 잊지 못해서 등등….

그리고 한 귀퉁이에 '부의주 담그는 법'이 소개되어 있었다. 흔히 밥알이 동동 뜬다고 해서 '동동주'라 일컫는 것이 '부의주'란다.

제조법을 읽어보니 옛날 우리 어머니께서 담그던 그 방법과 대동소이했다. 다만 우리는 특별한 행사용이 아니고는 주로 당시에 값이 상대적으로 쌌던 보리쌀을 주재료로 썼고 솔잎을 따다가 함께 넣었었는데 소개된 내용에는 찹쌀과 누룩만 사용한다는 것이 달랐다.

그 기사를 읽다보니 옛날 생각이 났다.

지금은 술이 흔하기도 하고 번거로우니 담가 먹으라고 해도 담그는 이가 많지 않지만 1960년대까지도 가정에서 술을 담가 먹는 일은 범법행위로 처벌을 받았던 것으로 기억된다.

그래서 가정에서 몰래 담그는 술을 통칭해서 '밀주(密酒)'라고도 불렀다. 그러니 밀주에 관한 에피소드도 참 많았다.

주로 양조장(술도가)이나 양조장의 술을 동네에서 위탁받아 도·소매하는 사람이 자기들의 매상실적이 저조하면 '어느 동네에 술 매상이 저조하다'고 밀고하여 세무서 직원이 나와 온 동네의 가택을 수색하였다.

밀주를 담갔다가 적발되면 대개 벌금형을 받아서 무척 많은 액수의 벌과금을 내게 되므로 '술 조사 나왔다' 하는 소문만 나면 온 동네가 그야말로 난리가 났다.

온 식구가 문을 걸어 잠가 놓고 산에 올라가서 어두울 때까지 내려오지 못하고 피하기도 했고, 어떤 이는 적발당한 술독을 마당에 내던져 깨버려서 증거물을 없앤 뒤 '배 째라'는 식으로 버티고, 어떤 이는 부엌 아궁이 속에 감추고, 어떤 이는 급한 김에 똥통에 쏟아 버리고….

기막힌 꾀로 위기를 모면한 이도 있다. 이미 조사원이 가까이 와서 감출 여유가 없음에 사랑방 댓돌위의 오줌동이(거름으로 쓰기 위해 오줌을 받아 두는 집이 많았음)를 머리에 이고 부지런히 뒷산 언덕으로 도망을 가니까 조사원은 술독을 이고 도망가는 줄 알고 소리치면서 쫓아오는데도 못들은 척하고 도망가니 끝까지 쫓아오더란다. 쫓아와서 보니 보리밭에 오줌을 뿌리고 있으니 아무 말도 못하고 돌아섰지만 그 사이에 진짜 술독은 식구들이 꼭꼭 숨겨 놓아서 위기를 모면했다는 이도 있었다.

단속 대상물은 완제품 술만이 아니었다. 밀주를 담가 먹기 위해서는 집집마다 여름에 밀기울을 물에 적신 후 틀에 넣어 꼭꼭 밟아 다져서 메주덩이처럼 만들어 쑥으로 덮어 발효시킨 누룩이 필수품이었으니 바로 그 누룩은 술보다도 더 많은 벌금을 내야 했다.

이렇듯 밀주 담가 먹기에 우여곡절도 많았다. 설을 비롯하여 어머니와 아버지 생신날이 들어있는 정월에 특히 술을 많이 담가먹었던 우리 집에서는 외양간 뒤쪽의 두엄 더미 속에 큰 독을 묻고 거기에 술을 담갔는데 두엄의 발효열로 인해서 겨울에도 술이 참 잘 되었다. 겨울 추위 속에서도 두엄의 발효열로 술을 익힌 지혜는 어머니께서 술독을 감추다가 우연히 얻은 것이었다.

술독 가운데에 용수를 박고 떠낸 술은 알코올 농도도 짙고 빛깔도 노르스름하며 맛도 좋았다. 그렇게 떠내고 남은 씨꺼기에 물을 주면서 걸러낸 것을 막걸리라고 해서 용수에서 떠낸 것보다는 싱겁고 그래서 한 등급 아래로 쳤다. 물론 어렸던 그때의 나는 술을 먹지 못했지만 어른들께서는 무척 맛이 좋다고 하셨다.

술독을 감춰야할 번거로움이 없는 세상에 누룩만 있다면 나도 옛날 방식으로 술을 담가서 고유의 맛과 향을 음미해보고 싶다. 이것저것 각종 약초나 향료도 첨가해 보면서 말이다.

인간 욕구의 한계

내가 학교 다닐 때의 교통수단은 초등학교부터 고등학교까지 4~6킬로미터를 도보로 다녀야 했다. 대학 2년 동안에도 7~8킬로미터의 도보와 4킬로미터 가량의 버스 통학이었다. 잠시 한두 달의 자전거 통학도 있었기는 했지만….

그 시절에 먹고 살았던 주식은 죽이나 잡곡밥과 야채였고 그나마 배불리 먹을 수 없었기에 늘 먹는 것을 갈망했었다. 뿐만 아니라 겨울이면 늘 추위에 떨어야 했으니 따뜻한 주거환경과 보온성이 뛰어난 의복이 부족하여 모든 이들이 힘들어 했다.

그래서 겨울 준비로 쌀과 장작(연탄), 그리고 김장김치만 넉넉히 비축되면 세상 부러울 것이 없다고들 했었다. 거기다 이동 수단으로 자전거 한 대만 있어도 부러워했었다.

또한 방한복으로 내복이라도 두세 벌 가지고 번갈아 입을 수만 있었어도 참 따뜻한 겨울나기가 되었으련만 그 내복 한 벌 장만할 여력이 없어서 형에게 물려받은 내복 한 벌을 누덕누덕 기워서 한두 번의 세탁으로 겨울을 나야 했었다.

내복 이야기를 하다 보니 문득 생각나는 것이 있다. 내가 결혼할 때에 사촌 형님께서 결혼 선물로 내복을 한 벌 사 주셨는데 '보온 메리'라고 하는 누비 천으로 된 두툼한 것이 무척 따뜻했다.

하도 두꺼워서 요즈음에는 입는 사람이 없지만 아내의 말에 의하면 우리 집 어느 장롱 속에는 35년 전의 그 내복이 아직도 기념품으로 간직되고 있단다.

그런데 지금의 우리네 생활상은 참으로 많이도 변했다.

몇 백 미터의 거리도 차량 없으면 멀다하고 걷기를 게을리 한다. 서구화된 육류 위주의 고칼로리 음식만 먹고, 볼품이 없다 유행이 지났다 하여 멀쩡한 옷도 버리고 새 옷 장만하기에 열을 올린다. 한 겨울에도 집 안에서는 더워서 반팔 반바지 차림으로 살고 있는 실정이 아닌가?

그러다 보니 요즈음에는 운동부족을 한탄하며 너도나도 값비싼 운동기구를 집 안에 들여놓고 또는 마을 산책로마다 걷기 운동에 열을 올리는 사람들로 붐비고 있다. 살이 너무 찐다고 기름진 음식을 피해 '웰빙(wellbeing)'을 외치며 토속음식, 식물성 위주의 음식을 찾는 이들이 늘어났다. 주거환경에서 발암물질이 검출 되느니 아토피 피부병이 발병하느니 하면서 목조 또는 황토집을 찾는 사람들이 늘고 있으니 참 아이러니한 세상이다.

소득이 적어서 채식만 했고, 소득이 적어서 황토 초가집에서 살아야만 했으며, 못살아서 무명천으로 짠 옷만 입고 먼 길도 걸어서만 다녀야 했던 옛날의 생활 방식을 되찾으려고들 하고 있으니 말이다.

건강하게 그리고 맛있는 음식 먹으면서 즐겁게 오래 살고 싶은 욕구가 인간 본연의 욕구이겠지만 이 욕구의 한계는 끝이 보이지 않는다.

이런 욕구를 채워주기 위해 부단히 연구하고 노력하는 덕으로 좋은 옷 입고 좋은 음식 먹으며 즐겁게 그리고 과거보다 더 오래 살고 있다. 하지만 그래도 부족하여 더 질 높은 삶의 추구는 계속되고 있다. 자연이 주는 만큼, 필요한 만큼만 먹고 자는 짐승들과 달리 우리네 인간 욕심의 한계는 어디까지일까?

어젯밤에는 한적한 교외에 황토집도 지어 보고 귀틀집도 몇 채 지어보는 공상에 빠져 잠을 설쳤지만, 경제적 능력이 없으니 공상은 공상일 뿐이다. 그저 주어진 여건대로 소박하게 여생을 마감할 수밖에 없을 것 같다. 끝도 없는 욕심을 버리고 말이다.

요즈음 정부에서 연금 기금이 바닥났다며 '공무원연금법'을 정한다고 하여 공직사회가 술렁이는 현실을 보면서 이제 퇴직이 몇 달 남지 않은 나에게도 불이익이 오지 않을까 하여 노심초사하게 되니 이런 공상은 차라리 사치가 아닐까?